착한 조례 만들기

유상조

■ 유상조

현) 국회행정안전위원회 수석전문위원
    (서울시의회 입법·법률 고문, 한국도시행정학회·한국주택정책학회 이사 겸임)

[학력]
고려대학교 정치외교학 학사
미국 인디애나주립대학교 법학 석사
서울시립대학교 도시행정학 박사

[경력]
1995년 입법고시 13회 합격
2015년 국회예결특위 입법심의관
2017년 국회외통위 전문위원
2019년 국회국토위 전문위원
2020년 국회사무처 의정연수원장
2022년 국회입법조사처 정치행정조사실장
2022년 국회행안위 수석전문위원

[저서]
2010년 《첫 발자국: 유상조의 미국 여행기》(좋은땅)
2017년 《늦은 불혹의 다릿돌》(좋은땅)
2022년 《행복을 주고받는 집: 지역사회권에서 주택정책의 희망을 보다》(한국학술정보)
2024년 《지방세 이렇게 달라진다》(공저) (박영사)

착한 조례 만들기

유상조

들어가며

조례에 대한 강의를 꾸준히 해왔다. 착한 분들을 만나 착한 평가를 받은 경우가 많았지만 강의는 시간상 한계로 전달하고 싶은 내용을 다 펼쳐 보일 수 없었다. 그 아쉬움을 이 책에 담았다.

이 책은 착한 조례는 무엇이며 어떻게 하면 착한 조례를 만들 수 있을 것인가에 대해 글로 풀어 쓴 강의이다. 이미 말로 한 강의를 들은 분들은 이 책을 통해 조례를 보다 더 깊이 이해할 수 있을 것이고, 아직 말로 한 강의를 듣지 못한 분들은 이 책을 통해 조례와 착한 사랑을 시작해 보시길 기대해 본다.

이 책의 마지막 페이지를 덮을 때쯤 저만치 떨어져 손에 잡힐 듯 잡히지 않던 조례가 손안에 쏘옥 들어오는 황홀경을 느낄 수 있을 것으로 확신한다. 만약 그런 경험을 하지 못하시는 분들은 말로 하는 강의를 들어보기 바라고, 그래도 조례와 무덤덤한 관계가 유지된다면 다른 책이나 다른 강사를 찾아보기 바란다. 말이 좀 거칠어지려 한다. 강의할 때마다 항상 느끼는 것이지만 말을 조심조심하지 않으면 후폭풍이 있을 수 있다. 앞으로 이런 류의 말이 나오거든 너그러이 봐주시기를 바란다.

나는 말과 글로 세상을 바꾸고자 하는 아주 현실적인 꿈을 가지고 있다. 강의와 책은 말과 글을 대표한다. 여기 세상에 내놓는 《착한 조례 만들기》가 착한 독자분들을 더욱 착하게 만들어 나의 꿈을 실현해 주기를 바라본다. 나는 꿈을 이루기 위해 꾸준히 나아갈 것이고, 《착한 조례 만들기》 역시 나와 같이 진화하면서 더 착해질 것이다.

책을 읽기 전과 읽은 후, 그 차이의 폭과 깊이가 넓고 깊을 수 있도록 열심히 그리고 신나게 강의해보도록 하겠다. 그럼 강의를 시작한다.

여의도 국회에서 전국 지방의회를 응원하며
유상조 씀

> 착한 조례로
> 착한 세상을 만들고자 하는
> 착한 분들께
> 이 책을 바칩니다.

일러두기

■ 선보 생각

글의 중간중간에 선보 생각을 만나게 될 것이다. 혹시 선보가 누구인지 궁금해할 것 같아 밝혀두고자 한다. 선보(善普)는 막내아들 지원(志沅)의 이름으로 강력하게 고려했던 이름이다. 학교에 들어가 놀림당할 가능성이 크다는 다수 의견을 받아들여 양보했던 이름이다. 선보를 다시 꺼내 든 것은 나의 분신인 막내아들 지원을 의미하므로 곧 나를 상징하는 것이요, 부르면 부를수록 이름의 뜻(善: 착할 선, 普: 널리 미칠 보)대로 착한 에너지가 샘솟기 때문이다. 책을 쓰면서 들었던 이런저런 생각이 착한 기운이 되어 세상을 맑고 밝게 만드는 데 기여하기를 위한 바람을 담았다.

■ 법제 공부

법제는 약속이다. 약속을 지킬 수 있어야 신뢰받는 법제담당자가 될 수 있다. 중간중간에 중요한 약속 몇몇을 넣어 보았다. 잘 숙지하여 착한 조례를 만드는 데 유용하게 활용하기 바란다.

■ 격자무늬

조례 등 법조문을 격자무늬 위에 올려 놓았다. 격자무늬의 단호함과 공평성이 법과 잘 어울려 보이기 때문이다. 다소 읽기 어려운 분들은 법조문에 형광펜으로 따뜻한 색을 얹혀보라. 격자무늬가 사라지면서 법조문이 눈에 또렷하게 보일 것이다. 마음이 따뜻할수록 법은 틀에서 벗어나 자유를 찾는다.

제1강

강의를 위한 준비운동

아는 것을 안다고 하고,
모르는 것을 모른다고 하는 것.
그것이 아는 것이다.

- 공자

제1강

착한 조례 만들기

강의를 위한
준비운동

출처: 공공누리 - 공주 공산성

내 강의의 첫 화면은 **공산성**으로 시작한다. 그 이유는 두 가지이다. **하나,** 난공불락의 성이라도 성문을 제대로 열 수 있는 열쇠를 가지고 있다면 쉬이 들어갈 수 있다는 점이다. 즉, '**착한 조례 만들기**'라는 어려운 과제도 제대로 된 열쇠만 있다면 충분히 해 낼 수 있다는 점을 강조하고자 하는 것이다. **둘,** 공산성에는 몇 가지 역사적 이야기가 전해지고 있다는 점이다. 백제의 마지막 왕인 의자왕은 부여에서 공산성으로 몸을 피했지만 성주 예식진의 배신으로 당나라로 끌려가고 만다. 그리고 인조는 이괄의 난으로 인해 공산성까지 피난을 오게 되고 임씨 집안이 대대로 먹던 떡을 먹고선 "그것 참 절미로구나"라고 하여 인절미로 불리게 되었다는 이야기도 전해져 내려오고 있다. 이러한 이야기는 공산성을 그냥 물리적 공간을 넘어 살아 숨 쉬는 역사적 공간으로 만들어 주고 있다. 지방분권의 가치 중 하나는 바로 이렇게 이야기가 있는 지역을 만들어 내는 것이고, 조례는 그런 이야기를 담아 지역의 존재감을 높이는 역할을 해야 한다. 이것이 바로 착한 조례로 가는 길이다.

> **참고** **공산성**
>
> 백제시대 축성된 산성으로 백제 때에는 웅진성으로 불렸다가 고려시대 이후 공산성으로 불리게 되었다. 475년(문주왕 1) 한산성(漢山城)에서 웅진(熊津)으로 천도하였다가, 538년(성왕 16)에 부여로 천도할 때까지 5대 64년간의 도읍지인 공주를 수호하기 위하여 축조한 것으로, 당시의 중심 산성이었다. 해발 110m인 공산(公山)의 정상에서 서쪽의 봉우리까지 에워싼 포곡식(包谷式) 산성이며 성의 둘레는 2450m이다. 평면으로는 동서 약 800m, 남북이 약 400m이며 사방에 석벽이 남아 있다. 원래 토성이었는데 조선 중기에 석성으로 개축된 것이다.
>
> [네이버 지식백과] 공주 공산성(두산백과)

공산성이 눈에 들어오지 않는 분들이여! 백문불여일견(百聞不如一見)! 공산성에 직접 가보라! 그곳에서 인절미를 입 안에 넣고 금강을 내려다보며 의자왕을 생각해 보라! 시대를 초월하여 공산성을 느껴보라! 착한 조례가 성큼 다가올지니!

여기서 한 가지 개인적 견해를 추가로 언급하고자 한다. 백제의 성(예; 풍납토성, 몽촌토성 등)은 대체로 토성이지 석성이 아니다. 백제인들은 돌보다 흙의 견고함을 믿었던 것으로 보인다. 남들이 다 하는 방식을 벗어난 백제만의 고유성 그리고 백제만의 차별성이 백제 문화의 존재감이 아닐까. 착한 조례가 나아가야 할 방향을 공산성을 통해 알 수 있다.

강의를 본격적으로 시작하기 전에 내가 쓴 책을 소개하고자 한다. 내 책을 홍보하려는 불순한 의도가 전혀 없다고는 할 수 없겠지만 그보다는 여러분들이 글을 쓰는 의원이나 관료가 되었으면 하는 바람 때문이다. 의정활동을 하면서 만났던 사람(찾아온 사람, 찾아간 사람 등), 들었던 이야기(웃었던 이야기, 울었던 이야기 등), 시행착오(아차 싶었던 이야기 등) 등등 수많은 일들을 기록한 책을 남긴다면 그 자체만으로도 훌륭한 업적이 될 것이다.

글을 쓰면 반성하게 되고, 계획하게 된다. 스트레스도 풀린다. 나는 이순신 장군이 난중일기를 쓰지 않으셨다면 지금 우리는 일본말을 쓰고 있을 가능성이 높다고 생각한다. 이순신 장군은 일기를 통해 오늘을 반성하고 내일의 계획을 세우셨으며 엄청난 스트레스를 푸실 수 있었던 것이다. 여러분들이 글을 남기면 후배들은 그 글을 읽고 여러분들보다 더 나은 의원 또는 관료가 될 것이다. 어찌 보면 글을 남기는 것은 인간으로 태어난 최고의 특권이자, 최상의 책무다. 너무 나갔다. 조례 이야기로 돌아오자. 글을 쓰면 무엇보다 마음이 착해진다. 다들 동의하시겠지만 착한 조례는 착한 마음에서 우러나온다. 착한 조례를 만들기 위해서라도 글을 써야 한다.

다 맞는 말이라고 인정한다. 그런데 글재주가 없는 사람은 도대체 어떻게 글을 쓰라는 말인가? 나의 답은 그날그날의 일들을 일기로 쓰는 것에서부터 시작하자는 것이다. 일단 쓰는 게 중요하다. 이런 작은 노력들이 하루하루 모이면 자연스레 책이 되는 것이고, 역사가 되는 것이다. 가장 여러분다운 책이 가장 세계적인 책이다. 가장 여러분다운 역사가 가장 세계적인 역사다. 이 문장의 올바름 여부는 지방분권에 대한 가치를 설명하면서 곧 증명해 보이도록 하겠다.

선보 생각

'어떻게 하면 좋은 글을 쓸 수 있을까'

마침 '어떻게 하면 좋은 글을 쓸 수 있을까'에 대한 나의 생각이 《늦은 불혹의 다릿돌》에 정리된 부분이 있어 옮겨본다.

> 1. **읽어라.** 글을 쓰기 위해서는 글을 읽어야 한다. 글은 주로 책을 의미하지만 그 외에 신문, 잡지 등도 포함한다. 많이 그리고 깊게 읽도록 한다.
> 2. **봐라.** 많이 돌아 다녀야 한다. 밖의 세상과 부딪쳐야 글이 나온다. 낯설음을 두려워하지 말라.
> 3. **사색해라.** 혼자만의 시간을 확보해라. 걸어 다니는 것은 사색을 위한 좋은 방법이다.
> 4. **들어라.** 사람들을 많이 만나보라. 그들의 삶에 대한 이야기를 차분히 들어주라. 경험보다 좋은 글 소재는 없다.
> 5. **써라.** 일단 써라. 써야 쓸 수 있다. 부담 없이 일기를 써본다. 일기가 역사가 되는 순간. 그 자체로 누구도 쓸 수 없는 나를 넘은 우리의 책 한 권이 된다.
>
> 착한 조례를 만들기 위해서는 글과 친해져야 한다. 어차피 착한 조례도 글로 표현되는 것이기 때문이다. 위에서 살펴본 5가지 권유대로 해보라. 점점 조례가 착해지는 기적을 느끼게 될 것이다. 확신한다.

강의 목적은 '착한 조례로 착한 세상을 만들고자 하는 분들과 그 길을 같이 궁리해 보는 것'이다. 말과 글, 즉 강의와 책으로 착한 세상을 만드는 데 기여하는 것이 내 꿈이다. 오늘이 그 꿈을 실현하는 날이라고 생각하고 최선을 다해보려 한다.

사전의 힘을 빌려 보면 **'착하다'**의 의미는 '마음이나 행동이 바르고 어질다', '善하다', '마음씨가 몹시 곱다'의 뜻이다. 여러분 스스로 자신이 착한 사람인지 아닌지 판단해 보면 착하다의 의미가 머릿속에 뚜렷이 들어올 것이다. 그리고 보니 나는 분명 착했었는데, 지금은 글쎄다.

'만들다(Make)'의 의미는 보다 나은 세상에 기여하다, 보다 바람직한 상태로 이끌다의 뜻이다. 이것은 사전의 힘을 빌리지 않은 나의 견해다. 영어로 보면 '하다(Do)'와는 다르다. Make에는 Do에는 없는 인간의 땀과 의지가 녹아 있다. 그래서일까? 나는 Do에서 느낄 수 없는 전율을 Make에서 맛보곤 한다.

'착한 세상을 만드는 데 기여하는 조례'가 바로 **착한 조례**다. 하지만 착한 조례는 그냥 만들어지는 것이 아니다. 착한 사람들이 같이 진지하게 궁리해야 그 길을 비로소 찾을 수 있는 것이다. 그래서 항상 강의를 듣는 분들에게 주저 없이 질문해 주기를 부탁한다. 질문과 대답으로 간지럼을 피워야 견디다 못한 착한 조례가 그 모습을 드러낼 가능성이 크기 때문이다.

참고 | 선(善)의 유래

善자는 '착하다'나 '사이좋다'라는 뜻을 가진 글자이다. 갑골문에 나온 善자를 보면 양과 눈이 함께 그려져 있었다. 무엇을 의미하는 것일까? 답은 '양의 눈망울과 같은'이다. 뜻이 좀 이상하긴 하지만 우리식으로는 '사슴 같은 눈망울'로 해석될 수 있겠다. 보통 착하고 선한 사람을 일컬어 사슴 같은 눈망울을 가졌다고 말하곤 한다. 善자는 그러한 뜻을 표현한 것이다. 금문에서는 目자 대신 言(말씀 언)자가 쓰이게 되었는데, 이것은 정감 있는 대화를 나눈다는 의미였다. 이후 善자는 변화를 거듭해 지금의 모습에 이르게 되었다.

출처 : 네이버 한자사전, [한자로드(路)]

'사슴 같은 눈망울'로 조례를 봐야(분석하고 다듬어야) 착한 조례가 나온다. 이 말은 분명 참이다. 자신 있게 말할 수 있다.

※ 선택의 기로 : **참여** vs. **인내**

여러분들은 지금 선택의 기로에 서있다. 강의에 적극적으로 참여하느냐! 아니면 그저 듣기만 하면서 인내의 시간을 보내느냐!

참여란 **하나**, 책의 내용을 다양한 색의 펜으로 줄을 긋고 포스트잇으로 요약하면서 책을 입체적으로 만드는 것, **둘**, 궁금한 것을 질문하는 것이다. 뭐든 좋으니 질문을 하라고 하면 상당수의 분들이 속으로 그럴거다. '조례에 대해 얼마나 잘 알길래 저렇게 말하나. 정말 재수없다.' 여러분들이 질문을 해보면 **'즉시'** 알게 되겠지만 저는 그리 아는 것이 많지 않다. 그럼에도 왜 질문을 두려워하지 않을까? 바로 《논어》에 나오는 공자의 말씀 때문이다.

> 子曰: "由! 誨女知之乎? 知之爲知之, 不知爲不知, 是知也."
> (자왈: "유! 회여지지호? 지지위지지, 부지위부지, 시지야.")
>
> 공자께서 말씀하셨다. "유야! 너에게 안다는 것이 무엇인지 가르쳐줄까? 아는 것을 안다고 하고 모르는 것을 모른다고 하는 것, 이것이 아는 것이다."

모르는 것을 모른다고 말할 수 있게 되었기 때문에 자신 있게 질문을 받아들이겠다는 것이다. 물론 모르는 부분은 강의 후에 찾아서 답을 드리겠다. 책을 읽다가 이해가 잘 안 되는 부분이 있으면 **'지체 없이'** 연락주기 바란다. 착한 조례를 같이 궁리해 보는 행복감을 놓치고 싶지 않다. 또한, 공자의 말씀은 오늘날 우리나라의 혼란은 아는 것을 모른 척하고 모르는 것을 아는 척하는 사람들 때문에 일어나고 있다는 점을 알려주고 있다. 제 강의를 듣는 분들은 아는 것을 안다고 하고, 모르는 것을 모른다고 하는 부끄러움이 없는 사람이 되어 주길 바란다. 물론 나도 꾸준히 노력할 것이다.

법제 공부 | 즉시 vs 지체 없이

'즉시'와 '지체 없이' 중 어느 것이 더 시간적으로 급박한 표현일까? 답은 '즉시'다. '지체 없이'는 정당한 또는 합리적 이유에 근거한 지체는 허용되는 것으로 해석되고, 사정이 허락하는 한 가장 신속하게 하여야 한다는 의미이다. 즉시는 right now, 지체 없이는 as soon as possible로 보면 되겠다. 21세기 인터넷 혁명으로 즉시와 지체 없이에 대한 새로운 해석이 필요한 시대가 되었다. 환경의 변화에 적응하는 법제가 살아있는 법제이다. 19세기 마인드에서 벗어나 4차 산업혁명시대에 맞는 법제를 해야 한다. 그것도 '즉시'해야 한다.

지체 없이는 띄어 써야 할까, 아니면 붙여 써야 할까, 그도 아니면 띄어 써도 되고 붙여 써도 될까. 조례에서 지체 없이는 지체없이와 혼용돼서 쓰이는 것이 아니다. 오직 지체 없이(띄어쓴 지체 없이)로 쓰여야 한다. 뭐 이런 것까지 신경 쓰냐고? 당근 신경 써야 한다. 그래야 법제를 한다고 할 수 있다. 착한 조례가 그냥 얼렁뚱땅 만들어지는 것이 아니다. 민감해야, 예민해야 만들어 낼 수 있는 것이다.

Table of Contents

蓄積

木 + 車

革新

목차

왼쪽 사진

부여에 가면 꼭 둘러보아야 하는 곳이 **부소산성**이다. 백제가 나·당 연합군과 최후의 결전을 치른 곳으로 낙화암이 자리하고 있다. 그곳에 가는 길에 연리지 나무를 만날 수 있다. 연리지는 **사랑**을 의미한다. 나는 660년 그날 죽어야 했던 백제 남녀의 못다 이룬 애절한 사랑이 연리지로 환생했을 것으로 생각한다. 부소산성은 **축적**의 산물이다. 부소산성은 부여의 바로 그곳에 있어야 부소산성이지 다른 지역에 있다면 더 이상 부소산성이 아니다. 부소산성에 있는 연리지 나무를 보면서 그날을 생각할 수 있게 만드는 그 무엇, 그 어느 누구도 흉내 낼 수 없는 그 무엇, 그것이 바로 **축적(蓄積)**이다. ※사진출처 : 공공누리 - 부여_부소산성

| ■ 들어가며 | 4 |

제1강	강의를 위한 준비운동	8
제2강	조례의 위상: 지방분권과 조례의 가치	20
제3강	착한 조례: What?	46
제4강	착한 조례: How?	84
제5강	사례 연구: Case?	250
제6강	강의를 위한 마무리운동	304

| ■ 나가며 | 312 |

오른쪽 사진

자율주행차는 4차 산업혁명의 상징이다. 4차 산업혁명은 피할 수도 없고 피해서도 안 되는 시대의 대세다. 4차 산업혁명은 그 어느 때보다 혁신을 강력히 요구한다. 혁신을 주저하면 혁신한 세력에 의해 혁신당하고 만다. 우리의 역사는 주저하면 그 결과가 어떤지 똑똑히 보여주었다. 이제 나는 나에게, 너는 너에게, 우리는 우리에게 물어야 한다. 나는, 너는, 우리는 **혁신(革新)**을 앞에 두고 주저하고 있는가 아니면 그 속으로 뛰어들고 있는가!

그래서 앞의 그림은 음으로는 **목차(木車)**를, 뜻으로는 **축적과 혁신**을 의미한다.
기왕 공부하는 거 재미나게 해보자.

착한 조례는 축적과 혁신의 상호작용을 통해 생산된다. 축적이 안으로 쌓이는 힘을 분출하여 혁신을 유발하고, 혁신은 축적에 축적을 더해 더 큰 혁신을 유발하는 선순환이 이루어질 때 비로소 착한 조례는 모습을 드러낼 것이다.

제 2 강

조례의 위상:
지방분권과 조례의 가치

박상순보다 시를 잘 쓰는 사람은
많을지 모르지만
그 누구도 박상순처럼
시를 쓰지는 못한다.
그게 중요하다.
- 정끝별 시인

제2강　　　　　　　　　　　　　착 한　조 례　만 들 기

조례의 위상:
지방분권과 조례의 가치

1. 지방분권의 가치

1) 지방분권의 의미

지방분권은 자기 책임하에 지방에 있는 자원을 활용하여 보다 나은 지역공동체를 만들어 가기 위한 제도이다. 지방분권은 인간, 공간, 시간, 권력(권한)의 시각에서 바라보면 그 실체가 보다 분명해진다.

인간은 국가 내에서 **국민**과 **주민**의 이중적 지위를 가진다.[1] 중앙집권은 국민을, 지방분권은 주민을 강조한다. 이중적 지위는 국민을 대표하는 지역구 국회의원의 역할 갈등에서 극명하게 드러난다. 국민이 먼저일까, 아니면 주민이 먼저일까?

공간은 국가 내에서 **중앙**과 **지방**으로 나뉜다. 중앙집권은 중앙을, 지방분권은 지방을 강조한다. 중앙과 지방의 역할은 각각 무엇인가? 중앙은 전국적으로 **통일적**이어야 함을 말하고, 지방은 지역적으로 **차별적**이어야 함을 말한다. 중앙이 먼저 일까, 아니면 지방이 먼저일까?

시간의 측면에서 보면 집권을 강조하는 시대에서 분권을 강조하는 시대로 이행하고 있다고 보는 것이 다수의 견해로 보인다. 하지만 집권의 필요성을 강조하는 견해 역시 여전히 만만치 않다. 집권이 먼저일까, 아니면 분권이 먼저일까?

권력의 측면에서 보면 중앙집권은 중앙이, 지방분권은 지방이 권력을 보다 많이 가지는 시스템이다. 일반적으로 권력분립은 3권분립(입법·행정·사법)을 의미한다. 이를 **수평적 권력분립**이라고 한다. 이에 대해 중앙과 지방의 권력분립은 **수직적 권력분립**이라고 한다. 권력이 한쪽에 집중되면 반드시 문제가 발생한다. 따라서 권력을 나누어 갖고 서로를 견제하는 것이다. 중앙과 지방도 권력을 나누어 가져야 한다. 그렇다면 권력은 누가 더 많이 가져야 할까? 중앙일까, 아니면 지방일까?

위에서 던진 질문에 대한 추상적 수준에서 답을 정리하고 넘어가보자. 중앙과 지방은 서로에게 있어 존재의 전제다. 당신이 있어야 내가 의미를 가질 수 있는 관계가 바로

---

[1] 여기에 한 가지 더 추가하고 싶은 것은 인류로서의 지위이다. 다만, 이 책은 지방분권이 논의의 초점이므로 인간의 이중적 지위에 한정하기로 하자.

중앙과 지방의 관계다. 따라서 지방분권은 **중앙**과 **지방**의 존재를 전제로 한다. 중앙만 있다면 또는 지방만 있다면 지방분권은 존재하지 않을 것이다. 또한 중앙집권과 지방분권은 옳고 그름의 문제가 아니다. 변화하는 환경에 적응하는 유연함을 통해 각각의 장점을 살려 시너지 효과를 내는 것이 중요하다. 문제는 정도이지 여부가 아니다.

여기서 지방분권을 극단으로 몰고 가보자. 거시적으로는 지방이 국방과 외교 외에 모든 권한을 가지는 연방국가, 미시적으로는 주민이 통치자이자 피통치자가 되는 주민의, 주민에 의한, 주민을 위한 자치인 주민자치가 될 것이다. 지방분권의 유형도 다양하다는 점을 잊지 말자. 우리는 지금 어디쯤 와 있는 것일까?

지방분권을 논함에 있어 중요한 질문 두 가지를 던질 수 있다. '**왜**'와 '**어떻게**'이다.

'**왜**' 지방분권을 해야 하는가?
'**어떻게**' 하면 지방분권을 이루어 낼 수 있는가?

'**왜**' **지방분권을 해야 할까**? 전통적인 견해는 지역에서 대대로 살아오고 있는 주민이 중앙 보다 더 지역에 애정을 가지고 있다는 점과 지역주민이 지역문제를 중앙보다 더 잘 안다는 점을 강조한다. 그러니 당연히 지방이 권한을 가져야 한다는 것이다. 애정도 없고 알지도 못하는 중앙이 권한을 가지면 곤란하다는 것은 설득력이 상당히 높다. 그런데 문제는 지역주민은 자신이 살고 있는 지역에 대해서는 애정을 가지고 바라보지만 다른 지역에 대해서는 그렇지 않다는 점이다. 지역 간의 광역업무에 있어서는 지방분권의 한계가 있음을 알 수 있다.

경제학적 입장에서 지방분권의 당위성을 설명하는 견해도 있다. 대표적 모형이 **티**

부 모형(Tiebout Model)이다. 중앙정부가 없어도 지방정부는 상호 경쟁이 작동하여 그 지역주민에 최적의 세금부담과 정부지출 구조를 결정한다는 것이다. 주민들이 자신에게 맞는 최적의 지역을 선택하여 이동(발로 하는 투표, voting with feet)하게 되고 그 결과 국가 전체적으로도 최적의 상태에 이르게 된다는 것이다. 효율성에는 경쟁만한 것이 없다는 것이다. 하지만 약자에게 경쟁만큼 무서운 것이 없다. 그냥 죽으라는 것과 다를 바 없기 때문이다.

또한, 최근에는 **자기책임의 원리**가 강조된다. 중앙은 중앙의 일을 하기에도 벅찬 세상이다. 그러니 지역의 문제는 지역 스스로 나서서 해결하라는 것이다. 국가의 부담을 완화하겠다는 것이다. 지방소멸은 지방의 탓이지 중앙의 탓이 아니라는 것이다. 앞으로 준비가 덜 된 지역은 상당히 어려움을 겪을 것이다. 이 세상에서 제일 무서운 것이 약한 공간과 시간에서 살아가고 있는 약한 인간에게 스스로 하고 그 결과에 책임을 지라는 말이 아니겠는가?

'**어떻게**'의 문제로 가보자. 지방분권은 지방에 있는 인적 · 물적 · 사회적 자본 등 **지역자원**의 힘으로 운영된다. 양질의 자원이 중앙으로 빨려 들어가는 현실에서 지방에 있는 자원을 연계하여 시너지 효과를 낼 수 있는 방법은 무엇인가? 있기는 한 것인가? 지방에 큰 소리치는 중앙도 문제지만 부끄러움도 없이 중앙에 손을 벌리기 일쑤인 지방도 문제다. 중앙에 아쉬운 소리를 하지 않는 당당하고 독립적인 지방을 만들 수 있는 방안은 무엇인가? 있기는 한 것인가? 질문이 아니라 하소연 같다.

지방분권이 성공하기 위해서는 두 가지 전제가 필요하다.
하나, 지방은 **가난해질 용기**가 있어야 한다. 지방분권은 분가(分家)하는 것이다. 중앙과의 연을 맺는 것이 아니라 연을 끊는 것이다. 자기 스스로 알아서 하는 것이다.

그 결과가 가난이라면 가난을 받아들여야 한다. 중앙에 손을 벌려서는 안 된다.

둘, 중앙은 **구조조정을 할 용기**가 있어야 한다. 지방에 권한을 주었음에도 인적·물적 자원을 그대로 유지하고자 한다면 놀부 심보다. 예를 들어, 환경에 관한 권한을 지방에 이양해 주었다면 중앙에 있는 환경 관련 인력과 예산은 당연히 줄여야 하는 것이다.

과연 두 가지 전제가 가능할까? 단숨에 이루어지기는 힘들 것이다. 방향성을 잃지 않고 꾸준히 한발 한발 나아가는 것이 중요하다.

2) 지방분권의 가치

지방분권의 가치를 지방분권에 대한 나눔, 경쟁, 점진의 시각을 통해 알아보고자 한다. 우선 우찌무라 간조의 《회심기》에 나오는 글을 읽어 보자.

> 한번은 어느 선교사에게 기독교인들 사이에 **종파**가 존재하는 이유 -그 이유가 있기라도 하다면- 를 물었다. 그는 종파가 있으므로 다른 교단 간에 **'경쟁'**이 일어나고, 교회가 더욱 순결해지며 하나님의 나라도 빠른 속도로 확장되기 때문에, 종파가 존재한다는 것은 큰 축복이라고 말했다. 이런 일이 있은 지 몇 달 후 우리는 새 교회를 시작하고 그 선교사의 취향에 별로 맞지 않는 우리 나름의 방식으로 일을 꾸려 나갔다. 그러자 그 때 그렇게 말했던 바로 그 선교사는, 이미 기독교의 대의를 더럽히고 있는 수백 개의 종파에 또 하나의 새로운 종파를 더하는 일은 하지 말아야 한다며, 우리의 뻔뻔스러움을 호되게 비난하는 것이 아닌가!

> 그러나 우리는 결코 그의 논리를 이해할 수 없었다. 종파의 존재가 '진정한 축복'이라면, 왜 종파의 수를 늘리고 그것을 통해 더 많은 이익을 얻으려 하지 않는단 말인가! 만약 그것이 저주라면 -우리 불쌍한 회심자들은 아직도 그렇다고 생각하는데- 왜 그것을 폐지하고 감리교주의와 장로교주의, 조합교회주의와 퀘이커교주의, 그리고 다른 모든 해로운 혹은 해롭지 않은 '주의'들을 연합해서 하나의 **커다란 단일체**로 만들지 않는단 말인가! 우리의 '이상한' 머리로는 도저히 그 선교사 친구의 역설적인 말을 이해할 수가 없었다.

(1) 나눔의 가치

착한 지방분권은 나눔에 무게 중심을 둔다. '뭉치면 살고, 흩어지면 죽는다'는 말이 있다. 하지만 지방분권의 측면에서 보자면 **'뭉치면 죽고, 흩어져야 산다'**가 더 어울리는 말이다. 지방분권은 중앙이 가지고 있는 자원을 지방에 나누어 주는 것에서 시작한다. 제대로 된 지방분권은 중앙의 살을 깎아서 지방에 보태는 것, 즉 중앙의 구조조정을 전제로 한다.

권한을 나누어 가져야 하는 중앙과 지방은 서로 긴장관계에 놓이기도 하지만 중앙은 국가경쟁력을 위해, 지방은 지역경쟁력을 위해 상호 협력해야 한다. 국가경쟁력이 지역경쟁력을 누르지 않아야 하고, 지역경쟁력이 국가경쟁력의 발목을 잡지 않아야 한다. 구심력을 발휘하는 중앙과 원심력을 발휘하는 지방 사이의 힘의 균형점이 바로 지방분권이 도달하고자 하는 곳이다. 그 균형점은 '중앙의 것은 중앙에서, 지방의 것은 지방에서'가 이루어진 최적점이다. 정답은 아는 데 가는 길은 잘 모른다. 우리가 앞으로 찾아 나서야 할 길들의 모습을 사례를 통해 살펴보자.

① **법정교과서와 법정참고서** 중 어느 것이 더 어색한가? 교과서는 하나로 통일하고, 참고서는 다양하게 하는 것이 참고서를 하나로 통일하고 교과서를 다양하게 하는 것과 비교해서 보다 덜 어색하지 않은가? 나만 그렇게 생각하는 것인가? 다른 의견이 있으신 분은 연락주기 바란다. 귀담아 들어보겠다.

② **교복자율화**와 관련하여 살펴보자. 1970년생들은 중학교에 들어갈 때 교복자율화의 첫 혜택을 받았다. 그 전까지 우리의 형님과 누님들은 똑같은 머리스타일, 모자, 교복 그리고 가방을 가지고 다녔다. 모두가 하나였다. 하지만 갑자기 권력을 잡은 세력들은 마치 자신들이 국민들의 자유를 신장시키기 위해 존재한다는 것을 알아달라는 듯 전격적으로 교복자율화를 실시하였다.[2] 하지만 교복자율화는 빈부격차, 학생과 성인 간 구별의 어려움이 초래한 상상 가능한 문제들 등 여러 가지 사회문제를 야기하고 말았다. 결국 수렴된 방안은 학교장의 재량으로 정하는 것이었다. 현재 대부분의 학교에서 자기 나름의 교복을 입는다. 최근에 반바지 형태의 운동복 차림으로 학교에 가는 중·고등학생을 바라보면 이게 지방분권이다 싶다. 내가 학교를 다니던 시절에는 왜 운동복을 입고 학교를 가면 안 되는 것이었을까?

나눔은 **상대적 개념**이다. '상대적'이라는 말은 앞으로 지겹도록 듣게 될 말이다. 중앙과 지방의 구분은 상대적인 것이다. 광역지자체는 국가와 비교할 때는 지방이지만 기초지자체와 비교할 때는 중앙의 입장에 선다. 그러니 상대적이다. 나눔의 정도 또한 상대적이다. 어느 수준으로 나누면 지방분권이라고 볼 수 있는 절대치가 없다. 그러니 상대적이다.

---

[2] 물론 선도부가 물리적 힘을 동원하는 등 다양한 통제를 가했다는 점에서 완전 자율화는 아니었다.

선보 생각

나누면 서로가 행복하다

지방자치의 활성화는 연방국가와 단일국가의 경계선을 무너뜨리는 결과를 초래할 수 있다. 이러한 현상은 단일국가로서 지방자치를 완결된 형태로 실시하고 있는 이탈리아에서 나타난다.

> 1947년 이탈리아 헌법에서는 레지옹이라는 지방자치단체를 두어 1970년부터 본격적으로 실시되고 있다. 20개의 레지옹은 15개의 일반지방자치단체와 5개의 특별지방자치단체로 구성되어 있다. 이탈리아의 지방자치단체는 단순한 지방자치의 차원을 뛰어넘는 수준으로 평가된다. 즉 전통적으로 지방분권적인 이탈리아에서는 국가분열로 연결될 수 있는 지방의 지자친 독자성을 지방자치로 흡수하고 있다.
>
> 성낙인, 《헌법학(제22판)》

우리는 중앙집권의 전통이 상당히 강한 나라이다. 조선시대에 접어들면서 지방 호족들의 세력은 사실상 제압되었다. 이탈리아와 다른 방향에서 지방분권이 필요한 이유이다. 중앙의 것을 지방에 나누어 주면 중앙에 무슨 이점이 생길까? 중앙은 자신들이 집중해야 할 일에 집중할 수 있게 된다. 중앙이 외교, 국방, 통일 문제에 집중한다고 생각해보라. 나라의 운명을 좌우하는 문제에 집중할 수 있다는 것은 얼마나 다행스러운 일인가? 조금 잘못되어도 돌아갈 수 있는 문제와 조금이라도 잘못되면 나라가 망할 수 있는 문제가 있다면 과연 중앙은 어디에 집중해야 할까? 지방분권은 지방을 위해 필요하기 전에 중앙을 위해서도 반드시 필요한 제도임을 잊지 말자.

(2) 경쟁의 가치

나눔이 중앙과 지방간의 문제라면 **경쟁**은 지방과 지방간의 문제다. 인류는 경쟁보다 더 좋은 효율적 성과제고 방법을 아직 모른다. 슬픈 일임에 분명하지만 일단 받아들여야 할 것 같다.

하지만 지방 간 경쟁의 결과가 파국이 아니라 새로운 도약이기 위해서는 최소한 3가지가 전제되어야 한다. **하나,** 제대로 경쟁을 하기 위해서는 지방의 자율성이 확대되어야 한다. 중앙에서 손발 묶어 놓고서 경쟁하라고 하면 억지다. **둘,** 지방은 중앙에서 결정해 주면, 예산을 주면 하겠다는 소극적 자세에서 벗어나야 한다. 권한에는 책임이 따른다. 권한은 가지려하고 책임은 회피하려하면 자기모순이다. **셋,** 경쟁은 하향평준화를 막고 상향평준화를 지향해야 한다. 무작정 서울을 깎아서 지방과 형평을 맞추어서는 안 된다. 그렇다고 세계의 유명 도시들과 경쟁하고 있는 서울과 예순을 넘긴 어르신이 청년회장을 맡고 있는 지방을 같은 선상에 놓고 경쟁하라고 하면 그건 무늬만 경쟁이다. 이미 승부가 나 있는 게임에 누가 과연 승복하겠는가? 그렇다면 도대체 어떻게 하라는 것인가? 지역은 지역에 알맞은 길을 찾아야 한다. 인구 줄어도 좋다. 살고 싶은 사람들이 살면 된다. 어쩔 수 없이 떠날 수 없어서 남은 사람들이 살아가는 죽어가는 지역이 아니라 살고 싶은 사람들이 오순도순 살아가는 활기찬 지역을 만들어야 한다. 마니아(mania)가 있는, 존재감이 있는 곳으로 만들어야 한다. 그것이 바로 그 지역만의 개성, 즉 **지역성**이다. 개성 없는 인간이 존재감이 없듯이 지역도 존재감을 얻으려면 지역성을 만들어내야 한다. 지역주민들에게 대통령보다 도지사·광역시장이 더 중요해져야 하고, 도지사·광역시장보다 시장·군수·구청장이 더 중요해져야 한다. 먼 곳의 권력보다 가까운 곳의 권력이 더 큰 영향력을 가져야 한다.

지방분권은 지방과 지방이 치열하게 경쟁하도록 유도하는 제도이다. 이를 통해 지역마다 차별적인 무엇을 생산해 내고 그것이 자생력의 바탕이 되어 존재감이 있는 지역으로 자리잡는 것, 이것이 바로 착한 지방분권의 지향점인 것이다.

어느 지차체는 사교육을 강화하고 어느 지자체는 사교육이 없다는 점을 특화하여 서로 경쟁하는 것이 지방분권이다. 중앙에서 이래라 저래라 하지 않고 지방이 알아서 결정하고 경쟁하는 것이 지방분권이다. 어느 지자체에 주민들이 더 늘어날 것인가? 이런 흥미진진한 경쟁의 재미를 느껴보자는 것이 지방분권이다.

With만큼이나 Without이 중요한 차별전략이라고 본다. 채움보다 비움이 더 매력적일 수 있다. 핸드폰이 없는, 술이 없는, 담배가 없는, 차가 없는, 신발이 없는 지역, 책이 없는 도서관 등등. 거주이전의 자유가 보장된 주민들은 지방자치단체를 선택할 수 있다. 앞으로의 경쟁은 주민들의 선택을 받기 위한 몸부림이 될 것이다. 그것은 다른 지역에서는 맛볼 수 없는 무언가를 찾아내는 경쟁이다. 찾는 자는 선택받아 독립적으로 살아갈 것이고, 찾지 못한 자는 버림받아 누군가에게 병합되는 운명이 될 것이다.

선보 생각

판타스틱(fantastic)!!!

미국에 사는 조카들이 놀러 왔다. 생김새는 한국인이지만 언어, 문화 등에 있어서는 미국인인 조카들에게 무엇을 사주어야 할까 고민 고민 한 후 대한민국의 다양한 치킨을 한 자리에서 맛볼 수 있게 해 주었다. 조카들의 반응은?

> "판타스틱(fantastic)!!!"
>
> 그야말로 환상적이라며 그 많은 치킨을 다 해치웠다. 세상에 이렇게 맛있는 치킨이 있었냐는 것이었다. 미국은 소수의 치킨만이 판매되고 있다. 그래서 그 맛이 그 맛이다. 하지만 한국은 치킨에 있어서 무한 경쟁이다. 그러기에 간장, 고추장, 버터, 소금, 꿀, 파 등등 이 세상에 존재하는 다양한 재료들로 치킨이 재창조된다. 바를 수 있는 것은 다 발라보고 얹힐 수 있는 것은 다 얹혀 본다. 이것이 바로 경쟁의 힘이다. 이것이 바로 지방분권의 힘이다.

(3) 점진의 가치

지방분권은 점진이 급진보다 더 성과가 좋다는 것을 믿는다. **합리주의 모형**은 인간의 이성이 모든 것을 다 파악할 수 있다는 전제에 있고, **쓰레기통 모형**은 인간의 이성을 불신한 상태에서 의사결정과정을 분석한다. **점진주의**는 나아가돼 한발 한발이다. 점진주의는 서서히 가되 제대로 가는 것이다. 위험을 분산시키는 것이다. 한날 한시에 돌진하는 것이 아니다. 한발 한발이 한날 한시보다 더 일찍 목표점에 도달한다는 것이고, 만약 실패하더라도 피해의 규모를 줄일 수 있다는 것이고, 최선은 아닐지라도 최악은 피할 수 있다는 것이다.

점진을 보수라고 비판하는 자는 점진의 겉모습만 본 사람이다. 점진의 가치를 알기 위해서는 점진과 급진의 성공확률을 고려하여 변화량을 계산해 보아야 한다. 역사적 사례를 통해 살펴보자. 조선 시대 10만 양병설을 주장하는 당파는 왜의 움직임, 여진의 움직임 등이 심상치 않으니 국방력을 키워야 한다고 하고, 이에 대해 반대하는 당파는 민심이 동요할 수 있고 식량생산량 등을 고려할 때 가능하지도 않은 일이라고 반대했다. 왜 1만 명의 정예군사부터 시작해보자고 하지 않았을까? 1만도 많다고. 그럼 5천도 좋다. 시작이 중요하다. 그로부터 정예부대를 최대한 확대했다면 임진왜란 때 그토록 고통받았겠는가! 10만을 한날 한시에 하려다가 국방개혁이 좌초되고 만 것이다. 점진과 급진 중 어느 쪽의 변화량이 큰 지 분명히 알 수 있다. 이런 유사 사례를 오늘날에도 어렵지 않게 찾을 수 있는 것을 보면 '우리가 역사로부터 배울 수 있는 것은 우리가 역사로부터 아무것도 배우지 않는 것'이라는 헤겔의 말을 떠올리게 된다.[3]

대한민국은 **시범사업**이 시범사업인 경우가 거의 없다. 시범사업은 반드시 평가과정을 거쳐야 하기에 평가를 위한 사업 중단이 필요하다. 사업의 연속성은 시범사업의 이름을 무색하게 한다. 그냥 신규사업과 동일하다. 시행착오를 막자는 시범사업의 취지를 잊고 앞으로 돌진한다. 결과는 최선일 수도 있고 최악일 수도 있다. 우리나라의 경제규모, 사회구조, 갈등상황 등을 고려할 때 너무 위험성이 높음에도 그리 주저하지 않는다. 점진의 시각에서 볼 때 상당히 위험한 전략이 아닐 수 없다.

코로나19 백신 중에서 가격이 가장 싸고 효과가 가장 큰 백신이 있다면 전 국민이 그 하나의 백신을 맞아야 할까? 아니면 가격이 다소 비싸더나 효과가 다소 떨어지더라도 다양한 백신을 맞아야 할까? 백신의 부작용을 정확히 모르는 상황에서 전 국민이 하나의 백신을 맞는 것은 위험천만한 일이다. 지방분권이 중앙집권보다 나은 이유가 여기에 있다. 위험을 자연스레 분산할 수 있다. 이제 우리는 앞만 보고 돌진하기에는 몸집이 너무 커졌다. 넘어지면 잃을 것이 너무 많다.

재난지원금이 어떤 효과를 낼지 정확히 모르는 상황에서 전 국민에게 100만원씩

---

[3] 오늘날의 사례는 말로 하는 강의에서 다루는 것이 나을 것 같다. 아무래도 현대사를 글로 남기는 것은 조심스럽다.

균등으로 나누어주는 것도 방법이겠으나 중앙은 총액만 결정하고 지방자치단체별로 다양한 국민을 대상으로 한 다양한 액수의 차등 지급 또한 가능할 것이다. 중앙집권은 전자를, 지방분권은 후자를 선호한다. 이것이 바로 지방분권의 점진의 시각이다.

향후 4차 산업혁명이 나라의 흥망성쇠를 가를 것이다. 빅데이터, 초연결성, 인공지능 등으로 대표되는 4차 산업혁명은 기술의 혁명이지만 이해관계의 조정에 실패하면 결국 제자리에 머물 수밖에 없다. 우리는 '타다'와 택시 간의 첨예한 갈등을 경험했다. 4차 산업혁명에서 성공하느냐의 여부는 기술의 문제가 아니라 이해관계의 조정 문제일 수 있음을 분명히 보여 주었다. 이런 생각을 하곤 한다. 당시 지방자치단체 중 일부에서 시범실시한 후 문제점을 보완하면서 서서히 확대해 갔다면 지금은 달라지지 않았을까? 이처럼 우리가 처음 가보는 길에 있어서는 지방분권의 역할이 빛날 수 있다. 앞으로는 의도적으로 지방분권을 시범사업의 장으로 활용할 필요가 있다.

점진은 급진보다 느린 것이 아니다. 느려 보이는 것 뿐이다. 급진은 제 발에 걸려 자빠지지만 점진은 꿋꿋이 나아간다. 결국 결승점에 성한 몸으로 도착하여 승리하는 자는 급진이 아니라 점진이다. 지방분권은 급진에 대한 점진의 최종 승리를 믿는다.

> **선보 생각**
>
> **점진의 사례**
>
> 산에 눈이 너무 많이 내려 사방이 온통 하얗다. 산에 오른 243명은 이 상황을 어떻게 헤쳐나가야 할까? 중앙집권은 리더가 이 방향이다라고 하면 우르르 따라 내려가는 것이다. 다 살아 남을 수도 있지만 다 비극적 최후를 맞이할 수도 있다. 지방분

권은 각각의 사람에게 선택권을 맡기는 것이다. 누군가는 죽을 수도 있지만 분명 누군가는 살아 남을 것이다.

사교육을 예로 들어보자. 사교육이 우리나라에 미치는 부정적 영향에 대해서야 무엇을 더 말하랴. 헌법재판소의 사교육 금지에 대한 위헌 결정은 법적으로는 최선의 결정인지 모르지만 결과적으로 최악의 결정 중 하나였다. 헌법재판소는 헌법의 이름으로, 기본권의 이름으로 학생, 부모 등 온 국민을 도탄에 빠지게 했다. 젊은 부부는 아이를 낳지 않으려 하고, 그나마 어렵게 태어난 아이들은 창의성을 잃고 스스로 공부하는 법도 잃었으며 부모들은 노후 준비도 없이 노년을 맞닥트려야 한다. 공간에도 엄청난 영향을 미쳤다. 학원이 없다면 우리나라 건물들의 상당수는 빈공간이 되어야 할 것이다. 우리나라 국민 모두의 삶을 엉망진창으로 만들어 버린 문제를 그동안 외면하고 있다는 것이 어처구니가 없다. 사교육을 이대로 두어서는 안 된다. 이 제도가 살아있는 한 어느 누구도 행복할 수 없다. 하지만 개선하지 못하고 있다. 누군가 그럴 것이다. 국민투표로 담판을 내자. 그렇다. 국민투표에 붙이는 방법이 있긴 하다. 하지만 이런 식의 해결방법은 결과에 따라 너무 부담이 크다.

이때 등장하는 것이 지방분권이다. 사교육의 유지 및 폐지 여부를 법률에서 조례로 위임해 주는 것이다. 대학도 학생 선발의 자유를 주는 등 사교육이 없는 지역에서 보다 많은 학생들이 선발될 수 있도록 여건을 마련해 주는 것이다. 유기농 쌀이 더 경쟁력이 있듯이 사교육이 없는 곳에서 공부한 학생들을 제대로 된 대학에서 눈여겨보지 않을 이유가 없다.

헌법재판관들의 강력한 반론이 귀에 들리는 것 같다. 그 반론의 타당성 어느 정도 인정한다. 그럼 이렇게 묻고 싶다. 어느 쪽이 '그래도' 나은가? 어느 쪽이 '그나마' 나은가? '그래도'와 '그나마'의 문제이지 절대적으로 맞고 틀리고의 문제가 아니다. 또 나왔다. 상대적이다. 없는 것이 있는 것보다 상대적으로 낫다. 이것이 지방분권의 가치이다.

(4) 종합 : 세방화 + 다안성

세계화와 지방화는 전자는 밖을 향하고, 후자는 안을 향하지만 결국 목표는 같다. 세계화와 지방화가 하나가 되는 지점, **세방화**가 바로 지방자치가 도달하고자 하는 곳이다.

우리 민족은 하나를 만들더라도 세계에서 최고로 멋진 작품을 남겼다, 예를 들어, 백제금동대향로, 석굴암, 성덕대왕신종(에밀레종) 등등. 하나를 가지고 세계의 최고가 되는 것. 21세기 대한민국이 가고자 하는 지방분권은 모든 것이 어중간하게 잘난 지역이 아니라 단 하나가 세계적인 지역을 꿈꾸는 것이다.

세방화를 3단 논법을 통해 증명하고자 한다.

> *"가장 충청남도적인 것이 가장 세계적인 것이다.*
> *가장 부여적인 것이 가장 충청남도적인 것이다.*
> *따라서 가장 부여적인 것이 가장 세계적인 것이다."*

대한민국에는 243개의 지차체가 있다. 같기도 하고 다르기도 하다. 다 같아서도 안 되고, 다 달라서도 안 된다. 다 같으면 안정적이라기보다 정체되어있는 것이고, 다 다르면 차별적이라기보다 혼란스러운 것이다. 양자의 균형점이 바로 **다안성**이다.

참고 **지방자치의 가치: 다안성**(多安性, diverstability)

다양성(diversity)과 안정성(stability)의 합성어. 어떤 계(界, system)가 다양성과 안정성을 동시에 갖춘 균형적 상태 또는 그러한 경향성.
한 시스템이 다양성을 확보했을 때 원래의 균형 혹은 새로운 균형을 찾아갈 수 있는

가능성이 높아지는데, 이를 '다안적 상태'라고 할 수 있다. 한 가지 확실한 것은 다양성을 상실한 시스템, 즉 모든 개체군이 동일한 행위 패턴을 가지고 있을 때에 그 시스템은 극도로 불안해지고, 비록 높은 생산성을 올리고 있더라도 변화에 취약해서 단 하나의 외부 조건의 변화만으로도 생태계가 붕괴하게 된다. 집단 사육된 가축이 축사에서 발생하는 전염병에 매우 취약한 것은 이런 맥락에서 설명될 수 있다.

어떤 시스템에서 개채의 다양성이 높다고 해서 반드시 그 시스템이 안정적인 것은 아니다. 그러나 그럴 확률적 가능성은 높아진다. 다안성은 이 책에서 처음 정의되는 '느슨하고 성긴 개념'이며, 기본적으로 탈포드주의라는 선진 자본주의의 상황을 고려한 사회경제적 개념이라는 점을 독자들께 밝혀둔다.

다양성은 '종 다양성', '생물 다양성'과 같은 생태학의 기본 개념이다. 하지만 점차 외연이 확대되어 가는 개념이다. 제품의 균일화, 대량생산 대량소비로 상징되는 포드주의가 전 세계적으로 퇴조해가면서, 탈포드주의 환경에 적응하기 위한 효과적인 전략으로써 산업 다양성(industrial diversity)과 같은 논의들이 활발하게 제시된 바 있다. 다양성은 독일 사회민주당이 주장하는 기업의 종 다양성(Vielfaltigkeit) 개념과도 관련된다. 사회민주당은 대기업의 지나친 경제력 집중과 독과점화가 중소기업의 종속을 불러오고 이것이 시장을 왜곡시켜 국민경제에 심각한 불균형을 가져온다고 지적한다.

안정성 역시 생태계의 기본 개념이다. 어떤 시스템에 외부 충격이 가해졌을 때, 일정하게 그리고 예측 가능한 범위 내에서만 변화하는 특성을 말한다. 저명한 생태학자 홀링(C.S.Holling)은 복원성(resilience)이라는 새로운 개념을 창안해, 보다 엄밀하게 안정성을 재해석하고 정의했다. 즉, 외부 충격이 가해졌을 때 질적으로 변화지 않고 견디는 능력이 바로 안정성이며, 외부 충격 이후 얼마나 빨리 예전의 상태를 회복하느냐에 따라 "안정성이 높다 혹은 낮다"고 평가할 수 있다.

우석훈 · 박권일, 《88만 원 세대》

이러한 지방분권을 만들어 내기 위해서는 지방의원들과 지방의회 관료들이 하나가

되어 **축적**과 **혁신**을 해내야 한다. 그 수단이 바로 **정책, 예산, 조례**다. 이 세 가지 수단을 이해하지 못하면 헛발질을 할 수밖에 없다.

2. 조례의 가치

1) 정책·예산·조례의 관계

정책이란 공공부문이 바람직한 상태를 달성하기 위해 시장에 개입 또는 관여하는 것을 의미한다. 정책은 예산 및 조례라는 그릇에 담겨야 비로소 제대로 된 효력을 발휘한다. 예산의 뒷받침이 없다면 실현 가능성이 낮아지고, 조례로 규범화되지 않으면 지속가능성을 잃게 된다.

정책을 다룸에 있어 주의할 점은 너무 쉬운 정책, 너무 쉬워 보이는 정책으로 너무 쉽게 가서는 안 된다는 점이다. 예를 들어, 연금개혁을 하자고 하면서 많이 내고 적게 받자는 것이나, 저출산 대책으로 아이를 낳으면 현금을 주는 식이다. 더 좋은 답이 있다는 믿음으로, 더 깊은 고민을 해서, 더 합당한 정책대안을 만들어내야 한다. 또한 정책을 분석함에는 반드시 **시장에 미치는 영향**을 분석해 내야 한다. 공공이 원하는 방향과 다른 방향으로 시장이 반응하는 것을 놓치면 정책은 실패하고 만다. 주의 또 주의해야 한다.

정책을 **예산**이라는 그릇에 담을 때에는 **기회비용**을 따져보아야 한다. 한정된 예산을 누군가 쓰면 다른 누군가는 필연적으로 못쓰게 된다. 선택과 집중을 통한 적재적소에 예산이 쓰여야 하는 이유이다.

예산분석의 방향은 모내기와 김매기이다. **모내기**는 힘을 실어 주어야 하는 사업, **김매기**는 뿌리째 뽑아야 하는 사업을 의미한다. 예를 들어, 지역공동체를 활성화하고 양질의 일자리를 만들어 내는 사업은 모내기의 대상이지만 돈으로 돈보다 더 중요한 가치를 잃어버리게 하는 사업은 김매기의 대상이다. 그리고 예산분석을 위해서는 사업을 확대해서 볼 수 있는 **돋보기**, 사업을 분해해서 볼 수 있는 **현미경**, 사업을 장기적인 시각에서 볼 수 있는 **망원경**이 필요하다. 예산분석에 관해서는 다른 강의와 책에서 다루기로 하자.

정책을 **조례**로 법문화한다는 것의 의미는 무엇일까? 조금 구체적으로 살펴보자. 예를 들어, 지방자치단체별로「OO총연맹에 관한 조례」가 있기도 하고 없기도 하다고 가정하자. 그렇다면 관련 조례가 있고 없고는 무슨 차이가 있을까? 조례가 있다는 것은 주민의 대표기관인 지방의회에서 OO총연맹의 존재를 인정했다는 것으로 조직의 정당성을 강화하고 지원 등에 관한 정책의 예측가능성을 제고할 것이며, 특히 지자체장의 변동에도 **지속가능성**을 제도화한 것이라는 점에 의의가 있다. OO총연맹의 안정적인 활동이 가능하다는 것이다.

혹시 조례를 잘 만들기 위해서 조례만 잘 알면 된다고 생각하는가? 어림도 없는 생각이다. 잘해야 조례 기술자 정도가 될런지 모르겠다. 하지만 조례 기술자는 그리 영광스러운 명함이 아니다. 착한 조례를 만드는 조례 예술가가 되기 위해서는 조례뿐만 아니라 정책, 예산 등을 동시에 그리고 종합적으로 볼 줄 알아야 한다. 힘겨운가? 힘겨워야 정상이다. 힘겨우니 아무나 그 경지에 도달하지 못하는 것이다. 도전해보고 싶은가? 그럼 열심히 공부하라. 그것 외에 방법은 없다. 나한테 하는 이야기 같아 부끄럽기 그지없다.

| 참고 | **지방자치법 : 조례와 예산의 연관성** |

> **제78조**(의안에 대한 비용추계 자료 등의 제출) ① 지방자치단체의 장이 예산상 또는 기금상의 조치가 필요한 의안을 제출할 경우에는 그 의안의 시행에 필요할 것으로 예상되는 **비용에 대한 추계서**와 그에 따른 **재원조달방안**에 관한 자료를 의안에 첨부하여야 한다.
> ② 제1항에 따른 비용의 추계 및 재원조달방안에 관한 자료의 작성 및 제출절차 등에 관하여 필요한 사항은 해당 지방자치단체의 조례로 정한다.
>
> **제148조**(재정부담이 따르는 조례 제정 등) 지방의회는 새로운 재정부담이 따르는 조례나 안건을 의결하려면 미리 지방자치단체의 장의 <u>의견을 들어야 한다.</u>

「지방자치법」 제78조에 따르면 지방자치단체의 장이 예산 또는 기금상의 조치가 필요한 조례안을 제출할 경우에는 시행에 필요할 것으로 예상되는 **비용에 대한 추계서와 재원조달방안**을 조례안에 첨부하여야 한다. 어느 정도의 예산이 들어가는지 그리고 그 예산은 어디에서 조달할 것인지를 조례안 심사에 있어서 반드시 고려하라는 뜻이다. 그리고 「지방자치법」 제148조에 따르면 지방의회는 새로운 재정부담이 따르는 조례를 의결하려면 미리 지방자치단체의 장의 의견을 들어야 한다. 다만, 의견을 들어야 한다는 것이 반드시 의견을 따라야 한다는 것을 의미하지는 않는다.[4]

조례 따로, 예산 따로 놀면 결국 조례는 실행력을 담보 받지 못할 것이고 예산의 건전성은 무너지고 말 것이다. 또한 지방의회와 지방자치단체의 장은 서로 소통해야 한다. 견제하면서도 협조해야 한다. 싸울 때 싸우더라도 서로의 의견에 귀를 기울여야 한다.

---

4) 판례도 같은 견해를 취한다. 지방재정의 계획적이고 건전한 운영을 확보하기 위한 것으로 지방의회가 지방자치단체의 장의 의견에 반드시 따라야 한다는 것은 아니다(대법원 2008추32).

2) 지방분권의 실현

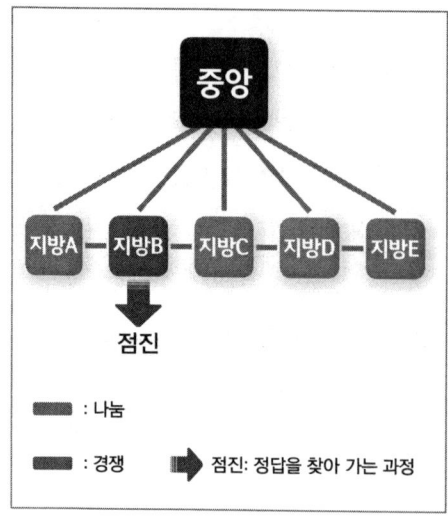 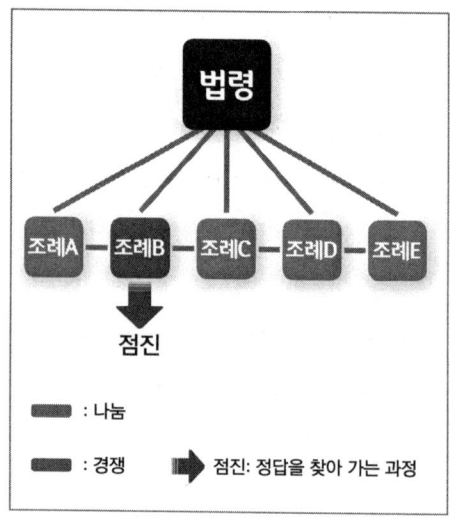

지방분권은 중앙의 권력을 지방으로 나누고, 권력을 나누어 가진 지방들이 서로 경쟁하면서 점진적으로 앞으로 나아가는 것이다. 이것이 내가 꿈꾸는 착한 지방분권이다.

착한 지방분권을 조례의 시각에서 정리해 보면, 중앙은 지방에 입법권을 나누어주어 (위임 또는 이양해주어) 지방자치단체별로 조례를 통해 규율하도록 하고, 지방은 조례를 통해 경쟁함으로써 **차별성**을 극대화하고, 이런 과정을 통해 점진적으로 국가 전체의 발전을 이룰 수 있는 정답을 찾아가는 것이라고 하겠다.

조례의 스케일을 조금 키워보자. 2013년도 예산안을 놓고 여야의 의견이 팽팽하게 맞설 때 김진표 국회의장은 몇 번의 중재안을 내놓은 적이 있다. 그때 인상적인 방안 중 하나가 바로 **외국인직접투자의 확대**를 위해서 지방정부가 조례개정을 통해 추가적인 경감 조치를 별도로 취하자는 것이었다. 외국인직접투자를 끌어들이는 것이 더 이상 중앙정부가 전담해야 할 일만은 아니다. 지방간의 경쟁을 통해 보다 더 생산적인 결과를 낳을 수도 있는 것이다. 이게 바로 지방분권이요, 지방분권에서 조례가 차지하는 위상이요, 가치이다.

오리의 예를 들어보자. 먼저 오리의 양해를 구한다. 오리는 날기도 하고, 걷기도 하고, 헤엄도 칠 줄 안다. 그런데 제대로 하는 것은 없다. 모든 것을 어느 정도 하지만 뚜렷한 한 방이 없다. 최근에 지역별로 파크골프장을 만드느라 여념이 없다. 맨발 걷기가 좋다고 하니 너 나 할 것 없이 맨발걷기 길을 만든다. 나에게만 있을 때에는 차별성이지만 모두에게 있는 순간에는 없는 것보다 못할 수도 있다. 우리는 다른 지역에서 흉내 낼 수 없는 우리 지역만의 무엇을 찾아야 한다. 나만의 파크골프장, 나만의 맨발걷기 길이어야 험한 지방분권의 시대에서 살아남을 수 있다. 다들 사업가들이 자신의 지역에서 창업해 주기를 바란다. 한 번 실패한 벤처사업가만 특별히 대우해 주면 어떨까? 한 번 실패를 경험한 사람은 두 번 실패할 확률이 확 낮지 않겠는가? 뭔가가 달라야 살아남을 수 있다.

여기서 한 가지 밝히는 것이 오해의 소지를 없앨 수 있을 것 같다. 나는 정파, 종교, 지역에 있어서 거의 완벽하게 자유롭다. 어느 정파도, 종교도, 지역도 나를 구속하지 못하고 있다. 가끔 한 곳에 속한 분들을 보면 부러울 때가 있을 정도다. 혹시 강의 중에 마음에 상처를 받는 경우가 있다면 그것은 결코 의도된 것이 아님을 밝혀둔다. 또한 충청남도의 예가 비교적 자주 등장하는 것은 우리 집안의 선산이 태어난 곳, 즉 고향이기 때문이다. 그 이상도 그 이하도 아니다. 내가 고향의 포근함을 희미하게나마 간직하고 있는 마지막 세대가 아닌가 싶다. 수도권 집중의 문제 중 하나는 사람들이 고향을 잃어버렸다는 점이다. 21세기 대한민국은 고향의 끌어당기는 힘이 없는 상태에서 지방분권을 해내야 한다.

> 선보 생각

국회입법조사처에 도서관이 웬 말인가?

국회입법조사처는 국회의원들의 질의에 대한 회답을 주요 업무로 하는 입법지원 조직이다. 독립건물이 없어 국회도서관 4층에 사무실이 있다. 내가 정치행정 조사실장으로 재직하고 있을 때 국회입법조사처에 작은 도서관을 만들자고 제안한 적이 있다. 그러자 대부분 사람들의 반응이 조사처가 도서관 건물 내에 있는데…. 실장이 실성한 것은 아닌지 의심하는 눈빛이었다. 그래서 내가 그랬다.

> "저도 조사처가 도서관내에 있는 것 알고 있습니다.
> 그러니까 **우리 조사처만의 도서관**을 만들자는 겁니다."

나는 조사처 인원이 대부분 박사이니 자신의 박사논문을 가져다 놓고, 자신이 지금까지 쓴 보고서 중에서 가장 잘된 보고서를 가져다 놓고, 자신이 지금까지 읽은 책 중 가장 인상 깊었던 책을 가져다 놓는다면 충분히 차별성이 있을 것이라고 확신했다.

지방분권의 성공 여부는 차별성에 있다. 그 차별성을 만들어 내는 것, 그것이 바로 착한 조례가 해내야 할 역할이다.

박상순 시인의 시를 읽어보자.

'6은 나무 7은 돌고래, 열 번째는 전화기'

첫 번째는 나
2는 자동차
3은 늑대, 4는 잠수함

5는 악어, 6은 나무, 7은 돌고래
8은 비행기
9는 코뿔소, 열 번째는 전화기

첫 번째의 내가
열 번째를 들고 반복해서 말한다
2는 자동차, 3은 늑대

몸통이 불어날 때까지
8은 비행기, 9는 코뿔소,
마지막은 전화기

숫자놀이 장난감
아홉까지 배운 날
불어난 제 살을 뜯어먹고
첫 번째는 나
열 번째는 전화기

어떤 느낌이 드는가? 과연 시라고 할 수 있을까라는 생각이 들지 않는가? 정끝별 시인은 《어느 가슴엔들 시가 꽃피지 않으랴 1》에서 박상순 시인을 이렇게 평가했다.

> "박상순보다 시를 잘 쓰는 사람은 많을지 모르지만
> 그 누구도 박상순처럼 시를 쓰지는 못한다. 그게 중요하다."

지역의 차별성은 박상순 시인의 시와 같은 경지를 의미한다. 그게 중요하다!!!

제3강

착한 조례: What?

착한 조례의 존재 이유는
부조리를 없애서
억울한 사람이 없는 세상을
만드는 것이다.
나는 그리 믿는다.

제3강   착 한 조 례 만 들 기

착한 조례:
What?

착한 조례는 무수한 정의가 가능하다. 여기서는 가장 단순하고 명료한 정의를 통해 무엇이 착한 조례인지 알아보고자 한다.

> '지역공동체의 문제를 해결하는 조례'

이 문장을 지역공동체, 문제, 해결, 조례 등으로 분해하여 분석해 보도록 하겠다.

1. 지역공동체 = 인간 + 공간 + 시간

공동체는 '우리'라는 말이 어색하지 않은 집단을 의미하고, 여기에 지역이 붙으면 같은 지역 내에서 살아가는 사람 간에 '우리'라는 의식을 공유하고 있는 집단을 의미한다. 동(洞)의 기원이 **우물을 같이 쓰는 지역**이라고 한다. 그곳에서 지역의 다양한 소식이 전해지고 퍼져나가면서 자연스레 '우리'라는 의식이 자리 잡았을 것이다. 잠시 생각해 보자. 오늘날 무엇이 우물의 역할을 하고 있으며 앞으로 무엇이 우물의 역할을 할 것인가?

여기서 우리가 짚고 넘어가야 할 단어가 **우분투**(ubuntu)이다. 워낙 정의하기 어려운 개념이라서 남아프리카 공화국 성공회 데스몬드 투투 대주교의 말을 빌리고자 한다.

> '우리나라에 전해 내려오는 격언 중에는 우분투라는 것이 있습니다. 그것은 인간이 갖추어야 할 기본 조건이지요. 인간은 혼자서는 살아갈 수 없는 존재라는 것이 바로 우분투의 핵심입니다. 우분투는 우리가 서로 얽혀 있다는 점을 강조합니다. 홀로 떨어져 있다면 진정한 의미에서 인간이라고 할 수 없고, 우분투라는 자질을 갖추어야만 비로소 관용을 갖춘 사람으로 인정받을 수 있습니다. 우리는 자신을 다른 사람과 상관없이 존재하는 개인으로 생각할 때가 많습니다. 그러나 우리는 사실 서로 이어져 있으며 우리가 하는 일 하나하나가 세상 전체에 영향을 미칩니다. 우리가 좋을 일을 하면 그것이 번져 나가 다른 곳에서도 좋은 일이 일어나게 만듭니다. 그러므로 그것은 인간 전체를 위하는 일이 됩니다.'

지역공동체는 같은 종교, 같은 학교, 같은 취미 등이 우리로 묶어 주는 것이 아니라 지역이라는 공간이 우리로 묶어 준다. 그래서 '지역'공동체인 것이다. 현대사회에서 같은 공간에 존재한다는 것만으로 우리라는 말이 어색하지 않을 수 있을까? 많은 의문이 제기되어 온 것은 사실이나 현대사회에서 지역의 중요성은 더욱 부각되고 있다는 것이 나의 견해이다.

「충청남도 진실규명사건 피해자 지원에 관한 조례」를 통해 지역공동체의 의미를 알아보자.

「충청남도 진실규명사건 피해자 지원에 관한 조례」

제1조(목적) 이 조례는 충청남도 진실규명사건 피해자 지원에 관한 사항을 규정하여 과거와의 화해를 통해 피해자의 명예를 회복시키고, 충청남도민의 인권 신장과 올바른 역사관 정립에 이바지함을 목적으로 한다.

제2조(정의) 이 조례에서 사용하는 용어의 뜻은 다음과 같다.
1. "진실규명사건"이란 「진실·화해를 위한 과거사정리 기본법」(이하 "법"이라 한다) 제3조에 따른 진실·화해를위한과거사정리위원회로부터 법 26조에 따른 진실규명결정된 사건 중 충청남도에서 발생한 사건을 말한다.
2. "피해자"란 진실규명사건으로 피해를 입었던 충청남도민을 말한다.

제3조(책무) 충청남도지사(이하 "도지사"라 한다)는 진실규명사건 피해자의 명예회복과 인권 신장을 위하여 필요한 시책을 마련하여야 한다.

제4조(지원사업) 도지사는 피해자의 명예회복과 지원을 위하여 예산의 범위에서 다음 각 호의 사업을 추진할 수 있다.
1. 피해자의 생활안정을 위한 사업
2. 피해자의 심리치료 및 의료지원 사업
3. 진실규명사건 추모 및 기념사업

> 4. 그 밖에 도지사가 피해자의 명예회복과 지원을 위하여 필요하다고 인정하는 사업
>
> **제5조(실태조사)** 도지사는 피해자의 명예회복과 지원을 효율적으로 추진하기 위하여 필요한 경우 실태조사를 할 수 있다.
>
> **제6조(시행규칙)** 이 조례의 시행에 필요한 사항은 규칙으로 정한다.
>
> 부 칙
>
> 이 조례는 공포한 날부터 시행한다.

지역공동체는 **인간, 공간, 시간**으로 이루어져 있다. 제2조(정의)를 보면, 피해자란 충청남도에서 발생한 사건 중 진실규명사건으로 피해를 입었던 충청남도민을 의미한다. 공간은 충청남도로 한정된다. 시간은 「진실·화해를 위한 과거사정리 기본법」 제2조에 따르면 일제강점기 직전부터 권위주의통치시까지이다.[5] 우리나라 만큼 과거의 아픔이 누적되어 있는 나라가 또 있을까? 이런 아픔을 평생 안고 살아온 이웃이 주

---

[5] 제2조(진실규명의 범위) ①제3조의 규정에 의한 진실·화해를위한과거사정리위원회는 다음 각 호의 사항에 대한 진실을 규명한다.
  1. 일제 강점기 또는 그 직전에 행한 항일독립운동
  2. 일제 강점기 이후 이 법 시행일(법률 제7542호 진실·화해를 위한 과거사정리 기본법의 시행일을 말한다)까지 우리나라의 주권을 지키고 국력을 신장시키는 등의 해외동포사
  3. 1945년 8월 15일부터 한국전쟁 전후의 시기에 불법적으로 이루어진 민간인 집단 사망·상해·실종사건
  4. 1945년 8월 15일부터 권위주의 통치시까지 헌정질서 파괴행위 등 위법 또는 현저히 부당한 공권력의 행사로 인하여 발생한 사망·상해·실종사건, 그 밖에 중대한 인권침해사건과 조작의혹사건
  5. 1945년 8월 15일부터 권위주의 통치시까지 대한민국의 정통성을 부정하거나 대한민국을 적대시하는 세력에 의한 테러·인권유린과 폭력·학살·의문사
  6. 역사적으로 중요한 사건으로서 제3조의 규정에 의한 진실·화해를위한과거사정리위원회가 이 법의 목적 달성을 위하여 진실규명이 필요하다고 인정한 사건
  ② (생 략)

변에 있음에도 아무런 위로와 보상이 없었다는 것은 지역공동체가 와해되었다는 방증이다. 지역공동체는 같은 공간에 사는 주민들이 과거의 아픔을 보다듬어 주면서 미래를 함께 준비하는 것이다. 그런면에서 충청남도는 이 조례를 통해 지역공동체에 한 걸음 더 다가갔다고 하겠다.

한 번 더 강조한다. 지역공동체는 **인간, 공간, 시간**으로 이루어져 있다. 따라서 조례를 공부하는 사람들은 인간, 공간, 시간에 관심과 애정을 가지고 분석할 수 있어야 한다. 인간, 공간, 시간에는 **'간'(間)** 이라는 공통된 단어가 들어가 있다. 간의 의미를 잠시 살펴보도록 하자.

> 間자는 '사이'나 '틈새'라는 뜻을 가진 글자이다. 間자는 門(문 문)자와 日(해 일)자가 결합한 모습이다. 그러나 금문과 소전에서는 月(달 월)자가 들어간 閒(틈 한)자가 '틈새'라는 뜻으로 쓰였었다. 閒자는 어두운 밤 문틈으로 달빛이 비치는 모습을 그린 것이다. 어두운 밤에야 달빛을 통해 문틈이 벌어져 있음을 알 수 있었으니 閒자가 '틈새'라는 뜻을 더 잘 표현하고 있는 셈이다. 그러나 후에 閒자가 시간에 틈이 있다는 의미에서 '한가하다'라는 뜻으로 쓰이게 되자 해서에서는 間자가 만들어지면서 '틈새'라는 뜻을 대신하게 되었다.
>
> 출처 : 네이버 한자사전, [한자로드(路)]

사이나 틈을 의미하는 간은 복수를 전제로 한다. 간은 복수의 존재가 상호작용을 하고 있는 모습, 즉 영향을 주고받고 있는 모습을 보여준다. 인은 다른 인과, 공은 다른 공과, 시는 다른 시와 상호작용을 한다. 더욱 중요한 것은 인간, 공간, 시간이 각각 홀로 존재하기보다는 서로가 서로에게 영향을 주고받는다는 것이다. 조례는 이렇게 얽히고설킨 관계를 더욱 긴밀하게 만들어 내는 동력을 제공해야 한다. 조례를 공부하는 사람들은 삼(三)자 각각의 모습은 물론이고 삼자 사이의 관계를 잘 엮어 줄 수 있어야 한다. 형이상학적 단계에서 한 번 엮어보겠다.

> "인간은 시간 안에서 공간을 만들고,
> 공간은 시간 밖에서 인간을 만든다."

먼저 **인간**에 대해 알아보자.

조례의 범위에서 인간은 동일 지역에 거주하는 **주민**을 의미한다. 주민은 사회적 강자인 시장진입계층과 사회적 약자인 시장소외계층으로 나눌 수 있다. **시장진입계층**은 국가, 지방자치단체 등에게 제발 참견하지 말고 이대로 그냥 놔달라며 자유를 외치고, **시장소외계층**은 이대로는 못 살겠다고 제발 도와달라며 평등을 외친다. 자유와 평등의 균형점이 지방자치단체가 수행해야 할 최대 사무인 **주민복지**가 도달해야 하는 곳이다. 무작정 모르는 척하는 것도 무작정 돕는 것도 착한 조례가 할 일은 아니다. 조례는 국가가 미처 신경을 쓰지 못하는 시공간 속의 시장소외주민을 시장에 진입할 수 있는 주민으로 발돋움할 수 있는 디딤돌 역할을 해야 한다. 그래야 착하다는 소리를 들을 수 있다.

다음 **공간**에 대해 알아보자.

전통적으로 지역공동체에서 공간은 물리적 공간 즉, **지역**을 말한다. 물리적 공간은 사유(전용)공간, 공유공간, 공용공간, 공공공간 등 다양한 유형으로 나눌 수 있다. 한편 현대사회에서 공간은 물리적 공간을 넘어, 웹(web)상 공간, 가상 공간도 포함한다. 향후 물리적 공간보다 웹상 공간과 가상 공간이 더 중요해질 수도 있다. 참으로 기묘한 세상이 도래하고 있는 것이다.

지역공동체의 시각에서 가장 극적인 구분은 지역주민이 모이는 공간과 지역주민이 떠나는 공간일 것이다. 대한민국 대부분 지방에서 지역주민이 떠나고 있다. 지방소멸을 넘어 국가소멸을 걱정하는 단계이다. 우리는 공간이 바뀌면 인간이 모일 수 있다는 믿음을 가지고 조례를 분석해야 한다. 분명 방법은 있다. 아직 우리가 그 방법을 찾아내지 못한 것뿐이다. 착한 조례는 그 어려운 길을 헤쳐나갈 수 있는 방법을 제시하는 조례이다.

다다음 **시간**에 대해 알아보자.

지역공동체에서 시간은 과거, 현재, 미래를 포함한다. 시간은 지속가능성 즉, 얼마동안 지속되어 왔고 얼마동안 지속될 것인지를 다룬다. 시간은 과거부터 현재까지는 **축적**이라는 단어, 현재부터 미래까지는 **혁신**이라는 단어와 잘 어울린다. 축적은 단순히 쌓여 있는 것을 말하는 것이 아니라 다른 지역에서 쉽게 흉내 낼 수 없는 것을 말한다. 따라하고 싶은데 그대로 따라할 수 없는 그 무엇이 축적이다. 혁신(革新)은 가죽 혁(革), 새로울 신(新)으로 이루어져 있다. 가죽을 벗긴다는 의미이다. 얼마나 고통스러울지 상상만으로도 저릿저릿하다. 중요한 점은 고통스럽다고 혁신하지 않으면 누군가가 와서 인정사정없이 가죽을 벗긴다는 것이다. 고통이 없는 혁신은 허구다. 혁신인지 아닌지는 고통의 크기로 알 수 있다. 축적과 혁신이 선순환할 수 있도록 조례를 만들어 내야 한다. 역사에 남는 착한 조례가 될 것이다.

개인과 지방정부의 시간 단위는 다르다. 개인에게 있어서 10년은 장기이지만 지방정부에게 있어 10년은 초단기에 불과하다. 그러기에 시간 단위는 상대적이다. 우리는 단기와 장기의 혼돈으로 일을 망치는 경우를 많이 본다. 미래세대를 생각하는 것은 현세대의 당연한 책무요, 도리임을 잊어서는 안 된다.

> **선보 생각**
>
> **"왜 --- 동일한 질문을 계속 하시는지 모르겠어요?"**

> 축적이라는 단어를 만날 때마다 생각나는 일이 있다. 2000년대 초반 국회 법제실에서 사무관으로 근무할 때 일본 의회사무처와 법제국을 방문한 적이 있다. 잘 짜여진 일정에 맞추어 여러 부서를 다니면서 서로 궁금한 점을 물으면서 토론을 했다. 토론이 거의 마무리 되어 가는 중에 깐깐하게 생긴 일본 의회공무원이 이해가 안 된다는 듯이 이렇게 묻는 것이었다.
>
> "왜 한국에서 방문한 국회 공무원들은 동일한 질문을 계속 하시는지 모르겠어요?"
>
> 나는 부끄러움으로 대답을 대충 얼버무릴 수밖에 없었다.
>
> 나중에 알게 된 것이지만 일본 의회공무원들은 한국 국회에서 누가, 언제 출장을 와서 무슨 질문을 했는지를 자료로 정리하여 보관하고 있었던 것이었다. 한국으로 돌아가 우리도 그런 자료를 가지고 있는 지 확인하였으나 안타깝게도 그런 자료를 찾을 수 없었다. 축적이라는 것이 뭔가 거창한 이야기가 아니라 우리가 하는 일을 정리하고 보관하는 작은 노력에서부터 시작하는 것이라는 점을 새삼 되새겨본다.

'정치꾼은 다음 선거를 생각하고, 정치인은 다음 세대를 생각한다.'는 말이 있다. 이 책을 읽는 지방의원 중에 정치꾼이 되겠다고 다짐하고 정치를 하는 분들은 없을 것이다. 세상이 자꾸 자신을 정치꾼으로 만들고 있을 뿐. 그렇다. 다 남 탓이다. 나는 정치인이고 싶은데 정치꾼으로 만드는 것은 내가 아니라 너다. 난 아무 잘못 없다. 착한 조례를 만들지 못하고 있다면 내가 정치인이 아니라 정치꾼이 되어가고 있는 것은 아닌지 돌아 봐야 할 것이다. 정치꾼은 조례는 만들 수 있어도 착한 조례는 만들 수 없다.

선보 생각

언제나 이래왔다

'팀 이름은 절대 바꾸지 않을 것이다. 평생 레드스킨스의 팬으로서, (원문) 레드스킨스 팬들은 위대한 전통을 이해할 테고 이 이름이 무엇인지 무슨 뜻인지 알 것이므로 우리는 다음 시즌을 위한 준비에나 박차를 가할 것이다. 이름은 절대 바꾸지 않는다. 간단하다. 결단코! 대문자로 써도 된다.'

이 말에서 몇 가지 지점이 무척 거슬린다. 문법과 문장 구조도 엉망이지만 더 중요한 부분은 변명 내용에 있다. 전통이다! 언제나 이래왔고 바꿀 수 없다. '언제나 이래왔다'는 더 이상 할 말이 없을 때 마지막에 나오는, 그러니까 진정 무식에서 나오는 방패다. 무언가를 해온 시간 자체가 그것을 계속할 좋은 이유는 아니다. 이전의 관례와 선례에만 매달려 그것이 빚어낸 결과를 두고 비판적 사고를 하지 않는 것은 앞으로 나아가려는 생각과 더 나은 사람이 되는 길에 엿을 먹이는 행위다. 더 나은 사람이 되고자 적극 시도하지 않는 것보다 더 최악은 시도하지 않고 정체된 것을 미덕으로 본다는 점이다. 누구에게도 이롭지 않은 선택이다.

마이클 슈어, 《더 좋은 삶을 위한 철학》

착한 조례의 적 중 하나는 **'관성'**이다. 무의식적으로 그냥 해오던 방식대로 한다. 배운 사람들은 무의식이 아니라 의식적으로 그냥 해오던 방식을 고집하곤 한다. 헛배운 것이다. 최소한 배웠다는 사람은 그래서는 안 된다. '처음처럼'은 선(善)한 자세이지만 '지금처럼'은 악(惡)한 자세이다. 우리는 변해야 한다. 개인적으로, 지역적으로, 국가적으로도 변해야 한다. 변해야 인간답게, 지역답게, 국가답게 살 수 있다. 인간으로 태어난 이상, 그리고 의식주에 큰 문제가 없는 이상, 거기에 배울 만큼 배운 이상, 우리는 변해야 하고 변화를 이끌어 내야 한다. 말이 또 강해지고 본론을 살짝 벗어나려 한다. 강의를 하다 보면 나 혼자 열 받아서 떠드는 경우가 있다. 이해 바란다.

착한 조례는 끊어진 인간, 공간, 시간을 이어주는 역할을 하는 조례이다. 마포구와 서대문구는 경의선 철길로 인해 단절되어 있다. 만약 경의선 철길을 지하화하고 그 위에 다양한 주거, 문화, 상업시설 등을 배치한다면 마포구와 서대문구 주민들의 삶에 어떤 변화가 생길까? 당장에 지하화가 어렵다면 철길 위에 주민들이 다닐 수 있는 다리라도 나주어야 한다. 지역공동체가 제대로 기능을 하기 위해서는 무엇보다 인간, 공간, 시간이 다양한 관계를 맺어야 한다. 착한 조례는 연결, 연계 등 관계 맺기를 북돋아 주는 조례이다.

2. 문제

문제의 유형을 살펴봄으로써 문제가 무엇인지 알아보도록 하자.

1) 바람직한 상태보다 많은 문제 vs. 바람직한 상태보다 적은 문제

먼저 바람직한 상태보다 많은 문제와 바람직한 상태보다 적은 문제를 구분할 수 있어야 한다. 이런 유형의 문제 해결은 상식에 가깝다. 하지만 쉽지 않다. 왜 그럴까? 지금 상태가 바람직한 상태보다 많은지 혹은 적은지를 정확히 알 수 없기 때문이다. 바람직한 상태보다 많음에도 불구하고 지원 정책을 추진하거나 바람직한 상태보다 적음에도 불구하고 규제 정책을 추진한다면 바람직한 상태에서 더 멀어지게 된다. 우리가 주의해서 보아야 할 점은 바람직한 상태가 고정된 수치가 아니라 항상 변동한다는 점이다. 즉, 상대적이라는 점이다. 만약 바람직한 주택공급량을 계산함에 미래의 인구 또는 가구수 변화를 정확히 고려하지 않는다면 어떻게 되겠는가? 정신이 아련하다. 혹시 나만 그런가?

2) 시급한 문제 vs. 중요한 문제

시급한 문제에 대칭을 이루는 단어는 한가한 문제가 아니라 중요한 문제이다. 김태유 교수의 《한국의 시간》에서 양자의 관계를 알아보도록 하자.

> 4차 산업혁명을 위해서는 정부조직의 개편이 시급했다. 동북아 1차 산업혁명

당시 중국은 양무운동으로 기술만 혁신하려다 실패했고, 일본은 메이지유신으로 제도혁신을 통해 산업과 기술을 정책적으로 지원했기 때문에 성공했다. 그래서 먼저 공직사회 제도부터 개편에 착수했다.

우리나라 경제가 성장동력을 잃게 된 가장 큰 이유 중의 하나는 기획재정부가 단기정책과 장기정책 모두를 총괄하는 원톱 체제로 운영되기 때문이다. 단기정책은 수출, 고용, 물가, 환율과 같은 당장 대처해야 할 '긴급한 일'이었고, 장기정책은 과학, 기술, 산업, 자원, 정보, 통신 등과 같이 미래 경제성장의 핵심동력을 제공하는 '중요한 일'이다.

중요한 일과 긴급한 일 중 대부분의 경우 발등에 떨어진 불, 즉 긴급한 일부터 처리하게 된다. 경제 정책에서도 예외가 아니다. 국가 백년대계를 책임질 중차대한 미래경제 문제는 늘 당면한 현실경제 문제의 뒷전으로 밀리게 마련이다. 긴급한 문제가 터지면 당장 내일 신문에 나고 곧 정치적 문제로 비화된다. 그러나 중요한 일은 오랜 세월이 지난 후에 문제가 발생한다. 그래서 한국경제가 성장동력을 상실하게 된 것이다.

나는 새로 과학기술부 장관을 부총리로 승격시켜, 기존의 기재부 장관 겸 부총리와 함께 급한 일과 중요한 일을 나누어 담당케 하는 투톱체제를 추진했다. 그러면 두 부총리가 자신이 맡은 일에 제각기 최선을 다할 것이기 때문이었다. 수석보조관회의와 각료회의의 반대에 부딪혔지만 그들을 한 사람 한 사람 모두 설득할 수는 없는 노릇이었다. 다행히 노무현 대통령이 내 제안을 받아들여 과학기술부총리 제도를 신설할 수 있었다.

문제는 예산이었다. 디지털, 바이오, 나노 등등 4차 산업혁명에 대한 배경지식이 부족한 예산실 사무관들이 난도질하듯 쪼개서 배분한 예산으로 미래산업과 과학기술을 제대로 발전시킬 수 없었다. 그래서 과학기술부 산하에 가칭 '기술혁신본부'를 설치하고 과학기술과 연구개발에 관련된 예산을 통째로 이관시켰다. 그러자 기획재정부를 비롯한 공직사회 곳곳으로부터 거센 반발이 터져나왔다. 그렇다고 여기서 멈출 수는 없었다. 개혁이란 전격적으로 추진하지 않으면 절대로 성공할 수 없는 속성을 가지고 있기 때문이다.

예산을 이관하자 이번엔 부족한 예산을 적재적소에 배분하고 효율적으로 집행할 전문 관료가 필요했다. 한강의 기적의 주역이었던 한국의 엘리트 공무원은 일반행정 관료 즉 제너럴리스트였다. 독일과 일본의 성공사례를 벤치마킹하는 일에는 유능했다. 하지만 아직 아무도 가보지 않은 세상, 미래 지식산업사회로 가는 4차 산업혁명에는 단순 모방능력이 아닌 전문성과 새로운 사고로 창의적인 정책을 만들어 낼 수 있는 '정책전문 관료'가 필요했다.

당시 기술고시를 통해 선발된 기술직 공무원이 고위공직자로 승진하는 경우는 매우 드물었으며 그들조차도 지식산업사회와 미래 첨단 신기술에 대한 이해가 부족했다. 그래서 기존의 행정고시와 기술고시를 통합하고 4차 산업혁명을 제대로 이해할 수 있는 이공계 박사 50명을 특채해 관련 부처에 사무관으로 전진 배치했다.

사무관 특채 소식이 알려지자 고시촌에서 항의 데모가 일어났다. 행정자치부와 고시 출신 고위공무원 등 공직사회 전반에서도 심한 반발이 일었다. 하지만 나는 우리의 미래가 과학기술중심사회 구현에 달려 있다는 확신이 있었기 때문에 추호의 망설임도 없었다. 그러나 그들의 불만이 뒷담화에서 언론으로 또 야당과 국회 등 정치권까지 일파만파 번져가기 시작했다. 내가 추진하던 정책보다는 근거 없는 음해, 투서, 중상모략이 난무하기 시작했다. 졸지에 난 그들의 공적이 돼버린 셈이다.

문득 중종 시대 정암 조광조가 떠올랐다. 조선의 관리가 비록 사서오경에는 통달했을지 모르지만 정의감도, 애민심도 없이 사리사욕만 채우는 것을 보고 정암은 '현량과'라는 특별채용 과거제도를 설치했다. 전국에서 덕망과 충심이 깊은 이들을 관리로 등요하기 위해서였다. 내가 이공계 박사를 특채한 것도 어쩌면 이와 같은 맥락에서였다. 그런데 정암은 기득권층의 모함과 누명으로 사임해야 했으며 개혁은 중단되었고 결국 조선은 쇠락을 재촉하게 되었다.

중요한 문제를 미루고 시급한 문제에 급급하면 결과는 뻔하다. 필망이다. 그렇다면 어떻게 해야 하는가? 중요한 문제의 틀 내에서 시급한 문제의 해결책을 찾아야 한다. 두 문제가 분리되어 그 간극이 커지면 대가를 지불하게 된다. 중요한 문제가 시급한 문제가 되면 이미 늦다. 더 많은 고통을 감내해야 겨우 제자리로 올 수 있다. 밥 호크 호주 전 총리의 말을 잊지 말자.

> "가장 중요한 일이 언제나 가장 큰 소리로 나를 부르는 것은 아니다."

3) 몰라서 못하는 문제 vs. 알면서도 못하는 문제

몰라서 못하는 문제는 지식의 영역으로 전문가가 그 답을 제시해 주어야 한다. **알면서 못하는 문제**는 지혜의 영역으로 정치가가 그 답을 제시해 주어야 한다. 서로가 서로의 영역과 역할을 존중해 주어야 한다. 몰라서 못하는 문제를 알면서도 못하는 문제로 여기게 되면 정치 과잉의 사회가 될 것이고, 알면서도 못하는 문제를 몰라서 못하는 문제로 여기게 되면 지식 과잉 사회가 될 것이다. 두 사회 모두 결말이 불행할 가능성이 높다.

4) wicked problem(골치 아픈 문제)

문제를 논함에 있어 우리가 반드시 알아야 할 개념이 바로 **wicked problem**이다. wicked problem은 직역하면 사악한 문제가 될 것이나 이해의 편의를 위해 **골치아픈 문제**로 의역하여 사용하고자 한다.

> A wicked problem is a problem that is difficult or impossible to solve because of incomplete, contradictory, and changing requirements that are often

> difficult to recognize. The use of the term "wicked" here has come to denote resistance to resolution, rather than evil.[1] Moreover, because of **complex interdependencies,** the effort to solve one aspect of a wicked problem may reveal or create other problems.
>
> 위키피디아

내가 좋지 않은 영어 실력을 발휘하여 영어가 주는 묘한 뉘앙스를 사라지게 하고 싶지 않아서 그냥 원문을 옮겨 놓았음을 이해해 주기 바란다. 참 피해 가는 방법도 가지가지다라고 말할 분들도 있겠지만 분명 wicked problem에 대한 개념은 확실하게 이해할 수 있을 것이다.

골치 아픈 문제는 문제의 해결이 또 다른 문제의 시작이 되는 문제를 의미한다. 문제를 해결함으로써 다른 문제를 야기하는 상황은 우리 주변에서 아주 흔하다. 예를 들어, 집값을 낮추기 위해 재산세를 올리면 재산세의 일정부분을 세입자에게 전가하는 문제가 발생할 수 있다. 골치 아픈 문제는 우리에게 서둘지 마라, 조심하라, 잘 살펴보라고 말해주고 있다. 참고로, 골치 아픈 문제의 범위에 있어 다양한 견해가 있을 수 있겠으나 악순환이 일어나는 경우 등을 포함하는 광의의 개념으로 보고자 한다. 아무튼 골치가 아프면 골치 아픈 문제인 것이다.

아래의 참새 소탕작전의 결말을 통해 골치 아픈 문제에 다가가 보자.

> 1955년 한 농민이 "참새들 때문에 농사를 지을 수 없다"는 탄원서를 중국공산당 중앙당에 보냈다. 농업부는 동물연구의 권위자에게 자문을 구했다. "참새의 식성에 대해 체계적인 연구를 한 적이 없다. 박멸이 필요한지 감히 말할 수 없다"는 답변이 돌아왔다. 그러나 며칠 후 마오쩌둥의 입에서 "1-2년 내에 전국의

쥐·참새·파리·모기를 소멸해야 한다"는 말이 나왔다. '4해(四害)'라는 용어가 처음 출현했다. 2년 후 한 회의 석상에서 마오는 다시 "4해를 소멸시킨 후라야 인민들의 위생을 강구할 수 있다. 내년 봄에는 모든 역량을 총동원해야 한다"고 재천명했다.

전국문화예술인연 주석 궈모뤄는 동작이 빨랐다. "수천 년간 우리의 양식을 수탈하며 저질러온 죄악, 이제야 관계를 청산할 때가 왔다"며 참새들에게 선전을 포고해야 한다고 주장했다. 참새를 규탄하는 시들이 쏟아져 나왔다. 동물학자들은 입도 뻥긋 못했다. 참새의 편을 들었다간 기상천외한 봉변을 당하고도 남을 상황이었다.

베이징시는 '참새 섬멸 총지휘부'를 신설했다. 디데이(D-day)는 1958년 4월 19일이었다. 새벽 4시부터 노동자·농민·간부·학생·군인·남녀노소 할 것 없이 빗자루·몽둥이·장대·봉걸레·회초리 등을 지참하고 숨을 죽였다. 유혹섬멸구로 선정된 830개 지역에 독극물이 든 과자를 무더기로 쌓아놓고 200개 전구에는 명사수들을 매복시켰다.

새벽 5시 총지휘관의 명령이 떨어지자 온갖 구호와 표어가 적힌 깃발들이 각 진지에서 솟아올랐다. 성곽과 모든 건물의 옥상은 인산인해였다. 붉은 깃발이 나부끼는 가운데 무기들을 치켜들며 구호를 외쳐대기 시작했다. 세숫대야·물통을 두들겨대고, 있는 힘을 다해 꽹과리를 쳐댔다. 폭죽이 연달아 터지고 자동차들은 경적을 울렸다. 베이징 시민 300만 명이 동시에 투입된 인간과 참새의 전쟁, 인작대전(人雀大戰)의 서막은 인류가 수천 년간 치러온 그 어떤 전쟁보다도 장엄하고 요란했다.

기습에 놀란 참새들은 사방으로 흩어졌지만 허사였다. 땅과 건물위에서 고함들을 질러대며 깃발과 무기들을 휘둘러대는 바람에 앉을 곳이 없었다. 허공을 헤매다가 추락하는 참새들이 속출했다. 휴식을 취하기 위해 나뭇가지에라도 앉았다간 돌멩이와 총알 세례를 받았다. 인적이 없는 곳으로 몰린 참새들은 과자를 먹고 파닥거렸다.

첫날 참새 8만 3,249마리를 사살했다. 죽거나 포로가 된 참새들을 가득 실은 차량들이 베이징에서 가장 넓은 창안가(長安街)를 누볐다. 해마다 10월 1일 국경

절이 되면 어김없이 해오던 3일 동안의 군사 퍼레이드 못지않았다. 40여 만 마리를 포살하자 베이징 시내에서 참새소리가 사라졌다.

섬멸작전은 전국으로 퍼져나갔다. 쓰촨성(四川省)에서는 전투지역을 1,000개로 나누어 20만 명만 투입하는 선진적인 방법을 채택했다. 동네마다 새총의 명사수들이 출현했다. 칭다오에서는 하루에 6,412마리를 포살한 사람이 전국적인 영웅으로 등장했다. 1958년 한 해에 전국에서 참새 2억 1천 마리를 소탕했다. 벌레들이 중국 천지에 들끓었다.

이듬해 봄 전국의 논밭에 예년보다 많은 해충이 발생했다. 도시도 예외가 아니었다. 전혀 예상하지 못한 후유증이었다.

조류학자가 과일생산 지역과 베이징 근교의 농촌에서 848마리의 참새를 수집해 조사했다. 계절마다 차이가 있었지만 참새들이 가장 많이 먹은 것은 해충이었다. 천적이 멸종되다시피 하니 벌레들이 기승을 부릴 수밖에 없었다. 참새를 복권(平反)시켜야 한다는 연구결과를 인민일보에 발표했지만 참새의 복권은 삼국시대의 간웅 조조의 명예를 복권시키는 것보다 더 힘든 일이었다. 참새는 여전히 수탈자였다.

해충 피해에 대한 보고가 전국에서 올라오고 과학자들의 연구결과가 계속 발표되자 마오쩌둥은 참새를 복권시켰다. 대신 바퀴벌레가 '4해'의 한자리를 차지했다.

참새 소탕전을 즐긴 것은 아이들이었다. 인민의 적을 때려잡는 광경은 보기만 해도 통쾌했다. 파닥거리는 참새들을 줄줄이 꿰어서 갖고 노는 것에 비하면 다른 놀이들은 싱거웠다. 멋진 추억이었다.

10년 후 이들은 홍위병(紅衛兵) 완장을 찼다. 참새와의 전쟁 때 보고 익혔던 솜씨들을 원 없이 발휘했다. 참새와의 전쟁은 문화대혁명 전초전의 하나였다.

김명호, 《중국인 이야기 1》

미국에서 한의원을 개원한 친구를 만나러 간 적이 있다. 한의원들이 제법 모여 있는 곳이었는데 몇몇 한의원에 사람들이 북적거리고 있었다. 그래서 친구에게 물어보니 살을 빼는 다이어트 침을 놓는다고 해서 저렇게 사람이 많다고 했다. 너도 그럼 다

이어트 침을 놓으라고 하자 친구가 고개를 저었다. 분명 자기도 침으로 살을 뺄 수는 있지만 혹시라도 생길 수 있는 부작용을 막을 재주는 없다고 했다. 내 친구는 골치 아픈(wicked) 측면을 분명히 인식하고 멈춘 것이었다. 짜식, 참 멋져 보였다.

우리가 당면한 거의 모든 문제는 골치 아픈 문제이다. 풀었다고 해서 푼 것이 아닐 수 있는 문제들이다. 무엇보다 문제를 접했을 때 골치 아픈 측면을 반드시 검토해야 한다. 이런 고민 없이 무작정 달려들면 참새만 잡는 것이 아니라 결국 사람을 잡게 된다.

선보 생각

소백산에서의 추억

대학교 3학년 여름방학. 고시 1차를 합격한 후 중학교 벗들과 소백산에 올랐다. 우리는 젊었고 소백산쯤이야 간단하게 오를 줄 알았지만 나는 체력적으로 많이 지쳐 있었다. 상당히 힘들어하는 나를 보고 벗들은 정상에 올라가서 시원한 수박을 먹고 파전에 막걸리 한 잔 하자며 나를 일으켜 세웠다. 나는 오직 그 희망으로 한발 한발 정상에 이르렀다. 그런데 그곳에는 소백산 정상임을 알려주는 비석 외에 그 어느 것도 없었다. 음식을 파는 곳은 고사하고 물 한 방울 나오는 곳이 없었다. 나는 퍼지고 말았다. 이래서 사람들이 산에서 잘못되는구나 싶었다. 벗들은 나를 업다시피 해서 내려와야 했다.

한 번 생각해보자. 수박을 드론으로 나른다면 내가 원하는 곳에서 시원한 수박을 실시간으로 먹을 수 있을 텐데 왜 아직 그런 산이 없을까? 기술이 안 되어서일까? 내가 대학교 3학년 때에는 분명 기술적으로 불가능해서 못했다. 하지만 지금은 분명 기술적으로 가능한데 안 한다. 왜 안 할까? 등짐으로 수박을 날라 생계를 유지하는

> 분들이 계시기 때문이다. 이분들은 이 돈으로 자식들에게 밥도 먹이고 학교도 보낸다. 화목한 가정을 꾸리고 계시다. 이것은 생존권이다. 그렇다면 어떻게 해야 할까? 일부의 분들(죄송합니다. 하지만 소수인 것은 맞다)의 생존권 때문에 여기서 멈추어야 하는가? 우리가 4차 산업혁명에서 살아남기 위해서는 기술의 발전과 더불어 이해관계의 조정을 잘 해내야 한다. 기술의 발전부분은 전문가의 영역이지만 이해관계의 조정은 정치의 영역이다. 양자가 고루 발전해야 한다. 그래야 4차 산업혁명에서 선두에 설 수 있다.

5) 부조리

윤석철 교수는 《삶(生)의 정도》에서 부조리를 다음과 같이 말했다.

> 자유경쟁 사회에서는 아무리 성실하게 노력하는 사람도 자기보다 더 유능한 사람이 나타나면 패자(loser)가 되어 도태된다. 이는 실존철학에서 말하는 부조리의 하나이다. 실존주의 작가 카뮈에 따르면, 부조리란 인생에서 의미를 찾으며 성실하게 살려고 노력하는 인간을 좌절시키는 세계의 비합리성(irrationalness)을 말한다. 이런 비합리성 때문에 고통을 받는 사람들에 대하여 하이데거는 "세계는 고뇌하는 인간에게 아무 것도 줄 것이 없다"고 했으며, 키르케고르는 "지성인은 패배 속에서 승리를 찾을 수밖에 없다. 지성인의 패배, 지성인의 희생은 신이 가장 기뻐하는 것"이라고 은유적으로 말했다.

위 사진 속에서 폐휴지를 리어카에 가득 싣고 힘겨워하시는 어르신은 어찌하여 저런 힘겨운 삶을 사시게 되었을까? 그것이 혹시라도 개인의 책임이 아니라 사회의 책임은 아닐까? 우리는 항상 살펴보아야 한다. 만약 사회에 책임이 있다면 그 부조리를 뽑아내야 한다. 그렇게 못한다면 이 강의를 듣는 분들이 여기에 있을 이유가 없다. 또한 조례가 있을 이유도 없다.

사진 오른쪽 모서리에 보이는 현수막에 쓰여 있는 **국민, 민생**이 보이는가? 누가 국민이고, 누구를 위하는 것이 민생인지 분명히 인식해야 착한 조례가 만들어 질 수 있다.

시를 한 편 읊고자 한다.

착한 조례의 존재 이유

착한 조례의 존재 이유는
부조리를 없애서
억울한 사람이 없는 세상을 만드는 것이다.
나는 그리 믿는다.

우리 주변에는
도움이 필요한 사회적 약자들이 많다.
나는 그리 믿는다.

억울한 분들을 무작정 돕는 것이
사회 전체적으로 항상 좋은 결과를 가져오지는 않는다고들 한다.
맞는 말이다.
하지만 완전히 맞는 말은 아니다.
나는 그리 믿는다.

도움을 받은 사람들 대부분은
사회에 고마움을 간직하고 있으며,
그들 중 일부는
결국 자신도 도움을 주는 사람으로 당당히 일어선다.
도움을 받은 합보다 도움을 주는 합이 더 크다.
나는 그리 믿는다.

그러기에 하이데거, 키르케고르의 말을 위안 삼아

억울한 분들의 억울함을
안주 삼아 술로 잊어야 하는 것은 아니다.
절대 그렇지 않다.
나는 그리 믿는다.

누군가는 부조리를 잔인함으로 표현하기도 했다.
나는 그 말에 동의한다.

착한 조례의 존재 이유는
부조리를 없애서
억울한 사람이 없는 세상을 만드는 것이다.
나는 정말로 그리 믿는다.

김교흥 국회행정안전위원회 위원장의 《아내와 시장가는 길》에는 어린 시절의 이야기가 나온다.

> 우리 가게도 예외는 아니어서 나는 곧잘 쌀 배달을 해야 했다. 내 키보다 큰 묵직한 철 자전거 뒷자리에 쌀가마니를 싣고 다녔다. 다섯 말을 싣고 그걸 주문한 집 장독에 붓는 작업까지가 배달의 끝이었다. 당시에는 쌀 눈금을 속이는 가게들이 많았다. 주문한 사람은 쌀을 붓는 광경을 팔짱을 낀 채 매서운 눈으로 지켜봤다. 쌀 한 알이라도 떨어지면 그걸 다시 주워 담았다.
>
> 한 번은 내 멱살을 잡고 쌀 눈금을 속였다고 화를 낸 사람이 있었다. 목울대가 뜨거워지고 눈이 시큰했지만 참았다. 다시 그 쌀을 부대에 담아 같이 우리 쌀가게로 가서 저울질을 했다.

> 시장 안에서 기억이 꼭 비루하지만은 않다. 배달을 마치고 오면 아버지는 이제 막 식기시작해서 딱딱하게 굳어가는 꿀떡을 입에 넣어 주시고 어머니는 말없이 내 등을 쓸어주셨다. 그러면 대상이 없는 어떤 억울함이 연기처럼 사라졌다.
>
> 왜 이렇게 열심히 사는데 달라지는 게 없을까? 왜 나보다 어린아이들이 시장 안에서 웅크리고 있을까? 왜 엄마들은 이유 없이 아이들에게 거친 매질을 하는 걸까?
>
> 그 때부터 였을지도 모른다. 달라져야 한다고 생각했던 게. 그 끓어오르는 억울함과 분노의 대상이 어렴풋하게 자리 잡고 있던 때.

소년이 느낀 바로 그것이 부조리다. 아무리 노력해도 부조리가 다 없어지지는 않을 것이다. 그렇다고 손 놓으면 부조리 천지가 되고 만다. 착한 조례가 쌓여갈수록 부조리는 분명 줄어든다. 나는 그리 믿는다.

3. 해결

공공이 바람직한 상태를 달성하기 위하여 시장에 개입 또는 관여하는 것이 정책이다. 해결이란 정책을 통해 바람직한 상태를 달성한 것을 말한다.

1) 규제 / 지원 / 권한(조직)

정책은 그 내용에 따라 규제 정책, 지원 정책, 권한 정책으로 나눌 수 있다. 정책을 담는 그릇인 조례 역시 그 내용에 따라 **규제 조례, 지원 조례, 권한 조례**로 나눌 수 있다. 후술하겠지만 조례의 유형으로 반드시 알아두어야 할 구분이다. 조례의 유형에 따라 지켜야 할 분수와 원칙의 강조점이 달라지기 때문이다.

2) 완화 / 촉진

규제를 강화하는 것이 아니라 완화하고, 단순히 지원을 넘어 촉진시키려는 조례도 있음을 알아두도록 하자. 세상에는 항상 반대 방향으로 나아가려는 힘 또는 같은 방향으로 더 힘차게 나가려는 힘이 존재한다. 이들 힘의 방향에서 중심을 잘 잡아야 착한 조례의 반열에 오를 수 있는 것이다.

3) 정책 혼합(policy mix)

바람직한 상태를 달성하기 위해 하나의 정책수단을 동원하는 경우도 있지만 다양한 정책수단을 활용하는 경우도 있다. 예를 들어, 집값 안정을 위해서 주택의 공급을 확대하고 주택의 수요를 줄이는 정책을 동시에 쓰는 것이다. 일차방정식보다는 다차방정식으로 문제를 풀어가는 것이다.

4) 한날한시 모형 / 점진주의 모형

한날한시에 모든 것을 한 방에 처리하려는 정책모델과 천천히 한발 한발 나아가는 정책모델이 있다. 나는 전자를 한날한시 모형이라고 부르고, 후자를 점진주의 모형이라고 부른다. 4대강 사업을 생각해보자. 한강, 금강, 낙동강, 영산강 등 4대강 사업을 한날한시에 하지 않고 영산강부터 시작했다면 어떤 변화가 있었을까? 과연 한강, 금강, 낙동강과 관련된 지방자치단체와 주민들은 영산강만 하는 것을 다행이라고 생각했을까, 아니면 왜 우리는 사업을 하지 않냐고 불만을 토로했을까? 사업의 성과가 완전히 달라질 수 있었을 것이다.

5) 선제적 대응 / 뒷북 대응

가장 좋은 것은 문제가 발생하지 않도록 선제적으로 대응하는 것이다. 하지만 인간세상에서는 뒷북 대응이 대부분이다. 전세사기가 일어나지 않도록 했어야 함에도 전세사기 피해가 광범위하게 퍼진 후에 대책을 마련하고 고시원에 화재가 나기 전에 조치를 했어야 함에도 화재 후에 조치를 취한다.

인간은 반복되는 일에도 선제적으로 대응하지 못하는 경우가 많다. 이미 이 경우는 선제적이지도 않은 것임에도 말이다. 보릿고개가 1만년 동안 지속되었지만 내일의 배고픔을 당연한 것으로 받아들인다. 지금 보릿고개가 없는데 무슨 예를 들어도 그런 황당한 예를 드냐고 하는 분들이 있을 것이다. 그런데 보릿고개와 비슷한 유형의 문제들은 오늘날 널려 있다. 예를 들어보자. 내년 봄에도 올해처럼 가뭄으로 대형 산불이 날 것이고 여름에도 올해처럼 폭우로 산사태가 날 것이다. 우리는 대책이 있는가? 21세기에 이렇게 당하고만 살아서야 되겠는가?

6) 절차(과정) vs. 내용(성과)

모든 정책은 절차와 내용으로 이루어져 있다. 우리 사회는 언제부터인가 내용보다는 절차를 가지고 논쟁한다. 절차를 제대로 거치지 않으면 내용이 아무리 좋아도 시비가 걸린다. 착한 정책은 느리게 가더라도 절차를 하나하나 밟아가야 도달할 수 있는 것이다. 착한 조례도 마찬가지이다.

7) do-nothing의 가치

아무것도 하지 않는 것이 무언가를 하는 것보다 성과가 좋을 수 있다. 보이지 않는 손에 대한 맹신이라고 비난할 필요는 없다. 나는 그런 이념에 사로잡힌 주장은 멀리하고 싶다. 이것은 보이지 않는 손과 보이는 손과의 문제라기보다는 모르면 손 빼라는 바둑의 격언에 보다 적합한 상황이다. 그린벨트 지역에 무엇을 건설해야 할지 모를 때는 그린벨트를 해제하는 것이 아니라 그냥 그린벨트인 채로 두는 것이 더 합당한 조치일 수 있다. 모르면서 관여하거나 개입하면 그 결과가 좋을 리 없다. 우리는 그런 무모한 시도를 자주 본다. 그리고 결과에 대해서는 아무도 나서서 책임을 지지 않는 그런 상황. do-nothing의 가치를 몰라서 벌어지는 최악의 경우이다.

8) 여건을 마련해 주는 것 : 창발(emergence)

최고의 명의가 일상에서 먹는 음식을 통해 시나브로 병을 치료하듯이 최고의 정책은 창발할 수 있는 여건을 마련해 주는 것이다. 창발의 의미를 알아보기 위해 스티브 존슨의 《이머전스(emergence): 미래와 진화의 열쇠》라는 책에서 이인식 과학문화연구소장의 해설 일부를 옮겨본다.

> 흰개미는 역할에 따라 제각기 여왕개미, 수개미, 병정개미, 일개미로 발육하여 수만 마리씩 큰 집단을 이루고 살면서 질서 있는 사회를 형성한다. 특히 아프리카의 초원에 사는 버섯흰개미들은 높이가 4m나 되는 탑 모양의 둥지를 만들 정도이다.
> 1928년 저명한 곤충학자인 윌리엄 휠러는 이러한 흰개미 집단을 지칭하기 위해 **초유기체**superorganism라는 용어를 만들었다. 개개의 흰개미가 가진 것의 총화를 훨씬 뛰어넘는 지능과 적응능력을 보여준 흰개미의 집합체를 하나의 거대한 유기체와 대등하다고 생각했기 때문이다.
> 초유기체의 개념은 1960년대에 분자생물학의 전성시대가 열리면서 무용지물이 된다. 분자생물학의 **환원주의**reductionism와 초유기체 개념의 **전일주의**holism는 결코 양립할 수 없었기 때문이다. 분자생물학은 생명을 개체, 기관, 세포, 분자의 순서로 내려가는 방법으로 물질을 분석하여 생명을 연구한다. 이와

> 같이 사물을 간단한 구성요소로 나누어 이해하면, 그것들을 종합하여 전체를 파악할 수 있다고 보는 접근방법이 환원주의이다. 환원주의는 지난 3세기 동안 서양과학의 사고를 지배하였다. 그러나 흰개미 집단처럼 개개의 개미는 집을 지을 만한 지능이 없지만 개미 집합체는 집을 짓고 사는 경우에는 환원주의로 접근할 수 없다. 다시 말해 전체가 그 부분들을 합쳐 놓은 것보다 항상 크기 때문에 분석적 방법으로는 이해가 불가능한 것이다. 사실상 대부분의 자연 및 사회현상은 종합적이고 전일적이다. 따라서 사물을 구성요소의 합계가 아니라 하나의 통합된 전체로 이해해야 한다는 전일주의가 환원주의의 대안으로 등장하게 되었다. (중략)
>
> 복잡계는 단순한 구성요소가 상호간에 끊임없는 적응과 경쟁을 통해 질서와 혼돈이 균형을 이루는 경계면에서, 완전히 고정된 상태나 완전히 무질서한 상태에 빠지지 않고 항상 보다 높은 수준의 새로운 질서를 형성해낸다. 이를테면 단백질 분자는 생명체를 형성해낸다. 단백질 분자는 살아 있지 않지만 그들의 집합체인 생물은 살아 있다. 생명처럼 구성요소(단백질)가 개별적으로 갖지 못한 특성이나 행동이 구성요소를 함께 모아놓은 전체구조(유기체)에서 자발적으로 돌연히 출현하는 현상을 **창발emergence**이라 한다.

사람들은 개미들이 도저히 믿을 수 없는 건축물을 짓는 것을 보고 분명 탁월한 대장, 우두머리 또는 속도 조정자(pacemaker)가 있을 것으로 믿고 이런 역할을 하는 개미를 찾으려 했다. 하지만 도저히 찾아낼 수가 없었다. 실험이 허술했기 때문이 아니라 존재하지 않았기 때문이었다. 그렇다면 어떻게 개미들이 이렇게 믿을 수 없는 일들을 해낼 수 있단 말인가? 그 답이 바로 창발성이다.[6]

자기 자식이 남의 자식보다 두 발로 걷는 것이 늦으면 부모들은 아이의 겨드랑이에 손을 넣어 일으켜 세우곤 한다. 손을 빼면 다리 힘이 아직 발달하지 않은 아이는 푹

---

6) 유상조, 《늦은 불혹의 다릿돌》, p.326-327

주저앉고 만다. 부모의 실망감이 커질수록 아이는 힘들어한다. 이런 경우 부모는 어떻게 해야 할까? 부모가 할 수 있는 최선의 방안은 아이가 스스로 짚고 일어설 수 있는 의자 같은 물건을 가져다주는 것이다. 창발할 수 있도록 여건을 마련해 주는 것이 바로 고수의 정책이다.[7]

우리 민족이 왜 노래를 잘할까? 왜 K-Pop이 세계를 휘어잡을까? 바로 노래방 때문이다. 집이나 직장 근처 10분 안에 원 없이 노래를 부를 수 있는 시설을 갖춘 장소가 있다. 이보다 노래를 잘하기 위한 좋은 여건이 어디에 있겠는가? 우리나라에 세계적인 게이머들이 많은 것 역시 전국 곳곳에서 쉽게 만날 수 있는 PC방 때문이다. 세계 최고 수준의 인터넷 속도를 자랑하는 PC방의 존재는 세계적 게이머들이 등장할 수 있는 여건임에 분명하다.

참고로, K-Pop이 이렇게 성장할 수 있었던 다른 이유를 찾아보자. 세계의 대부분 민족은 노래를 듣는 것으로 생각하지 부르는 것으로 생각하지 않는다고 한다. 우리 민족은 노래방에 가면 듣는 사람이 없고 다들 부르려 한다. 우리 민족의 DNA에는 분명 흥이 들어 있다. 신바람이 나면 엄청난 에너지를 쏟아 낼 수 있는 것이다. 또한, 립싱크의 관행이 사라졌다는 점도 크게 기여한 것으로 보인다. 앞으로 K-Pop의 도약을 위해서는 표절을 더욱 엄격하게 다루어야 할 것이다. 반칙을 통해 상대방을 제압하려는 사람들로 인해 부조리가 발생한다. 부조리를 없애 공정한 경쟁이 가능해야 한 차원 더 도약할 수 있을 것이다.

---

[7] 그냥 스스로 일어나서 걸을 수 있을 때까지 기다리는 do-nothing도 좋은 방안이라고 할 수 있다.

> 선보 생각

세계 피아노 대회 1등 '등'

　00국가의 리더가 왜 세계 피아노 대회만 하면 대한민국 사람이 1등을 하는지 너무나 궁금해서 한국을 방문했는데 그 이유를 어렵지 않게 알게 되었다고 한다. 도시던 시골이던 골목마다 피아노 학원이 있더라는 것이다. 우리나라 대부분의 사람들은 초등학교 시절 피아노를 배운다. 저변이 넓다. 배우고 싶으면 어렵지 않게 배울 수 있다. 이것이 중요한 것이다.

　왜 우리나라에는 빌 게이츠가 없을까? 빌 게이츠가 나올 수 있었던 것은 동네 작은 도서관의 책을 다 읽었기 때문이다. 이 말인즉 작은 도서관을 만들면 우리나라에도 빌 게이츠가 나올 수 있다는 것이다. 동네의 작은 도서관에서 책에 파묻혀 있는 아이들이 많아질수록 빌 게이츠같은 인물이 나올 가능성이 높아지는 것이다. 아이들을 주구장창 학원에 보낼 것이 아니라 작은 도서관을 많이 만들어야 한다. 누구나 걸어서 도서관에 가서 마음껏 책을 읽을 수 있는 곳을 만들어야 우리에게도 빌 게이츠가 나올 수 있는 것이다.

　걷는 도시를 만들고 싶다면 어떻게 해야 할까? 자동차 규제를 강화할 수도 있겠지만 사실상 힘들 것이다. 산업계 '등' 여러 이해관계자로부터 반대에 직면할 것이다. 규제를 통한 목표달성이라는 사고에서 벗어나보자. 예를 들어, 선형공원을 만들어 주면 어떻게 될까? 걷기 좋은 여건을 마련해 주면 사람들은 자연스레 걸으면서 출퇴근을 한다. 내 말이 의심스러운 사람은 출퇴근 시간에 경의선 숲길에 가보기 바란다. 선형공원의 힘을 느낄 수 있을 것이다.

공무원은 무사안일이라는 비판을 많이 받는다. **왜 공무원들이 무사안일할까?** 적극행정을 할 수 있는 여건을 만들어주지 않았기 때문이다. 남 탓이라고, 맞다. 근데 내가 공무원이라서 그래도 조금 안다. 공무원이 신나게 일할 수 있도록 해 주어야 한다. 실패가 부끄러운 것이 아니라 실패에서 배우지 못하는 것이 부끄러운 것이요, 최악의 부끄러움은 실패 자체를 두려워하는 것임을 알게 해 주어야 한다. 조금의 잘못이라도 있으면 감사에서 책임을 물으니 누가 나서겠는가? 세월호, 이태원 참사 등의 근본 원인도 여기에 있다. 나중에 다른 책이나 강의에서 이 부분에 대한 이야기를 다룰 기회가 있을 것이다.

누구 하나도 가라앉고 있는 배의 창문을 깨고 들어가지 않았다. 왜냐고? 깨고 들어가 많은 아이들을 구했다고 하더라도 칭찬은 커녕 구하지 못한 아이들의 죽음에 대한 책임을 뒤집어 써야하기 때문이다. 영웅이 아니라 역적이 되기 때문이다. 누가 나서겠는가? 그저 윗사람에게 보고만 하고 기다리고 있지 말이다. 내가 관료 생활을 하면서 들은 말 중 적극적 행동을 좌절시키는 단연 최악의 말은 이것이었다.

"시키는 일이나 잘해."

나는 단언한다. **"여건을 만들어주는 것으로 공공은 할 일의 99%을 한 것이다."**

이런 생각을 하다 보니 나도 축구 감독을 할 수도 있겠다는 생각이 든다. 선수들이 공에 집중할 수 있는 여건을 마련해 주면 되는 것이다. 선수 선발을 오직 능력을 기준으로 선발하고 즐겁게 공을 찰 수 있는 분위기를 마련해 주는 것이다. 축구를 몰라도 명 축구감독이 될 수 있다는 생각, 바로 착한 조례가 나아갈 방향성을 분명히 보여준다.

| 법제 공부 | '등'의 의미 |

국어사전(네이버)에 따르면 '등'의 의미는 다음과 같다.

1. ((명사나 어미 '-는' 뒤에 쓰여)) 그 밖에도 같은 종류의 것이 더 있음을 나타내는 말.
   울산, 구미, 창원 등과 같은 공업 도시.
2. ((명사 뒤에 쓰여)) 두 개 이상의 대상을 열거한 다음에 쓰여, 대상을 그것만으로 한정함을 나타내는 말.
   남부군 사령부의 주최로 거리가 가까운 전남, 전북, 경남 등 3도 유격대의 씨름 선수를 초빙하여 씨름 대회를 열었다. 출처: 이병주, 《지리산》

조례에서 띄어 쓴 '등'은 1의 뜻으로 쓰인다. 즉, 이것으로 끝이라는 한정이 아니라 무엇인가 더 있음을 표현하는 단어이다. 명확성의 원칙에 충실하기 위해서는 조례에서 규율하고자 하는 내용을 모두 열거하는 것이 바람직하다. 특히 규제 조례의 경우 등에 무엇이 더 들어 있는지를 두고 다툼이 생기지 않도록 주의해야 할 것이다. 다만, 현실적으로 모든 사항을 일일이 열거하기 어려운 경우에는 대표적인 사항만 예시한 후 '등'을 쓸 수밖에 없다. 이 경우 약칭과 구분하기 위해 앞의 단어와 등 사이를 반드시 띄어 써야 한다.[8]

따라서 # 선보 생각 : 세계 피아노 대회 1등 '등'의 의미는 '세계 피아노 대회 1등' 외에 더 많은 이야기가 선보 생각에 들어 있음을 보여 주는 것이며, 산업계 '등'은 산업계 외에 다른 이해관계자들이 더 있다는 의미이다.

---

8) 허가, 인가, 특허(이하 "허가등"이라고 한다)에서 "허가등"은 약칭이 된다. 이렇게 약칭의 경우에는 붙여 쓰는 것을 원칙으로 한다.

4. 조례

1) 조례의 의미

조례란 지방자치단체가 **자신의 사무**에 관하여 **법령의 범위**에서 또는 **법령의 위임**을 받아 **지방의회의 의결**을 거쳐 정하는 법을 의미한다.

홍정선 교수는 헌법이 지역에서 별도의 효력을 갖는 법규범의 정립 권한을 지방자치단체에 부여한 것의 의의를 이렇게 설명하고 있다.

> 지역의 문제는 해당 지역민이 가장 잘 판단할 수 있다는 점, 그리고 지방문제를 해당 지방민이 자기책임으로 규율하도록 하고자 하는 점에 근거하며, 그리하여 **규범정립자**와 **규범수범자** 사이의 간격을 줄이고자 함에 있다. 달리 말하면 그것은 규범정립자와 규범수범자 사이의 간격을 줄임으로써 사회적인 힘을 활성화하고, 지역적인 특성을 고려하여 탄력적인 규율을 가능하게 하고, 국가 입법기관의 부담을 경감하려는 데 있다.[9]

기본적으로 동의한다. 하지만 더 근본적 측면이 있다. 자치법규의 제정권을 지역에 준 이유는 해당 지역 주민들이 그 지역을 더 사랑하기 때문이다. 지역에 대한 사랑, 즉 관심과 소속감이 사라진다면 조례 역시 그 의미가 사라질 것이다.

---

9) 홍정선, 《신 지방자치법》 제5판 p.293

2) 조례의 유형

법령의 위임 여부에 따라 자치 조례와 위임 조례로, 조례 제정의 재량 여부에 따라 필수 조례와 임의 조례로 나누는 것이 일반적이다. 그 각각의 의미는 조례의 이름에 다 나와 있으니 굳이 설명이 필요 없을 것이다.

개인적으로 착한 조례 만들기와 관련하여 조례의 유형을 나눈다면 **하나,** 지방자치단체의 주도성 여부에 따른 능동 조례와 수동 조례의 구분, **둘,** 조례의 내용 또는 정책의 수단에 따른 규제 조례, 지원 조례, 권한(조직)조례의 구분이 보다 의미가 있다고 본다.

기본적으로 자치 조례와 임의 조례는 **능동 조례**로, 위임 조례와 필수 조례는 **수동 조례**로 묶을 수 있다. 하지만 위임 조례와 필수 조례 내에서 능동성을 발휘할 수도 있다. 모든 일이 그렇듯이 누가 시켜서 마지못해 하는 일보다 스스로 찾아서 하는 일이 더 성과가 좋은 법이다. 그래야 차별성이 있는 존재감이 있는 착한 조례가 만들어 질 수 있을 것이다.

3) 「헌법」 제117조 제1항과 「지방자치법」 제28조 제1항의 관계

「헌법」 제117조 제1항과 「지방자치법」 제28조 제1항의 비교를 통해 조례에 한 발 자국 더 다가가 보자.

> **「헌법」**
>
> **제117조** ① 지방자치단체는 주민의 복리에 관한 사무를 처리하고 재산을 관리하며, **법령의 범위 안에서** 자치에 관한 규정을 제정할 수 있다.
> ② 지방자치단체의 종류는 법률로 정한다.
>
> **「지방자치법」**
>
> **제28조(조례)** ① 지방자치단체는 **법령의 범위**에서 그 사무에 관하여 조례를 제정할 수 있다. 다만, 주민의 권리 제한 또는 의무 부과에 관한 사항이나 벌칙을 정할 때에는 법률의 위임이 있어야 한다.
> ② 법령에서 조례로 정하도록 위임한 사항은 그 법령의 하위 법령에서 그 위임의 내용과 범위를 제한하거나 직접 규정할 수 없다.

여기에는 두 가지 해석 상 논란이 있다.

하나,「지방자치법」제28조 본문의 **'법령의 범위에서'**를 어떻게 해석해야 할까?

둘,「지방자치법」제28조 제1항 단서를「헌법」과의 관계에서 어떻게 해석해야 할까?

(1)「지방자치법」제28조 본문: '법령의 범위'에서의 의미

일반적으로 법령이라는 울타리를 벗어나지 말라는 의미 즉, 법령에 위배되지 않아야 한다는 소극적 의미로 해석하고 있다. 하지만 법령의 울타리 안에서 뭐든 할 수 있다는 의미 즉, 차별적인 무엇을 맘껏 만들어보라는 적극적 의미로 보는 것이 합당하다. 우리는 앞에서 지방분권의 믿음을 다루면서 차별성이 존재감을 가져오도록 해야 한다는 점을 강조했다. 존재감이 있는 지자체가 되기 위해서는 '법령의 법위에서'를 소극적으로 해석할 것이 아니라 적극적으로 해석하는 것이 맞다. 그래야 지방분권이 성공할 수 있는 것이다. 법령이라는 울타리를 벗어나지 못한다는 것에서 멈추는 것이 아니라 그 안에서 얼마든지 차별적인 것들을 만들어 낼 수 있다는 생각과 시도가 중요하다.

(2) 「지방자치법」 제28조 제1항 단서: 「헌법」과의 관계

「헌법」에는 규정이 없음에도 「지방자치법」에서 규정할 수 있는가? 이에 대해 **합헌설(다수설, 판례)**은 「헌법」 제37조 제2항에 따라 법률로써 국민의 기본권을 제한할 수 있다는 법률유보 조항을 근거로 제시한다. **위헌설(소수설)**은 「헌법」이 부여하는 지방자치단체의 자치입법권(조례제정권)을 지나치게 제약하고 있음을 근거로 한다. 앞으로 지방분권에 힘이 더 실리면 다수와 소수가 바뀌게 되지 않을까 생각해 본다.

「헌법」

제37조 ①국민의 자유와 권리는 헌법에 열거되지 아니한 이유로 경시되지 아니한다.
②국민의 모든 자유와 권리는 국가안전보장·질서유지 또는 공공복리를 위하여 필요한 경우에 한하여 법률로써 제한할 수 있으며, 제한하는 경우에도 자유와 권리의 본질적인 내용을 침해할 수 없다.

학설의 우열에 대해서는 학자들에게 맡기기로 하자. 우리에게 중요한 것은 주민의 권리 제한 또는 의무 부과에 관한 사항이나 벌칙을 정할 때에는 **법률의 위임**이 있어야 한다는 점이다.

이제 **착한 조례**의 개념을 정리해보자.[10]

착한 조례는 인간·공간·시간으로 이루어진 지역공동체에 발생했거나 발생할 것으로 보이는 문제를 해결함으로써 지역공동체가 보다 바람직한 상태에 이를 수 있도록 도와주는 조례이다. 착한 조례가 무엇인지 알았으니 이제 착한 조례를 만들어 내는 방법을 찾아 나서야 할 때이다. 말과 글로는 쉽고 당연해 보이는 것이 현실과 부딪칠 때에는 골치 아픈 문제로 돌변하곤 한다. 조심스럽게 전진해 보자.

> **법제 공부 | 범위에서 vs. 범위 안에서**
>
> 헌법은 '범위 안에서', 지방자치법은 '범위에서'로 달리 규정하고 있다. 법제적으로 '범위에서'가 맞다. 일종의 법제에 관한 약속이라고 보면 되겠다. 굳이 이유를 찾자면 범위라는 단어에 이미 안이라는 의미를 포함하고 있기 때문이다. 착한 조례를 만들기 위해서는 법제에 관한 다양한 약속을 숙지하는 것이 중요하다. 조례안을 검토할 때 '범위 안에서'로 쓰여져 있다면 바짝 긴장하고 조례안을 보아야 한다. 법제 능력이 떨어지는 사람이 만든 조례안이라는 방증이기 때문이다.

---

[10] 착한 조례의 개념은 무수히 많다. 부조리가 없는 세상을 만드는데 기여하는 조례 등등. 이 책 곳곳에서 만나는 착한 조례의 개념을 더 다듬어 더 착하게 만드는 것은 독자분들의 몫이다.

제 4 강

착한 조례: How?

know your place
&
take your place

제4강

착한 조례 만들기

착한 조례: How?

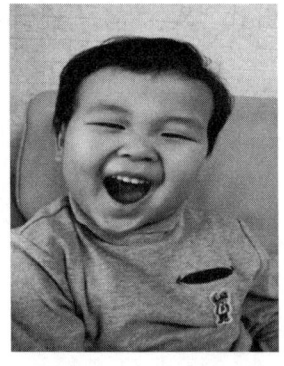

이제 우리는
착한 조례를 만들어 내기 위해
관문을 넘을 것이다.

막내아들 선보가 열이 올라
밤새 힘들어하다가
아침에 다 나았다며 환하게 웃었다.

조금 힘들더라도
꾹 참고
나아가 보자.

이렇듯 맑고 밝은 기운을
세상에 전하는 조례가
착한 조례가 아닐까 싶다.

분명
착한 조례를 만드는
연금술에 도달할 수 있을 것이다.

제1관문 : 문제의식

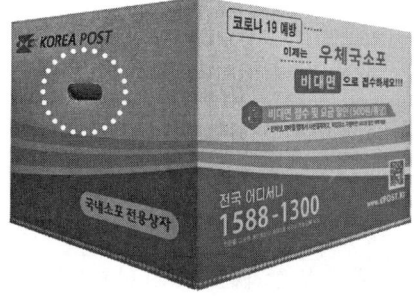

개선 전   개선 후

위의 그림의 차이가 한눈에 들어오는가? 그렇다. 상자를 들어 올릴 수 있는 손잡이 구멍이 있느냐 없느냐의 차이다. "이게 뭐 그리 대단한 차이인가?" 라고 묻는 분들이 계시겠지만 엄청난 차이다. "이게 착한 조례와 무슨 상관인가? 라고 묻는 분들이 계시겠지만 어마어마한 상관이 있다.

택배 상자 구멍 손잡이 만세!

동네 마트와 대형 마트의 가장 큰 차이는 무엇일까? 결제 액수다. 동네 마트에 비해 대형 마트에서의 결제 액수는 엄청나게 커진다. 대형 마트가 물건을 비싸게 팔아서는 절대로 아니다. 대형 마트를 찾는 소비자의 자세가 발현되기 때문이다. 대형 마트에 가면 (마치 무슨 법에 명시되어 있다는 듯이) 일단 많이 산다. 또 (갑자기 계시를 받은 것처럼) 예정하지 않았던 물건도 산다.

문제는 집에 가지고 가는 거다. 그 많은 물건을 어떻게 가지고 갈까? 요즘은 사라졌지만 얼마 전까지만 해도 박스와 끈, 테이프를 포장대에 쌓아놓았다. 알아서 포장해 가라는 거다. 이때 어떤 박스를 고르셨는가? 나는 본능적으로 외제 물건 상자를 골랐다. 내가 외제 물건에 환장해서 박스마저 외제를 고르는 게 아니다. 외제 물건 상자 중에는 구멍 손잡이가 뚫려 있는 게 많고, 구멍 손잡이가 뚫린 상자가 들기 편하기 때문이다. 무슨 물리적인 계산을 해서 아는 게 아니다. 특별한 경험이 필요한 것도 아니다. 그냥 본능적으로 아는 일이다.

본지 정말 까마득한 친구 안진걸 민생연구소장이 어느 날부터인가 "택배 상자에 구멍 손잡이를 뚫어 달라"는 1인 시위를 한다는 소식을 전해 들었다. '아니 이게 뭐 시위를 할 일이야?'란 생각과 함께 '얼라! 그러고 보니 우리 집에 오는 그 많은 택배 상자에는 구멍 손잡이가 없네…'란 반성이 들었다. 집에서 받는 택배는 보통 책이나 옷가지처럼 가벼운 것들이지만 때로는 20kg짜리 쌀이 오기도 한다.

무거운 상자는 어떻게 나를까? 상자를 양손으로 받치고 든다. 장갑을 끼고 있으면 손이 미끄러워 떨어뜨리기도 한다. 어쩌다 한 번 운반하는 사람이라면 그러려니 할 수 있다. 그런데 마트 노동자와 택배 노동자는 상황이 다르다. 마트 노동자의 대부분은 40~50대 여성이다. 이들은 평균 10.8kg의 상자를 하루 평균 403회 들고 내린다. 이들 가운데 70%가 지난 1년 동안 근골격계 질환으로 병원 진료를 받았다. 택배 노동자 상황은 더 심각하다. 올해 작업 중 사망한 택배 노동자만 12명이다.

아무리 본능적으로 아는 일이라도 뭔가를 요구하려면 숫자가 들어 있는 근거를 대야 한다. 그래야 말을 들어 주는 척이라도 한다. '**들기지수**'라는 게 있다. 들어야 하는 물건 무게를 권장무게한계로 나눈 값이다. 들기지수가 1보다 작아야 허리에 무리가 없다. 상자에 구멍 손잡이를 뚫어 주면 들기지수가 1.24에서 1.12로 줄어든다. 10% 가까이 줄어드는 거다. 구멍 손잡이가 있으면 자세도 교정된다. 결국 허리에 미치는 영향은 40% 가까이 줄어든다.

그런데 여태 왜 상자에 손잡이 구멍을 뚫지 않았을까? **소비자 핑계**를 댔다. 손잡이 구멍으로 이물질이 들어가거나 물건의 정체가 드러날 걸 소비자들이 걱정한다는 것이다. 그 사이로 먼지가 들어가야 얼마나 들어가겠는가? 또 상자 안의 물건은 몇 겹으로 포장되어 있는데 딱히 드러날 일도 없다.

진짜 이유는 따로 있다. **돈이 문제**다. 그깟 구멍하나 뚫는 데도 돈이 든다. 구멍을 뚫기 위한 목형을 만드는 데 10~15만 원이 든다. 단지 구멍만 뚫는 게 아니라

> 구멍을 뚫는 만큼 약해진 내구성을 더 강화해야 한다. 택배 상자에 구멍 하나 뚫는 데 220원이 든다. 그 많은 택배 상자를 생각하면 적은 액수는 아니다. 하지만 왠지 소비자인 내가 감당할 수 있는 액수란 생각이 들지 않는가?
>
> 지난 23일부터 우체국에서는 구멍 손잡이가 있는 택배 상자를 판매한다. 의미 있는 첫걸음이다. 부디 모든 무거운 택배 상자에 구멍이 뚫리는 계기가 되기를 바란다. 어떤 신문은 택배노동자들을 위해 장관이 나서서 기껏 한 일이 고작 구멍 손잡이 뚫는 것이냐는 기사를 실었다. 일머리 없는 사람들의 전형적인 반응이다. "네가 한번 뚫어봐라!"
>
> 사람의 체온을 1도 높이는 데 필요한 에너지면 그 사람을 430m 들어 올릴 수 있다. 사람의 몸을 데우는 게 그만큼 어려운 일이다. 체온을 1도 높이면 큰일 난다. 하지만 마음의 온도는 높여야 한다. 체온을 올리는 것보다 더 큰 에너지, 노력, 시간이 필요한 일이다. 택배 상자 구멍 손잡이 만세!
>
> 한국일보, 이정모 국립과천과학관장, 2020.11.24

여기서 나의 질문은 왜 손잡이 구멍을 뚫는데 이리도 오래 걸린 것일까하는 점이다. 위의 글에서는 돈의 문제를 들고 있지만 돈의 문제보다 더 근본적인 무엇이 있다는 것이 나의 생각이다. 그 무엇은 도대체 무엇인가?

왼쪽 사진은 이산가족 찾기 방송의 공개홀 모습이다. 한국공영방송(KBS)에서 1983년 한국전쟁 종전 30주년을 맞이하여 이산가족을 찾기 위한 1시간 프로그램을 기획하여 6월 30일 밤 10시 15분에 첫방송을 하였다. 이튿날부터 KBS 사

출처: 행정안전부 보도자료 〈국가기록원 - 이산가족찾기 기록 30건 공개〉, 사진(6) 한국방송공사(KBS) 이산가족찾기 공개홀 모습, 2015.06.29

옥의 모든 벽은 이산가족의 벽보판으로 변했고, 인산인해를 이루게 된다. 1983년 11월 14일 138일 만에 막을 내리는 데 신청 10만 952 가족, 출연 5만 3,536 가족, 상봉은 1만 189 가족에 이른다. 처음 1시간 짜리 프로그램으로 기획한 것이 총 453시간 45분 생방송으로 진행되었고 이산가족은 물론 해외동포까지 5천만 겨레가 모두 눈이 붓도록 울어버린 민족의 대서사시였다. 여기서 질문 하나. 왜 한국전쟁 종전(1953년 7월 14일) 30년이 지나도록 정부, 언론, 지식인들 할 것 없이 우리 모두는 이산가족의 아픔에 대해 이렇게 무감각했을까?[11]

위 사진은 미세먼지로 가득한 서울 한복판 광화문광장의 모습이다. 광화문광장에 서서 경복궁을 바라보면 세상에 이렇게 아름다운 경관이 또 있을까 싶다. 아쉬운 것은 삐쭉삐쭉 솟아오른 그저 그런 빌딩들로 인해 경관이 조각나있다는 점이다. 누군가 경복궁의 크기가 자금성에 비해 왜소하다고 하면 나는 "웃기는 소리하고 자빠졌네!"

---

11) 위의 내용은 윤석철 교수의 《삶의 정도》에서 참조했다. 이 책을 읽기 전 나 역시 이산가족 문제에 무감각했었다.

그런다. 일단 크다고 다 좋은 것이 아님은 물론이고, 자금성이 비인간적이고 비자연적인 건조물이라면 경복궁은 인간적이고 자연적인 모습을 하고 있다. 그리고 굳이 크기로 덤비면 북악산 그리고 인왕산까지 모두가 경복궁이라고 할 수 있으므로 전혀 밀리지도 않는다. 이야기가 다른 곳으로 흘렸지만, 기왕 이렇게 된 거 한 가지 분명히 해두자면 착한 조례는 공간를 인간적이고 자연적인 모습으로 만들려 하지 비인간적이고 비자연적인 모습으로 만들려하지 않는다는 점이다.

미세먼지 문제로 돌아오자. 미세먼지로 인해 아름다운 경복궁을 바라볼 수 없다면 얼마나 속상한 일인가. 미세먼지의 주요 원인이 중국발이라는 것을 우리는 알고 있다. 그래서 중국에 미세먼지에 대해 책임 있는 조치를 요구했더니 중국이 이런다. '과학적으로 증명해 보라고'. 어처구니없긴 한데 더 어처구니없는 것은 우리가 과학적으로 증명하지 못했다는 점이다. 어제도 고통 받았고 오늘도 고통 받고 내일도 고통 받을 이 미세먼지 문제가 왜 국가 간의 논쟁거리가 되고 있는 것일까?

서정주 시인의 「시론」을 읽어보자.

바닷속에서 전복따파는제주해녀도
제일좋은건님오시는날따다주려고
물속바위에 붙은그대로남겨둔다.
시의전복도 제일좋은건거기두어라.
다캐어내고허전하여서 헤메이리요?
바다에두고바다바래어시인인 것을……

이 시를 읽어 보면 어떻게 서정주 시인이 제주 해녀의 마음을 알 수 있었을지 궁금해진다. 서정주 시인이 제주에 내려가 제주 해녀와 이런저런 이야기를 나누던 중에 알게 된 것일까? 혹시 엿들었을까? 아무래도 그럴 가능성은 없어 보인다. 그렇다면 서정주 시인은 무슨 재주로 가보지 않고, 만나보지 않고, 들어보지 않고서 어찌 이런 아름다운 시를 쓸 수 있었을까?

시론이라는 주제로 산문을 쓴다면 몇 페이지가 필요할까? 몇 문장, 몇 단어가 필요할까? 시의 간결성 그리고 긴 여운, 시는 인간의 위대한 창작 형식이다. 그러고보니 제주도에서 비싼 가격을 주고 사 먹은 전복은 최고품은 아니었든 싶다.

이채민 시인의 「순장」이라는 시를 한 편 더 읽어보자.

순장

나는 껴묻거리*가 아닙니다
당신의 금빛 왕관을 사랑한 것도 아닙니다

당신을 홀로 보낼 수가 없어서
스스로 묻혔을 뿐

왕이여 당신을 흠모한 죄값이 이리도 황홀한 것을
감기는 두 눈이 말 해줍니다

왕이여 그대 곁이 이리도 따뜻한 것을
식어가는 내 피가 말 해줍니다

먼 먼훗날 20세기 쯤

그들이 우리를 찾아낸다면

왕이여 말 해주소서

두 개의 등뼈가 하나가 되고

천 년을 손가락 걸고 있는 우리 사랑을

내가 결코 껴묻거리가 아니란 것을

그 때 말 해주소서

*죽은 사람과 함께 매장되는 부속

   대가야의 도읍이었던 고령에 가본 적이 있는가? 순장의 모습을 보여주는 무시무시한 무덤군을 만날 수 있다. 누군가 죽지 않은 사람을 죽은 사람과 함께 묻었다는 것이다. 지금 생각하면 끔찍한 일이지만 당시 사람들에게는 비교적 자연스러운 일이었을 것이다. 《삼국사기》에 따르면 지증왕(502년)이 종전에는 국왕이 죽으면 남녀 각각 5명씩을 순장하였는데 순장을 금지하라는 영을 내렸다고 한다. 유적 또는 유물 중에 가장 오래 지속되는 것 중 하나가 묘제라고 한다. 순장을 폐지하라고 명하는 것은 당시 엄청난 일이었음에 분명하다. 사후세계에 대한 관념이 바뀐다는 점이 전제되어야 하기 때문이다. 이런 일이 어떻게 가능했을까?

   참고로, 중국의 경우 순장의 역사가 상당히 오래 지속된다. 명을 거쳐 청나라에서도 한동안 이어졌다. 특히 이 시기에 남편이 죽으면 스스로 목숨을 끊는 여성의 숫자가 부지기수였다. 사실상 사회적 살인 방조라고 하겠다. 아픈 역사를 소개한다. 명나라 3대 황제인 영락제 때 공녀로 간 청주 한씨는 영락제의 후궁 강혜장숙여비에 봉해져 지극한 사랑을 받았으나 명나라에 간 지 7년 만에 영락제가 세상을 떠나자, 20대 초반의 꽃다운 나이에 영락제를 따라 순장되었다고 한다.

> ## 이제 제1 관문을 넘어보자.

　손잡이 구멍이 있고 없고는 엄청난 차이다. 누구에게? 택배 기사분들에게. 허리에 가는 무리가 40% 정도 준다. 우리가 진작부터 택배 상자에 구멍을 뚫지 못한 것은 택배 상자를 받아보는 대다수의 사람들이 택배 상자를 나르는 사람들의 불편함에 무관심했기 때문이다. 그들의 허리가 내 허리가 아니었기 때문이다. 그들의 허리를 내 허리로 느끼지 못한 것이다. 그 외의 이유들, 예를 들어, 상자값이 오른다, 이물질이 들어갈 수 있다 등등은 다 부끄러운 핑계에 불과하다.

　이산가족의 아픔을 나의 아픔으로 여기지 않았던 것이다. 미세먼지의 고통이 내 나라의 고통이 아니었던 것이다. 우리는 더 열악한 미세먼지 상황에서도 사는 데 뭐 그 정도 가지고 난리야 뭐 이런 것이다. 이런 점에서 본다면 외국인 전용 카지노를 허가해 주는 것도 진지하게 생각해 봐야 한다. 우리나라 사람은 하지 말아야 하고 다른 나라 사람은 해도 되는가. 혹시 먹고살기 바빠서 그랬다고 생각하시는 분들이 있다면 이 순간부터 생각 고쳐주기 바란다. 아무리 먹고 사는 것이 중요하더라도 생이별한 가족을 다시 만나게 하는 것보다 중요한 것은 없다. 우리 후손들은 아무리 분단이 되었다고 한들 죽기 전에 한 번만 만나게 해달라라는 데 그것을 들어 주지 않았다는 선조들의 행태를 이해하지 못할 것이다. 더구나 이산가족방송은 남한에서 생이별한 이산가족을 찾는 것이었다. 정말 부끄러운 일이다. 그게 최소한의 정의 아니겠는가! 내가 또 흥분했다. 그래도 할 말은 해야겠다. 천륜의 만남을 막은 자들은 분명 천벌 받을 것이다.

서정주 시인은 제주 해녀의 마음속으로 들어가 본 것이다. 그래서 제주 해녀가 제일 좋은 전복을 따지 않고 남겨두는 이유를 알게 된 것이다. 서정주 시인은 참으로 특별한 재주를 타고난 분임에 틀림없다.

지증왕이 순장을 금지시킨 이유에 대해서는 여러 가지 설이 있다. 어느 고등학교 국사 참고서에서는 농업 생산력을 증대를 이유로 들고 있었다. 어처구니없는 해석이 아닐 수 없다. 역사 공부가 재미없는 암기과목이 된 것은 이런 류의 메마른 역사적 상상력 때문이다. 나는 지증왕의 어머니, 애인 등 지증왕이 사랑하는 여인이 순장되었을 것으로 본다. 또는 지증왕의 둘도 없는 벗이 순장되었을 수도 있다. 그 고통을 느껴보았기에 순장을 폐지시켰을 것이다. 나의 역사적 상상력은 나에게 이것이 진실이라고 똑똑히 말해주고 있다.

선보 생각

견여탄(肩輿歎)

나는 조선이 말이나 마차가 아니라 가마를 타면서 국운이 쇠하였다고 생각한다. 어찌하여 스스로 말이나 마차를 몰지 않고 누군가의 고통에 기반하여 이동하였단 말인가! 다산 정약용은 이를 **견여탄**이라는 시에서 이렇게 말하고 있다.

> 人知坐輿樂(인지좌여락) 사람들은 가마 타는 즐거움은 알아도
> 不識肩輿苦(불식견여고) 가마 메는 괴로움은 모르고 있다

오늘날 가마 메는 사람들의 고통으로 가마를 타고 있는 자들이 너무 많다. 그 고통의 신음 소리가 나라에 그득하다. 더 배운 자, 더 가진 자는 덜 배운 자, 덜 가진 자들의 마음을 공감할 수 있어야 한다. 그래야 착한 조례를 만들 수 있다.

> 선보 생각
>
> ## "내가 너를 알아"
>
> 드라마 《나의 아저씨》에서 박동훈이 자신의 일거수일투족을 도청한 이지안과 나누는 이야기를 들어보자.
>
> 지안: 진짜 내가 안 미운가?
> 동훈: 사람 알아버리면, 그 사람 알아버리면, 그 사람이 무슨 짓을 해도 상관없어. 내가 너를 알아.
> 지안: 아저씨 소리 다 좋았어요. 아저씨 말, 생각, 발소리 다. 사람이 뭔지 처음 본 것 같았어요.

누군가를 안다는 말을 우리들은 별 생각 없이 쓴다. 하지만 무척이나 조심스러운 말이다. 그 사람이 무슨 짓을 해도 상관없을 때 비로소 그 사람을 아는 것이니까. 우리는 쉽게 그 사람을 안다고 치부하는 경우가 많다. 그럼 어떻게 해야 그 사람을 알 수 있을까? 그 사람의 입장이 되어 보는 것이 제일 확실한 방법이다.

> 선보 생각
>
> ## 발꿈치를 자른 자와 잘린 자
>
> 공자가 위衛나라의 재상으로 있을 때, 제자 자고는 옥리가 되어 어떤 자에게 발꿈치를 자르는 형벌을 내렸다. 발꿈치가 잘린 자는 문지기가 되었다.
> 어떤 사람이 위나라 군주에게 공자를 험담해 말하였다.
> 위나라 군주는 공자를 잡아들이려고 했으므로 공자가 달아나자 제자들도 모두 달

아났다. 자고가 뒤따라 문을 빠져나오려고 하는데, 발꿈치 잘린 자가 그를 이끌어 문 근처의 집으로 피신시켜주었으므로 벼슬아치들이 추격했으나 그를 붙잡지 못하였다. 한밤중이 되자 자고가 발꿈치 잘린 자에게 물었다.

"나는 군주의 법령을 허물 수 없어 그대의 발꿈치를 직접 잘랐소. 지금은 그대가 원수를 갚을 때이거늘 그대는 어찌하여 나를 달아 날 수 있게 한 것이오? 내가 어찌 그대에게 이러한 대접을 받을 수 있겠소?"

발꿈치 잘린 자가 말하였다.
"제가 발꿈치를 잘리게 된 것은 당연히 저의 죄에 합당한 것으로 어찌할 수 없는 것이었습니다. 그런데 당신은 저의 죄를 판결할 때 다방면으로 법령을 살피고 앞뒤로 저를 변호하시며 죄를 면하게 해주시려고 무던히 애쓰셨는데, 저는 그것을 알고 있습니다. 재판이 결정되고 죄가 확정되자 당신께서는 애처롭게 여기시고 내키지 않는 모습이 얼굴에 나타났습니다. 저는 그것을 보고 또 알았습니다. 그것은 저에 대한 사사로운 편견이 아니라 당연한 일이었던 것이며, 천성이 어질고 마음이 진실로 그러했던 것입니다. 이것이 제가 기꺼이 당신을 덕망있다고 여기는 까닭입니다."

공자가 말하였다.
"벼슬아치 노릇을 훌륭히 하는 이는 덕을 쌓지만, 벼슬아치 노릇을 잘못하는 자는 원망을 심는다. 개概는 양을 재는 도구이고, 벼슬아치는 법을 공평하게 하는 자이다. 나라를 다스리는 자는 공평함을 잃어서는 안 된다."

《한비자》

누군가에게 부탁을 해보면, "원칙대로 해야죠"라는 답을 듣는 경우가 종종 있다. 틀린 말은 아니다. 하지만 이 말이 맞는 말이 되기 위해서는 강자에게도 동일하게 말할 수 있어야 한다. 그런데 원칙을 입에 달고 사는 사람일수록 강자에게 그 원칙이 유연해지고 약자에게는 오히려 단단해지는 경우를 자주 본다. 그래서 나는 이 말을 좋아한다.

> "억울한 일이 없도록 만들어봐야죠"

이 말에는 당신에 대한 관심과 감수성이 들어 있다. 거기에 만들기라는 의지까지 곁들여 있다. 그냥 원칙대로 할 거면 한글 읽을 줄 아는 사람이 정책결정자가 되어도 무방하다. 우리는 억울한 사람이 없도록 최대한 노력했음에도 불구하고 다른 방안이 없을 때 할 수 없이 발꿈치를 자르는 결정을 해야 한다. 그래야 발꿈치 잘린 자가 수긍할 수 있는 것이다. 그 사람의 입장에서 생각하는 진지한 과정 없이 내린 모든 결정은 그 자체로 불완전하다.

■ 사례 1) "행정선이여, 우리를 태우고 가라!"

선보 의원의 지역구에 있는 어떤 섬의 상황이 다음과 같다고 하자. 육지로 나가는 여객선이 없어 어쩌다 들어오는 낚시배를 이용해서 육지에 갔다 와야 한다. 그런데 행정선은 일주일에 두 번 들어온다. 하지만 무슨 이유인지 섬 주민을 태워주지 않는다. 이유를 물어보니 한 참 전부터 그래왔고, 위에서 태워주라고 하지도 않았기 때문에 어쩔 수 없다고 한다.

왜 이런 일이 오랫동안 계속되고 있을까? 왜 여태껏 섬 주민들에게 이렇게 가혹한 짓을 해 왔을까? 무엇보다 내 자신을 섬에서 살아가는 주민으로 만들어보는 공감능력이 없었기 때문이다. 그러니 그들의 불편이 나의 불편이 아니었고 우리의 불편이 아니었던 것이다. 이에 착한 조례 만들기에 누구보다 관심이 많았던 선보 의원이 조례 개정안을 발의했다.

> 여객선이 운항되지 않는 섬 지역에 지방자치단체가 사무 수행을 위해 관리·사용하는 선박(행정선)을 이용하여 사람을 운송할 수 있도록 하고, 시·도지사가 필요한 행정적·재정적 지원을 할 수 있도록 함.

조례 개정안의 주요 내용이 위와 같다면 조례를 검토하는 업을 직업으로 하는 사람들은 제일 먼저 무슨 생각을 해야 할까? 행정선을 주민을 운송하는 데 써도 되는 것일까? 상위법에 규정은 있을까? 다른 지방자치단체에서 이미 하고 있을까? 예산은 얼마나 들까? 만약 사고라도 나면 누구 책임이지? 괜한 일 하려다 문제라도 생기면? 등등의 생각이 떠오르는가. 착한 조례 만들기를 연구하고 있는 우리들에게 이런 생각이 제일 먼저 떠오르면 곤란하다. 제일 먼저 떠올라야 할 생각은 나 자신을 여객선이 운항되지 않는 섬 지역에서 살고 있는 주민으로 만드는 것이다. 그러면 위의 모든 생각들이 잡생각임을 깨닫게 될 것이다. 지금까지 섬 주민들은 가끔 오는 행정선이 텅텅 빈 채로 왔다 갔다 하는 것을 보았을 것이다. 으레 그러려니 했을 것이다. 이제 누군가 나서서 바꾸어야 한다. 그러기 위한 제1관문은 **감수성**이다. 나머지 문제들은 다 부수적 문제들이다. 나름의 대처 방안을 마련하면 되는 것이다. 착한 조례가 넘쳐나지 않는 이유는 돈이 없어서가 아니라 감수성이 없어서이다. 확신한다.

■ 사례 2) 일시적 2주택자의 신고 제도의 황당함 : "할아버지 관보 안 보셨어요?"

구분	현행	개정안
일시적 2주택 신고 후 처분기간 내 미처분 시 신고 절차(§20②)	별도 신고 절차 없음	처분기간 경과 후 60일 이내 신고
처분기간 지나고 부과되는 가산세 (§21①) ※지연일수 계산	과소신고가산세	없음 (60일 이내 신고 전제)
	납부지연가산세 ※취득일 다음날부터 기산	없음 (60일 이내 신고 전제) ※미신고시 60일 경과한 날부터 기산

총 세액 : ① + ② + ③

① 본세 = 취득가액 × {중과세율(8%) − 일반세율(1~3%)*}
　*1주택으로 취득세 기납부액
② 과소신고가산세 = ①에 따라 산출된 가액 × 10%
③ 납부지연가산세 = ①에 따라 산출된 가액 × 지연일수 × 0.022%

대한민국은 주택 가격의 급등과 급락으로 국민들이 고통을 받아 왔다. 앞으로도 그 고통의 쇠사슬에서 벗어날 기미가 그리 보이지 않는다. 주택가격 안정을 이루기 위해 주택 관련 조세제도가 복잡하게 구성되어 있다. 그 한 예로 1가구 다주택자에 대한 취득세를 가중하고 있다. 하지만 이사 등을 목적으로 한 일시적으로 1가구 2주택이 된 사람에게까지 고율의 취득세를 부과하는 것은 가혹한 측면이 있다. 따라서 일시적 2주택자에게는 3년 내에 주택을 처분한다는 조건 하에 통상의 취득세를 부과한다. 만약 3년 내에 처분하지 않은 경우에는 고율의 취득세를 납부하여야 한다.

하지만 개정안에 따르면 3년이 지난 후 60일 이내에 신고를 하도록 하고 신고를 하면 가산세를 물지 않겠다는 것이다. 세상에 이런 황당한 입법이 어디에 있는가? 가산세를 면제해 주는데 신고를 안 할 사람이 세상에 어디에 있겠는가? 만약 신고를 안 한 사람이 있다면 그 사람은 이런 제도가 있다는 것을 모르고 있는 사람이거나 육체적·정신적 문제 등으로 깜빡한 사람일 것이다.

이런 조문이 나온 이유는 뻔하다. 일시적 2주택자의 입장에서 생각하지 않았기 때문이다. 더구나 지금은 21세기다. 공공에서 정보 다 가지고 있으면서 취득세는 신고세목이라는 전통적 시각에 붙잡혀서 이런 조문을 만든 것이다. 한심의 극치다.

61일 되는 날 급히 신청하러 간 할아버지가 있다고 상상해보자.
담장 직원이 그런다.

> "할아버지 하루만 일찍 오시지 이미 늦었어요, 가산세 내셔야 해요. (잠시 살펴보더니) 어머 많이 나오셨다. 법에 그렇게 규정하고 있어서 어쩔 수 없어요. 관보 안 보셨나 보다."

자기도 안 보는 관보를 왜 할아버지에게는 보라고 하는가? 정신 나간 경우다. 자기가 일시적 2주택자라고 여겨보자. 몸이 불편하고 정신이 오락가락한 사람이라고 여겨보자. 이런 규정 만들 수 있겠는가!

제2 관문 : 해결방안

문제의식을 통해 문제가 있음을 인지했다고 하자. 그렇다면 해결방안을 찾아야 할 텐데 어떻게 찾을 수 있을까? 주요 방법을 알아보자.

1) 대면(face to face) : 만나지 않고 안다고 함부로 입을 놀리지 말라

가장 중요한 것은 만나는 것이다. 《사기》에 나오는 주공의 이야기를 들어보자.

> 그리하여 주공은 결국 주나라 도읍에 머물면서 성왕을 보좌하였고, 자기의 영지인 노나라에는 아들인 백금을 보냈다. 백금을 보내면서 주공은 이렇게 말했다. "나는 문왕의 아들이며 무왕의 아우이고 성왕의 숙부이다. 제후들 중에서는 고귀한 존재로 인식되고 있는 몸이지만, 그러한 나일지라도 남이 나를 방문하러 온다면 머리를 감거나, 식사를 하다가도 그것을 그치고 만났으며, 결코 예의에 어긋러짐이 없도록 노력하고 있다. 그러면서도 또한 내가 미흡한 점이 없는가, 우수한 인재를 놓치고 있지 않나 염려하고 있다. 너도 이제 노나라에 가면 나라를 다스린다하여 결코 교만한 티를 내서는 안 된다는 것을 명심하라."

이해관계자를 만나지 않고 그 사람의 입장을 잘 알고 있다고 '간주'하는 것은 많은 경우 헛소리다. 직접 만나서 들어보는 것이 입장을 파악하는 가장 전통적인 방법이자 가장 믿을 만한 방법이다. 찾아가서 만나는 것이 원칙이고 찾아오도록 자리를 마련하는 것이 예외다. 그럼에도 불구하고 찾아온 분을 안 만나주는 ○○들은 착한 조례를 논할 자격이 없는 △△들이다.

법제 공부 | 간주 vs. 추정

공익 기타의 이유로 사실의 존재 또는 부존재를 법정책상 간주하는 경우가 있다. **간주**라는 것은 일종의 법의 의제로서 그 사실이 진실이냐 아니냐를 불문하고 권위적으로 그렇다고 단정해 버리고, 거기에 일정한 법적 효과를 부여하는 것을 의미한다. 「간주한다」는 「본다」라고도 표현한다.

민법 제20조에서 「국내에 주소 없는 자에 대하여서는 국내에 있는 거소를 주소로 본다.」고 규정한 것이나, 민법 제855조 제2항에서 「혼인 외의 출생자는 그 부모가 혼인한 때에는 그때로부터 혼인 중의 출생자로 본다.」고 규정한 것은 그 예이다. 간주는 추정과는 달라서 반증을 들어 그 효과를 전복할 수는 없다. 따라서 앞의 예에서 거소나 주소로 간주해 버린 이상 반증으로써 이를 변경할 수 없다.

[네이버 지식백과] 간주 [看做] (법률용어사전)

추정이란 어떤 사항과 동일한지의 여부가 불확실한 다른 사항을 일정한 법령이나 규정의 관계에서는 서로 동일하다고 취급하여 최초의 사항에서 발생한 법적 효과를 다른 사항에 대하여도 발생시키는 것을 말한다. 당사자의 입증상 편의를 기하기 위하여 사실의 존재 또는 부존재를 일단 추정하고 일정한 법적 효과를 부여하는 경우가 있다.

민법 제262조 제2항에서 「공유자(共有者)의 지분(持分)은 균등한 것으로 추정한다」고 규정한 것이나, 민법 제844조 제1항에서 「아내가 혼인 중에 임신한 자녀는 남편의 자녀로 추정한다.」고 규정한 것은 그 예이다. 따라서 추정은 일정한 사실이 명확하지 않은 경우에 보통의 상태를 기준으로 하여 일단 사실을 가정하고 거기에 일정한 법적 효과를 인정하는 것이다. 그러나 추정은 입증을 기다리지 않고 사실을 가정(假定)하는 것이므로 이와 다른 사실을 주장하는 자는 반증을 들어 증명하면 언제나 추정을 전복(顚覆)할 수 있다.

[네이버 지식백과] 추정 [推定] (법률용어사전)

간주가 얼마나 무서운 말인지 알 수 있을 것이다. 만나지 않고 누군가를 안다고 간주하면 안 된다. 추정은? 그것도 안된다. 그래도 둘 중의 하나를 선택하라면 간주보다는 추정이 맞을 것이다.

2) 현장조사 : 현장에 답이 있다

현장조사는 관심과 질책의 **위민정치(爲民政治)**의 수단이 될 수도 있고, 관심과 격려의 **여민정치(與民政治)**의 수단이 될 수도 있다. 위민과 여민의 적절한 조화가 필요할 것이지만 무게 중심은 여민에 두는 것이 보다 참에 가까울 것으로 보인다. 현장조사의 유형을 실제적으로 나누어 보면 이런 모습일 것이다.

예고형 현장조사	불시형 현장조사
• 대상 기관: 준비 시간↑ → 사전부담	• 대상 기관: 준비 시간↓ → 사후부담
• 정확한 설명 → 충분한 이해 • 꾸며진 현장	• 현장 종사자와의 살아 있는 면담 • 그대로의 현장

이 역시 양자의 조화가 필요할 것으로 보인다. 예고형 현장조사 후 불시형 현장조사를 통해 꾸며진 현장과 그대로의 현장의 차이가 인용 범위 내에 있는지 여부를 확인하는 것도 좋을 듯하다. 아래의 글은 왜 현장에 답이 있다고 하는지 절절히 알려주고 있다.

> 〈앵커〉 OO단체가 오늘(4일) 다시 청와대 앞에서 집회를 열었습니다. 소음 때문에 불편을 호소하는 주민들과 맹학교 학부모들이 이들을 가로 막아섰습니다. OOO 기자가 현장 다녀왔습니다.
>
> 〈기자〉 청와대 방면으로 행진하던 보수단체 집회 참가자들과 이에 항의하던 인근 주민이 도로 한가운데서 뒤엉켰습니다. 주말마다 계속된 시위에 소음과 불편을 호소하며 거리로 나선 주민이 보수단체의 행진 길목을 막고 항의한 겁니다. 서울맹학교 졸업생과 학부모들은 차로에 주저앉거나 드러누우며 행진을 막으면서 위험한 상황이 벌어지기도 했습니다. 시위대는 주민을 향해 고성과 욕설을 퍼부었습니다. ---물리적 충돌은 없었지만, 경찰이 양측을 떼어놓을 때까지 15분 정도

거친 언쟁이 이어졌습니다. 경찰의 금지 처분 후 집행정지 신청으로 집회를 다시 허락받은 △△△하야범국민투쟁본부도 청와대 인근에서 집회를 이어갔습니다. 집회가 주민 사생활이나 학생들의 학습권을 침해한다고 볼 수 없다며 집회를 허락한 법원 결정에 대해 일부 주민은 불만을 나타냈습니다.

〈OOO/인근 주민〉 애국하겠다는 생각이 없어질 정도로 애국가를 심하게 소리 높여서 틀어요. 인왕산이 아주 무너져라 하고. 판사가 한번이라도 와서 현장을 보고 판결을 했었으면 좋았겠단 생각이 들어요.

사랑채 옆 도로를 점거한 ◇◇◇천막을 철거하라고 명령했던 서울시는 물리적 충돌을 우려해 대집행 대신 자진철거를 권유하고 있습니다. 도심 보수단체 집회와 별도로 서울 서초동 대검찰청 주변에서는 검찰 개혁을 촉구하는 집회가 열렸습니다.

출처 : SBS 뉴스 OOO 기자 2020.01.04.

선보 생각

"삶의 현실이 그의 의식에 점점 파고들었다"

루스벨트가 소속한 위원회에 공동 주택에서 담배를 제조하는 걸 금지하는 법안이 올라왔을 때도 그는 리더로 성장할 가능성을 유감없이 보여주었다. 법안이 처음 상정됐을 때, 루스벨트는 노동시간을 제한한다는 이유로 최저임금 법제화에 반대했듯, 이 법안도 반대하려고 생각했다. 특권계급 출신인 데다 대학에서 자유방임경제를 배운 탓에 루스벨트는 "노동자의 사회경제적 조건을 향상하기 위한 모든 정부 정책"을 반대하는 경향을 띠었다. 그는 공동 주택 소유자가 제조업자라면 자신의 재산으로 무엇이든 할 수 있는 권리가 있다고 생각했다. 하지만 노동자 대표 새뮤얼 곰퍼스(Samuel Gompers)에게서 수천 가구가 함께 거주하며 담배를 가늘게 찢고 말리고 싸는 열악한 환경에 대해 듣고 난 뒤, **그곳을 직접 둘러보았고, 두 눈으로 목격한 현장에 아연실색해 생각을 바꾸었다.** 담배 제조 금지법의 적극적인 대변자가 된 것이다. 30년 후에도 루스벨트는 한 가정의 처참한 상황을 생생히 기억하고 있었다. 어른 다섯과 서녀 명의 어린아이가 골방에 앉아 하루에 16시간씩 일해야 했다. 게다가 그들 모두 이민자로 영어를 거의 말하지 못했다. 담배가 먹을 것과 뒤섞인 채 잠자리 옆에 차곡차곡 쌓여 있었다. 루스벨트는 현장을 직접 살펴봄으로써 의혹의 그림자를 걷어내고, "공동 주택에서 담배를 제조하는 걸 허락한다면 사회와 산업과 위생 등 모든 면에서 사악한 짓을 저지르는 것"이라 확신할 수 있었다.

이 사건은 루스벨트의 **공감 능력**이 향상된 증거로 여겨진다. 링컨의 공감 능력은 생득적 능력인 듯하지만, 루스벨트는 그전까지 방문한 적도 없고 이해하려고 노력한 적도 없던 곳을 직접 둘러보며 다른 사람의 관점과 의견을 포용하는 능력을 서서히 늘려갔다. 제이컵 리스는 **"삶의 현실이 그의 의식에 점점 파고들었다."**고 평가했다.

도리스 컨스 굿윈, 《혼돈의 세상, 리더의 탄생》

현장에 가보면 현장에 있는 사람들의 아픔을 공감할 수 있게 된다. 우리는 만나고, 보고, 듣고, 손을 잡아주고, 같이 웃고 울 수 있을 때 착한 조례를 만들 수 있는 것이다. 가만히 앉아서 멍하니 먼 산 바라본다고 착한 조례가 불쑥 솟아오르는 것이 아니다. 움직여라. 그래야 착한 조례를 만날 수 있다.

현대그룹 고 정주영 회장의 유명한 말씀이 있다.

"이봐, 해봤어?"

나는 이 말을 착한 조례 만들기에 **준용**해 본다.

"이봐, 만나 봤어?" "이봐, 가 봤어?" "이봐, 들어 봤어?"

| 법제 공부 | 준용 vs. 적용 |

준용은 특정 조문을 그와 성질이 유사한 규율 내용에 대해 그 성질에 따라 다소 수정하여 적용하는 방식이고, **적용**은 대상 조항을 조금도 수정됨이 없이 그대로 활용하는 경우에 쓰인다. 따라서 위의 "이봐, 만나 봤어?", "이봐, 가 봤어?", "이봐, 들어 봤어?"라는 나의 말은 적용이 아니라 준용이 맞다.

3) 도서관 : 책 안에 답이 있다

링컨은 순회 재판 중에, 연방 의회가 오랜 토론 끝에 캔자스-네브래스카법(Kansas-Nebraska Act)을 통과시켰다는 소식을 들었다. 당시 2선 상원의원이었고 대통령 후보로 거론되던 민주당 지도자 일리노이 출신의 스티븐 더글라스(Stephen Douglas)가 고안한 캔자스-네브래스카법안은 새롭게 추가된 영토, 캔자스와 네브래스카에 정착하는 사람들에게 아메리카 합중국에 편입될 때 노예주나 자유주를 스스로 선택할 수 있는 권한을 부여하자는 것이었다.

그 법안의 내용을 핵심에서 벗어나 단순하게 해석하면, 노예제도가 '국민주권주의(popular sovereignty)'로 남부의 울타리를 벗어나 확산되는 빌미를 제공했다고 말할 수 있다. 30년 동안 평온한 상태를 보장해주던 미주리 협정은 단숨에 지워졌다. 링컨이 소망하고 믿었던, 노예제도가 완전히 소멸될 가능성은 사라졌다. 링컨은 새로운 법의 의미와 영향 및 중대성을 즉시 알아챘다. 이제 노예들의 상황이 "고착되어 더 나은 방향으로 개선될 여지가 없게 되었다." 링컨은 그 법안에 대한 의견을 공개적으로 발언하기 전에 **주립 도서관에 파묻혀**, 연방 헌법이 제정되던 당시 노예제도에 대한 토론과 쟁점을 논리적이고 체계적으로 조사하고 분석했다. 헌던의 표현을 빌리면, 링컨은 그렇게 연구하며 노예제도의 "안팎과 위아래"를 알아챘다. 어린 시절 링컨은 "어떤 개념을 사냥하기 시작하면 그것을 완전히 잡을 때까지 잠을 자지 못했다. 그때 링컨은 사냥을 시작한 것이었고, 뒤쫓던

> 것-노예제도라는 쟁점이 미국의 역사에 끼어들고 당시의 교착 상태까지 악화된 과정-을 잡을 때까지 잠을 자지 않았다.
>
> 도리스 컨스 굿윈, 《혼돈의 세상, 리더의 탄생》

주립 도서관에 파묻혀---잠을 자지 않았다는 구절이 마음에 와 닿는다. 책을 읽지 않으면서 주민의 대표자라는 숭고한 자리에 가있거나 가려는 사람은 지역을 망칠 가능성이 높다. 리더는 간혹 도서관에 파묻힐 수 있는 사람이어야 한다. 그래야 착한 조례를 스스로, 제대로, 멋지게 만들 수 있다.

4) 네트워크의 활용

평소 분야별 전문가 등과의 관계망을 돈독히 해 두어야 한다. 아이디어를 줄 수 있는 사람, 가야 할 길을 보여 주는 사람, 무엇보다 착한 조례를 만들기 위해 조언과 직언을 해줄 사람을 많이 알고 있어야 한다. 특히 선하지만 나에게 비판적인 사람을 꼭 곁에 두어야 한다.

5) 세미나, 간담회

세미나에 가보면 개회사, 축사, 기념사 등 주제와 관련이 없는 보여주기식 행사 같은 경우가 많다. 발표와 토론은 누구에게 쫓기듯이 서둘러 진행하면서 말이다. 커다란 왁자지껄한 세미나 말고, 작고 차분하고 진지한 세미나를 해야 한다. 그래야 착한 조례에 다가갈 수 있다.

제3 관문 : 조례(안) 작성

만나고, 보고, 듣고, 읽고 등등의 과정을 거쳐 힘들게 해결방안을 찾았으면 조례(안)으로 변형시켜야 한다. 정책을 법규화하는 작업을 해야 하는 것이다. 그러기 위해서는 조례가 갖추어야 할 요건을 알고 있어야 한다. 여기서는 그 부분에 초점을 맞추어 볼 것이다. 착한 조례 만들기의 핵심 내용이 될 터이니 기대하시라.

■ 제3 관문(1): 조례의 유형

우선 조례의 3가지 유형을 알아야 한다. 그래야 방향성을 잡고 흔들림 없이 조례안을 작성하거나 다듬을 수 있다. 또한 조례의 유형에 따라 분석의 강조점이 달라진다는 점도 주의하도록 하자.

- **규제 조례** : 바람직한 상태보다 많은 경우 → 권리 제한하고(하거나) 의무·벌칙 부과
- **지원 조례** : 바람직한 상태보다 적은 경우 → 행정적·재정적 지원
- **권한(조직) 조례** : (새로운) 업무를 누가 담당할지에 관한 조례 → 전담 / 위임 / (민간)위탁

1) 규제 조례

(1) 의미

규제 조례는 권리를 제한하고(하거나) 의무를 부과하는 조례이다. 앞에서 설명하였듯이 규제 조례의 경우에는 「지방자치법」 제28조 제1항 단서에 따라 법률의 위임이 있어야 한다. 침익적 성격이 있으므로 엄격한 해석과 적용을 하고 특히 과잉금지의

원칙이 중요하게 다루어진다. 즉, 주민의 권리를 최소한으로 제한하면서도 공익을 최대한으로 달성할 수 있는 방안을 조례에 담을 수 있어야 한다.

(2) 규제의 판단 기준

규제 조례에 해당하는 지 여부를 어떻게 판단할 수 있을까. 벌칙을 정한다는 것은 비교적 쉽게 알 수 있으나 주민의 권리를 제한하거나 의무를 부과하는 것은 어떻게 알 수 있을까? 규제란 무엇인지에서 논의를 시작해보자.

「**행정규제기본법**」

제2조(정의) ① 이 법에서 사용하는 용어의 뜻은 다음과 같다.
1. "**행정규제**"(이하 "**규제**"라 한다)란 국가나 지방자치단체가 특정한 행정 목적을 실현하기 위하여 국민(국내법을 적용받는 외국인을 포함한다)의 권리를 제한하거나 의무를 부과하는 것으로서 법령등이나 **조례·규칙**에 규정되는 사항을 말한다.
2. "**법령등**"이란 법률·대통령령·총리령·부령과 그 위임을 받는 고시(告示) 등을 말한다.
3. "기존규제"란 이 법 시행 당시 다른 법률에 근거하여 규정된 규제와 이 법 시행 후 이 법에서 정한 절차에 따라 규정된 규제를 말한다.
4. "행정기관"이란 법령등 또는 조례·규칙에 따라 행정 권한을 가지는 기관과 그 권한을 위임받거나 위탁받은 법인·단체 또는 그 기관이나 개인을 말한다.
5. "규제영향분석"이란 규제로 인하여 국민의 일상생활과 사회·경제·행정 등에 미치는 여러 가지 영향을 객관적이고 과학적인 방법을 사용하여 미리 예측·분석함으로써 규제의 타당성을 판단하는 기준을 제시하는 것을 말한다.

② 규제의 구체적 범위는 **대통령령**으로 정한다.

제4조(규제 법정주의) ① 규제는 법률에 근거하여야 하며, 그 내용은 알기 쉬운 용어로 구체적이고 명확하게 규정되어야 한다.
② 규제는 법률에 직접 규정하되, 규제의 세부적인 내용은 법률 또는 상위법령(上位法令)에서 **구**

체적으로 범위를 정하여 위임한 바에 따라 대통령령·총리령·부령 또는 조례·규칙으로 정할 수 있다. 다만, 법령에서 전문적·기술적 사항이나 경미한 사항으로서 업무의 성질상 위임이 불가피한 사항에 관하여 구체적으로 범위를 정하여 위임한 경우에는 고시 등으로 정할 수 있다.
③ 행정기관은 법률에 근거하지 아니한 규제로 국민의 권리를 제한하거나 의무를 부과할 수 없다.

「행정규제기본법 시행령」

제2조(행정규제의 범위 등) ① 법 제2조제2항에 따른 행정규제(이하 "규제"라 한다)의 구체적 범위는 다음 각 호의 어느 하나에 해당하는 사항으로서 법령등 또는 조례·규칙에 규정되는 사항으로 한다.

1. 허가·인가·특허·면허·승인·지정·인정·시험·검사·검정·확인·증명 등 일정한 요건과 기준을 정하여 놓고 행정기관이 국민으로부터 신청을 받아 처리하는 행정처분 또는 이와 유사한 사항
2. 허가취소·영업정지·등록말소·시정명령·확인·조사·단속 등 행정의무의 이행을 확보하기 위하여 행정기관이 행하는 행정처분 또는 감독에 관한 사항
3. 고용의무·신고의무·등록의무·보고의무·공급의무·출자금지·명의대여금지 그 밖에 영업 등과 관련하여 일정한 작위의무 또는 부작위의무를 부과하는 사항
4. 그 밖에 국민의 권리를 제한하거나 의무를 부과하는 행정행위(사실행위를 포함한다)에 관한 사항

② 법 제2조제1항제2호 및 법 제4조제2항 단서에서 "고시 등"이라 함은 훈령·예규·고시 및 공고를 말한다.

「행정규제기본법」과 「행정규제기본법 시행령」을 보면 규제가 무엇인지 감을 잡을 수 있다. 「행정규제기본법」 제2조 제1호에 따르면, **"행정규제"**(이하 **"규제"라 한다**)란 국가나 지방자치단체가 특정한 행정 목적을 실현하기 위하여 국민(국내법을 적용받는 외국인을 포함한다)의 권리를 제한하거나 의무를 부과하는 것으로서 법령등이나 **조례·규칙**에 규정되는 사항을 말하며, 구체적으로는 「행정규제기본법 시행령」 제2조에서 범

위를 규정하고 있다. 구체적으로 「경기도 개인형이동장치 이용 및 안전 증진 조례」는 규제 조례인지를 살펴보도록 하자.

「경기도 개인형이동장치 이용 및 안전 증진 조례」

제1조(목적) 이 조례는 개인형이동장치가 안전하고 유용한 이동수단으로 정착하는데 필요한 사항을 규정함으로써 경기도민의 개인형이동장치 이용 및 안전 증진에 기여함을 목적으로 한다.

제2조(정의) 이 조례에서 "개인형이동장치"란 「도로교통법」(이하 "법"이라 한다) 제2조제19호나목의 원동기장치자전거 중 시속 25킬로미터 이상으로 운행할 경우 전동기가 작동하지 아니하고 차체 중량이 30킬로그램 미만인 것으로서 전동킥보드, 전동이륜평행차, 전동기의 동력만으로 움직일 수 있는 자전거를 말한다.

제3조(도지사의 책무) ① 경기도지사(이하 "도지사"라 한다)는 개인형이동장치 이용자의 안전과 편의를 도모하고 개인형이동장치 이용 여건의 개선을 위한 시책을 마련하도록 노력하여야 한다.

② 경기도민(이하 "도민"이라 한다)은 개인형이동장치를 이용함에 있어 법에 따른 인명보호 장구를 착용하는 등 이용자의 안전의무를 준수하여 안전사고가 발생하지 않도록 노력하여야 한다.

제4조(개인형이동장치 이용 및 안전계획의 수립 · 시행 등) ① 도지사는 도민의 개인형이동장치의 이용 및 안전 증진을 위하여 다음 각 호의 사항을 포함한 개인형이동장치 이용 및 안전 계획을 수립 · 시행한다.

1. 개인형이동장치 이용 및 안전의 기본 목표와 추진 방향
2. 개인형이동장치 이용 및 안전을 위한 기반 구축 방안
3. 개인형이동장치 이용 및 안전을 위한 사업 및 지원에 관한 사항
4. 개인형이동장치 이용 및 안전을 위한 재원조달 및 운용에 관한 사항
5. 그 밖에 개인형이동장치 이용 및 안전을 위하여 필요한 사항

② 도지사는 제1항에 따른 계획을 수립하는 때에는 미리 도민 및 관련 기관·단체 등의 의견을 수렴하여야 한다.

제5조(사업추진) ① 도지사는 개인형이동장치의 안전한 이용환경 조성을 위한 다음 각 호의 사업을 추진할 수 있다.

1. 개인형 이동수단의 안전한 이용환경 조성을 위한 주차시설 및 거치대 설치 등의 안전시설 설치 사업
2. 개인형 이동수단 이용 안전문화 정착을 위한 민관협력 사업
3. 개인형 이동수단의 안전한 이용을 위한 홍보 및 교육
4. 그 밖에 개인형 이동수단 이용안전 증진을 위하여 도지사가 필요하다고 인정하는 사업

② 도지사는 제1항에 따른 사업을 추진하는 시·군 및 관련 법인 또는 단체 등에 예산의 범위에서 그 경비의 전부 또는 일부를 지원할 수 있다.

제6조(시범사업의 실시 등) ① 도지사는 제5조제1항 각 호에 해당하는 사업을 추진할 때 시장·군수의 신청·공모를 통해 시범사업을 선정하고 실시할 수 있다.

② 시장·군수가 제1항 및 제5조제1항에 따른 개별사업을 실시하는 경우에는 주민의 의견을 수렴·반영하여야 한다.

제7조(의견수렴 및 실태조사 등) ① 도지사는 제4조부터 제6조까지에 따른 사항의 추진을 위하여 개인형이동장치의 이용 및 안전사고 현황 등에 관한 실태조사를 매년 1회 이상 실시할 수 있다.

② 제5조 및 제6조의 사업을 추진할 때에는 반드시 관련 기관, 시·군, 개인형이동장치를 자주 이용하는 이용자에 대한 의견을 수렴하여 정책에 반영한다.

제8조(지침 마련) 도지사는 개인형이동장치의 안전한 이용환경 조성을 위하여 개인형이동장치의 안전관리 방안 등을 포함한 지침을 마련하여 이를 배포할 수 있다.

제9조(안전교육 등) ① 도지사는 개인형이동장치의 안전한 이용을 위하여 다음 각 호의 사항이 포함된 교육 및 홍보를 실시하는 등 안전사고 예방을 위한 보행안전문화가 확산될 수 있도록 노력하여야 한다.

1. 개인형이동장치 이용 여건의 개선을 위한 시책 등에 관한 사항
2. 개인형이동장치 이용을 위한 교통법규 및 기초질서에 관한 사항
3. 개인형이동장치 이용 중 안전사고의 위험성에 관한 사항
4. 개인형이동장치 이용 중 안전사고 예방에 관한 사항
5. 그 밖에 개인형이동장치 이용자의 의식개선 및 안전문화 확산을 위하여 필요한 사항

② 도지사는 개인형이동장치의 안전한 이용을 위하여 교육 및 홍보를 실시하는 경우 전문기관이나 단체에 위탁할 수 있다.

> **제10조(협력체계 구축)** 도지사는 개인형이동장치의 안전한 이용을 위한 환경을 조성하기 위하여 관련 사업을 추진하는 정부부처 및 시·군, 개인, 법인·단체 등과 협력체계를 구축할 수 있다.
>
> **제11조(재정지원 등)** ① 도지사는 제3조에 따른 시책의 추진에 필요한 재정상의 조치를 마련하여야 한다.
>
> ② 도지사는 개인형이동장치의 안전한 이용환경을 조성하기 위한 사업 및 교육을 추진하는 관련 법인 또는 단체, 개인 등에 예산의 범위에서 그 경비의 전부 또는 일부를 지원할 수 있다.
>
> 제12조(시행규칙) 이 조례의 시행에 필요한 사항은 규칙으로 정한다.

만약 「경기도 개인형이동장치 이용 및 안전 증진 조례」가 규제 조례라면 법률의 위임이 있어야 할 것이고 규제 조례가 아니라면 법령의 범위에서 능동적으로 조례를 제정할 수 있을 것이다. 그렇다면 규제 조례 여부는 어떻게 판단할 수 있을까? 개인형이동장치를 이용하고 싶은 사람에게 동사무소에 가서 신고하거나 허가를 받으라고 했거나 지시사항을 지키지 않으면 강제적으로 이용을 정지하도록 규정했다면 규제 조례가 될 것이다. 또한 제9조의 안전교육을 의무에 가깝게 운영한다면 규제 조례로 볼 수 있을 것이다. 조례에서 이처럼 권리를 제한하거나 의무를 부과하는 내용이 없다는 점 그리고 제11조에서 재정지원에 관한 사항을 규정하고 있다는 점 등을 고려할 때 이 조례는 규제 조례가 아니라 지원 조례라고 하겠다. 따라서 법령의 범위 안에서라면 법률의 위임이 없어도 조례로 정해도 무방한 것이다.

(3) 사례 분석: 고시원 화재에 대한 대응

> 오는 7월부터 새로 짓거나 증축되는 모든 고시원은 방마다 창문을 의무적으로 설치해야 한다. 서울시는 고시원 거주자의 인간다운 삶과 안전한 거주환경을 보장하기 위해 이 같은 내용이 포함된 **'서울특별시 건축 조례'**를 개정(2021.12.30)했다.

조례에 따라 **개별 방의 면적은 전용면적 7㎡ 이상(화장실 포함시 9㎡ 이상)을 확보하고, 방마다 창문을 의무적으로 설치**해야 한다. 창문은 화재 등 유사시에 탈출이 가능하도록 유효 폭 0.5m×유효 높이 1m 이상 크기로 실외와 접해야 한다.

이번 조례 개정은 서울시의 건의로 개정·시행된 '건축법 시행령'에 따라 이뤄졌다. 시는 지난 2018년 7명의 인명피해를 낸 종로구 **국일 고시원 화재** 이후, **고시원의 '최소 주거기준'** 마련을 위한 법 개정을 **국토교통부에 건의**했고, 국토부에서 이를 받아들여 작년 6월 16일 '건축법 시행령'을 개정했다. 개정된 시행령은 다중생활시설(고시원)의 세부 건축기준을 **조례**로 정할 수 있도록 **지자체에 위임**하고 있다.

조례는 건축주등 관계자가 준비기간을 가질 수 있도록 개정안 공포 후 6개월이 경과한 날부터 시행한다. 신축뿐 아니라 증축이나 수선, 용도변경 등 모든 건축행위 허가 신청 시 적용된다. '건축법'상 다중이용시설로 분류된 고시원은 그동안 최소 주거면적에 대한 별도의 기준이 없었다. '서울시 고시원 거처상태 및 거주 가구 실태조사'(한국도시연구소, 2020.4.)에 따르면 서울시내 고시원의 평균 주거면적은 7.2㎡로, 절반 이상(53%)이 7㎡ 미만이었고, 화재 시 대피가 가능한 창문이 설치된 곳은 47.6%로 절반에 못 미쳤다. 고시원 거주자들은 생활환경 불편 요소와 건강을 위협하는 주요 요소로 모두 '비좁음'을 가장 많이 응답했고, 공공에서 고시원 기준을 설정할 때 가장 필요한 것으로 '방의 최소면적'을 꼽았다.

서울시 관계자는 "최약계층인 사회적 약자들에 대한 거주에 필요한 최소한의 공간 기준 마련으로 고시원 거주자들의 거주 환경을 개선하고 화재 등으로부터 인명피해를 예방할 수 있는 환경이 조성될 것으로 기대한다"고 말했다.

내 손안에 서울(2022.1.4)

고시원에서 화재가 났다. 창문이 없어서 피해가 컸다. 사회는 분노했다. 서울시를 나무라기 시작했다. 이에 놀란 서울시는 조례로 고시원에 창문을 설치하도록 의무화하는 조례를 제정할 수 있을까? 고시원에 창문을 설치하도록 의무화하는 것은 고시원 운영자에게 의무를 부과하는 것이므로 법률 또는 대통령령·부령 등 행정입법의 위임이 있어야 가능하다. 서울시에 쏟아지던 비난의 화살은 중앙정부로 향했다. 그동안 무엇을 하고 있었느냐는 것이었다. 서울시는 중앙정부에 시행령 개정을 요구했고 개정된 시행령의 위임을 받아 조례를 제정하여 한시름 놓게 되었다.

위 사례에서 몇 가지 생각해 볼 점들이 있다. **하나,** 우리는 흔히들 이런 경우 소 잃고 외양간을 고친다고 비아냥거린다. 하지만 제대로 고쳐나간다면 언젠가는 우리 사회가 바람직한 상태에 도달할 것이다. 소 잃고 외양간을 고치지 않거나 제대로 고치지 못해 또다시 소를 잃는 경우가 다반사이다.

둘, 중앙정부와 지방정부의 관계가 하향식의 일방적 관계가 아니라는 점이다. 지방정부는 중앙정부에 법령의 개정을 요구하는 등 적극적으로 의견개진을 해야 한다. 조례를 개정할 수 없다고 손 놓고 있는 것이 아니라 법령의 위임을 받아 조례로 주민들이 요구를 법규화할 수 있도록 뛰어 다녀야 하는 것이다. **셋,** 국일고시원 화재가 2018년 11월에 있었으니 조례가 시행(2023. 6)되기 까지 무려 4년 6개월이 더 걸린 것이다. 그 사이에 또 다른 고시원 화재로 인해 억울한 죽음이 없었을까? 지방정부에 더 많은 권한을 주도록 해야 한다는 주장에 힘이 실리지 않을 수 없다. **넷, 정책적인 측면**에서 살펴보자. 이렇게 하여 고시원의 열악한 주거환경이 해결되었다는 아름다운 결말로 이야기가 끝날 수 있을까? 고시원이 최소 주거기준을 맞추기 위해 전용면적을 확대하고 창문을 설치하도록 하면 당연히 고시원 건설비용이 올라가고 고시원 임차료도 올라갈 것이다. 고시원 임차료가 부담스러운 사람들은 이제 갈 곳은 거리밖에 없다. 기존의 고시원 입주자들이 홈리스(Homeless)로 전락한다면 이 문제는 전형적인 **골치 아픈 문제(wicked problem)** 인 것이다. 이런 사회적 약자인 억울한 사람이 없도록 하기 위해서는 공공이 다시 지원을 해 주어야 한다. 고시원 건설비용 또는 고시원 입주자들에게 월 임대료를 지원 해 주어야 한다. 누구 돈으로? 바로 우리들의 세금으로. 여러분들은 기꺼이 돈을 지불할 의사가 있는가? 고시원에서 젊은 청춘이 불에 타 죽었다고 할 때에는 불같이 비난하던 사람들도 자신의 돈이 들어간다고 하면 생각이 바뀔까? 그래도 바뀌지 않을까? 여기에 한 가지 문제가 더 발생한다. 왜 고시원만 지원해 주냐는 것이다. 쪽

방촌, 반지하 등 열악한 주거에 사는 사람들은 어떻게 할 거냐는 것이다. 어려운 문제의 연속이다. 이것이 우리가 공부를 멈추면 안 되는 바로 그 이유이다.

2) 지원 조례

(1) 의미

지원 조례는 행정적·재정적 지원을 내용으로 하는 조례이다. 앞에서 설명하였듯이 이런 경우에는 「헌법」 제117조와 「지방자치법」 제28조 제1항 본문에 따라 법령의 범위에서 지방자치단체가 비교적 자유롭게 차별적으로 규정할 수 있다. 수익적 성격이 있으므로 비교적 완화된 해석과 적용을 하고 **평등의 원칙**이 가장 중요하게 떠오르게 된다.

(2) 예산과의 관련성

지원 조례는 **예산**과 직접적으로 연계되어 있다. 착한 지원 조례를 만들기 위해서는 조문 하나하나를 **우리 집 살림살이**라는 시각으로 보는 것이 중요하다. 우리 집 살림살이의 시각을 그저 무턱대고 돈을 안 쓰는 것으로 오해해서는 안 된다. 내 돈이면 안 쓸 곳에 예산을 쓰면 그건 문제다. 하지만 써야 할 곳에 쓰지 않는 것도 문제다. 써야 할 곳에는 쓰고 쓰지 말아야 할 곳에 쓰지 않는 것이 절약이요, 투자다. 조금만 도와주면 일어설 수 있는 사람이 있는데 공공이 모른 척 한다는 것은 참으로 잔인한 일이 아니겠는가.

이와 관련하여 받는 자와 받지 못하는 자의 구분 기준을 분명히 인식하여야 하고 **비기역성**과 **지속가능성**을 고려하여야 한다. 매달 10만 원을 지원하다가 예산이 부족하여 5만 원을 지원하겠다고 하면 당장 수급자들이 반발할 것이다. 이런 상황이 벌어지지 않도록 지속가능한 금액이 얼마인지 반드시 검토하여야 한다.

(3) 「지방재정법」 제17조(기부 또는 보조의 제한)에 따른 요건

지원 조례는 「지방재정법」 제17조(기부 또는 보조의 제한)에 따른 요건을 충족해야 한다.

「지방재정법」

제17조(기부 또는 보조의 제한) ① 지방자치단체는 그 **소관에 속하는 사무**와 관련하여 **다음 각 호의 어느 하나에 해당하는 경우**와 **공공기관에 지출하는 경우**에만 개인 또는 법인·단체에 기부·보조, 그 밖의 공금 지출을 할 수 있다. 다만, 제4호에 따른 지출은 해당 사업에의 지출근거가 **조례에 직접 규정되어 있는 경우**로 한정한다.

1. 법률에 규정이 있는 경우
2. 국고 보조 재원(財源)에 의한 것으로서 국가가 지정한 경우
3. 용도가 지정된 기부금의 경우
4. 보조금을 지출하지 아니하면 사업을 수행할 수 없는 경우로서 지방자치단체가 권장하는 사업을 위하여 필요하다고 인정되는 경우

② 제1항 각 호 외의 부분 본문에서 "공공기관"이란 해당 지방자치단체의 소관에 속하는 사무와 관련하여 지방자치단체가 권장하는 사업을 하는 다음 각 호의 어느 하나에 해당하는 기관을 말한다.

1. 그 목적과 설립이 법령 또는 법령의 근거에 따라 그 지방자치단체의 조례에 정하여진 기관
2. 지방자치단체를 회원으로 하는 공익법인

③ 삭제 〈2013. 7. 16.〉

제18조(출자 또는 출연의 제한) ① 지방자치단체는 법령에 근거가 있는 경우에만 **출자**를 할 수 있다.

② 지방자치단체는 법령에 근거가 있는 경우와 제17조제2항의 공공기관에 대하여 조례에 근거가 있는 경우에만 **출연**을 할 수 있다.

③ 지방자치단체가 출자 또는 출연을 하려면 미리 해당 **지방의회의 의결**을 얻어야 한다.

먼저 「지방재정법」 제17조 제1항에 따라 소관 사무에 속하여야 하고 각 호 중 하나에 해당하거나 공공기관에 대한 지출이어야 한다. 이해의 편의를 위해 「00군 새마을 운동조직 및 육성 조례」에서 새마을지도자, 부녀회장 등에게 새마을 분야 활동 실적에 따른 실비보상을 하도록 규정할 수 있는가? 라는 질문에 대한 답을 찾아가면서 이 문제에 접근해 보도록 하자.

■ **1단계 : 소관 사무인가?**

새마을운동을 활성화하기 위해 관련 조직을 지원·육성하는 것은 주민의 복리에 관한 지방자치단체의 **자치사무**로서 소관 사무에 속한다고 하겠다.[12] 따라서 지방자치단체는 법령의 범위에서 조례를 만들 수 있다.

■ **2단계 : 각 호에 해당하는가?**

1. 법률에 규정이 있는 경우
2. 국고 보조 재원(財源)에 의한 것으로서 국가가 지정한 경우
3. 용도가 지정된 기부금의 경우
4. 보조금을 지출하지 아니하면 사업을 수행할 수 없는 경우로서 지방자치단체가 권장하는 사업을 위하여 필요하다고 인정되는 경우

• **제1호**: '법률에 규정된 경우'에 해당하는지를 알아보기 위해서 관련 법률을 찾아보아야 한다.

---

12) 자치사무와 국가사무의 구별에 대에서는 수직적 분수에서 자세히 다루도록 하겠다.

> **「새마을운동 조직 육성법」**
>
> **제3조(출연금의 지급 등)** ① 국가나 지방자치단체는 새마을운동조직의 운영에 필요한 비용에 충당하기 위하여 출연금 및 보조금을 지급할 수 있다.
> ② 국가나 지방자치단체는 새마을운동조직의 새마을운동 해외협력사업에 필요한 비용의 전부 또는 일부를 보조할 수 있다.
> ③ ~ ⑤ (생 략)

「새마을운동 조직 육성법」에 출연금 및 보조금을 지급할 수 있는 규정이 있다고 해서 법률에 규정된 경우라고 쉽게 단정해서는 안 된다. 출연금 및 보조금의 지급 목적이 새마을운동조직의 운영에 **필요한 비용**으로 한정되어 있다는 점을 주목해야 한다. 따라서 새마을지도자, 부녀회장 등에게 새마을 분야 활동 실적에 따른 실비보상을 하는 것이 새마을운동 조직의 운영에 필요한 비용인가를 판단하여야 한다. 새마을지도자, 부녀회장 등에게 새마을 분야 활동 실적에 따른 실비보상을 새마을운동 조직의 운영에 필요한 비용에 포함된다고 본다면 사실상 모든 비용에 대한 지원이 가능하다고 보아야 할 것이다. 따라서 포함되지 않는다고 보는 것이 합당하다고 본다. 만약 법률의 규정에 따른 지원이 불가하다면 조례에 따른 지원이 가능한지를 살펴보아야 한다.

- **제2호·제3호:** 제2호(국고 보조 재원(財源)에 의한 것으로서 국가가 지정한 경우)와 제3호(용도가 지정된 기부금의 경우)는 돈을 내는 사람이 꼭 집어 어디에 써달라고 한 경우로 당연한 것이라고 하겠다. 이 사례에서는 해당 사항이 없는 것으로 보겠다.

- **제4호 :** '보조금을 지출하지 아니하면 사업을 수행할 수 없는 경우로서 지방자치단체가 권장하는 사업을 위하여 필요하다고 인정되는 경우'의 의미를 명확히 할 필요가 있다. 재미있는 것은 법률의 위임이 없음에도 「지방재정법 시행령」 제29조 제3항에서

그 의미를 밝히고 있다는 점이다. 그리고 더 재미있는 것은 그 의미라는 것이 사실상 문장의 순서만 바꾼 것에 불과하다는 점이다. 읽어 보면 바로 알 수 있을 것이다. 어쩌다 이런 망측한 일이 일어났을까?

> **「지방재정법 시행령」**
>
> **제29조(기부·보조의제한)** ① 삭 제
> ② (생 략)
> ③ 법 제17조제1항제4호에서 "지방자치단체가 권장하는 사업을 위하여 필요하다고 인정되는 경우"라 함은 당해 지방자치단체의 소관에 속하는 사무의 수행과 관련하여 그 지방자치단체가 권장하는 사업으로서 보조금을 지출하지 아니하면 그 사업을 수행할 수 없는 경우를 말한다.
> ④ 삭 제
> ⑤ 법 제17조제1항에 따른 지방자치단체의 보조금 또는 그 밖의 공금 지출에 대한 교부신청, 교부결정 및 사용 등에 관하여 필요한 사항은 **행정안전부장관이 정하는 기준***에 따라 해당 지방자치단체의 **조례**로 정한다.
>
> * 지방보조금 관리기준(행정안전부예규)

새마을지도자, 부녀회장 등에게 새마을 분야 활동 실적에 따른 실비보상을 보조금으로 지원하는 것은 지방자치단체가 권장하는 사업일 수는 있지만 지원이 되지 않으면 그 사업을 수행할 수 없는 경우에 해당한다고 보기는 어려울 것이다. 참고로, 판례의 견해를 살펴보면 '지방자치단체가 권장하는 사업을 위하여 필요하다고 인정되는 경우'에 해당하는 지에 대해 주민들이 일상생활을 영위하는 데 있어 필수 불가결한 시설에 관한 사업(급수시설, 버스환승사업)에 대하여 재정적 지원이 가능한 것으로 인정하고 있다. '보조금을 지출하지 아니하면 사업을 수행할 수 없는 경우'에는 반드시 사업수행이 절대적으로 불가능한 경우뿐만 아니라, 재정적 지원이 이루어지지 않으면 그 경제적 부담 등이 과중하여 사업의 원활한 수행을 기대하기 어려운 경우도 포함된다고 하겠다.

종합적으로 새마을지도자, 부녀회장 등에게 새마을 분야 활동 실적에 따른 실비보상을 하는 것은 「새마을운동 조직 육성법」 제3조 제1항에 따라 '새마을운동조직의 운영에 필요한 비용'에 해당하여야 하고, 「00군 새마을운동조직 및 육성 조례」를 제정하여 새마을지도자, 부녀회장 등에게 새마을 분야 활동 실적에 따른 실비보상을 하는 것은 '보조금을 지출하지 아니하면 사업을 수행할 수 없는 경우로서 지방자치단체가 권장하는 사업을 위하여 필요하다고 인정되는 경우'에 해당하여야 한다. 하지만 양자 모두 해당한다고 보기 어려워 실비보상을 받기는 어렵다고 하겠다. 공공의 지원은 이처럼 쉽지 않다. 아끼고 아껴서 꼭 필요한 곳에 쓰기 위해서는 엄격한 심사가 필요한 것이다.

■ 사례 1) 공공 산후조리원의 건립 : 의도한 효과 vs. 의도하지 않은 효과

라디오 방송을 듣다 보니 누군가 나와서 그런다. 아이 출산 후 산후조리원에 들어갔는데 비용이 너무 비싸서 공공 산후조리원이 있으면 좋겠다구. 그러면서 공공 산후조리원이 저출산 극복에 많은 도움이 될 것 같다고 한다. 과연 그럴까? 세 가지 측면에서 검토해 보도록 하자.

㉠ 법제적 측면
공공산후조리원을 설립하여 출산을 지원하는 것은 주민복지에 관한 자치사무로서 법령의 범위에서 조례로 규정할 수 있다.

㉡ 정책적 측면
공공 산후조리원이 지역의 출산율 향상에 도움이 된다면 그것은 의도한 효과이다. 하지만 의도한 효과만 발생하는 것은 아니라는 점을 항상 주의해야 한다. 공공 산후

조리원의 경우 비용은 저렴할 수 있지만 비용이 저렴할수록 들어간 사람과 못 들어간 사람 간의 형평성 문제는 커질 것이다. 형평성 문제를 해결하기 위해서는 공공산후조리원의 건립보다는 출산수당을 균등하게 지원하는 것이 나을 수도 있다. 하지만 이 역시 의도하지 않은 효과가 발생할 수 있다. 산후조리원 수요가 증가하여 민간 산후조리원의 가격이 올라갈 가능성이 높기 때문이다. 일정부분 수요자에게 전가(轉嫁)가 일어나는 것이다. 문제 해결이 또 다른 문제의 시작을 알리는 골치 아픈 문제(wicked problem)의 성격을 가지고 있음을 알 수 있다.

ⓒ **예산적 측면**

기회비용 측면에서 산후조리원으로 예산이 들어가니 다른 곳에 쓰일 예산이 줄 것이다. 동일한 예산으로 공공 산후조리원보다 더 큰 출산 장려정책이 있는지 여부도 기회비용의 시각에서 살펴보아야 한다. 또한, 공공 산후조리원의 건립에 들어가는 예산 외에 운영·유지에 들어가는 예산 등 지속가능성을 고려하여야 한다. 결국 배보다 배꼽이 더 큰 상황에 직면할 수도 있다.

■ 사례 2) 방과 후 수업 : 태권도

교장 스승님께서 방과 후 수업으로 자랑스러운 우리나라의 국기인 태권도를 선택하시게 되면 시장에서 어떤 일이 벌어질까? 왜 하필 태권도를 선택한 것이냐는 태권도학원 스승님들의 집단 항의가 있을 것이다. 교장 스승님께서 태권도를 통해 아이들의 심신을 단련하여 나라의 동량으로 키우고자 한다는 순수하고 웅대한 뜻을 말씀하시면 태권도학원 스승님들께서 교장 스승님의 큰 뜻을 이해하고 순순히 돌아갈까? 아마 교장 스승님께서 봉변을 당하실 수도 있는 너무나 벅찬 상황이 이어질 가능성이 높다. 이처럼 공공(교장 스승님)이 아무리 선의를 가지고 시장(사설 학원)에 개입 또는 관여한다고 해도 시장(태권도 학원)의 반응은 의도한 것과 동떨어질 수 있다. 그렇다면 공공은 어떻게 해야 하는가? 시장에서 소외된 운동을 지원하는 방법, 민간과 협업하는 방법 등 새로운 방안을 찾아야 할 것이다.

◼ 사례 3) 공공 자전거 수리점을 곳곳에 설치하라

00구청장께서 자전거 활성화를 위해 공공 자전거 수리점을 운영하면 시장은 어떤 반응을 할지 생각해 보자. 구청장의 선의는 과연 시장에서 받아들여질까? 시장에서 자전거 수리점을 운영하는 분들은 웬 날벼락이라면서 저항할 것이다. 그렇다면 어떻게 해야 할까?

시장에 개입 또는 관여하지 않는 **do-nothing**의 가치를 인지하고 실천할 수 있어야 한다. do-nothing도 엄연한 정책이라는 점을 잊지 말자. 그래도 시장에 개입 또는 관여해야 한다면 의도하지 않은 효과에 대한 대처 방안을 마련해야 한다. 공공 자전거 수리점을 민간자전거 수리점이 없는 곳에 설치하거나 저소득층을 대상으로 운영하는 등의 방안을 생각해 볼 수 있다. 전자의 방안은 공공 자전거 수리점의 운영에 부담이 되어 지속가능성에 문제가 생길 수 있을 것이고, 후자의 방안은 저소득층의 기준 설정과 저소득층 확인 여부 등 행정비용을 초래할 것이다. 신뢰 등 사회적 자본이 확립되어 있지 않게 되면 시장실패를 넘어 사회실패를 유발할 수도 있다. 정말 골치 아프다. 그렇지만 우린 포기할 수 없다. 우리의 고민이 깊어질수록 주민의 삶의 질은 향상되기 때문이다. 다 같이 파이팅하자!!!

3) 권한(조직) 조례

(1) 의미

권한(조직) 조례는 권한을 누가, 어떻게 행사·배분하느냐에 관한 조례이다. 조례의 전체 내용이 권한에 관한 규정으로 이루어질 수도 있으나 조례의 개별 조문이 권한에 관한 내용일 수도 있다. 즉 규제 조례 또는 지원 조례의 일부 조항이 권한에 관한 내용일 수도 있다.

(2) 쟁점 1: 견제와 균형의 법리 - 지방의회의 관여 허용 여부 및 정도 등

어느 조직이나 **고유권한**을 가지고 있다. 고유권한이 헌법이나 법률에서 창설해 준 것이라면 그 고유권한에 대해 다른 조직이 간섭할 수 없는 것이 원칙이다. 따라서 고유권한인지 고유권한 외의 권한인지를 구분하는 것이 중요하다. 또한, **견제와 균형**의 대상 여부인지가 중요하다. 특히 지방의회와 자치단체장 간의 사이에서 조례로 새로운 견제와 균형의 제도를 창설할 수 있는지가 논쟁이 된다. 일반적으로 소극적·사후적 개입은 가능하지만 적극적·사전적 개입은 인정되지 않는 것으로 본다.

> 지방자치법상 지방자치단체의 집행기관과 지방의회는 서로 분립되어 제각각 그 고유권한을 행사하되 상호견제의 범위 내에서 상대방의 권한 행사에 대한 관여가 허용되는 것이므로, 집행기관의 **고유권한**에 속하는 인사권의 행사에 있어서도 지방의회는 견제의 범위 내에서 **소극적·사후적**으로 개입할 수 있을 뿐 **사전에 적극적**으로 개입하는 것은 허용되지 아니하고, 또 집행기관을 비판·감시·견제하기 위한 의결권·승인권·동의권 등의 권한도 지방자치법상 의결기관인 지방의회에 있는 것이지 의원 개인에게 있는 것이 아니므로, 지방의회가 재의결한 조례안에서 구청장이 주민자치위원회 위원을 위촉함에 있어 동장과 당해 지역구의원 개인과의 사전 협의 절차가 필요한 것으로 규정함으로써 지방의회 의원 개인이 구청장의 고유권한인 인사권 행사에 사전 관여할 수 있도록 규정하고 있는 것 또한 지방자치법상 허용되지 아니하는 것이다.
>
> (대법원 2000추36)

판례의 견해를 종합해 보면,

㉠ 지방의회와 지방자치단체의 장은 각각 고유권한을 갖는다.

㉡ 상대방의 고유권한에 대해서는 상호 견제의 범위 내에서만 관여할 수 있다.

㉢ 소극적 · 사후적 개입은 허용되지만 적극적 · 사전적 개입은 허용되지 않는다.

㉣ 지방의회 의원이 개인 자격으로 개입하는 것은 허용되지 않는다.

㉤ 법령에 없는 새로운 견제장치를 만드는 것은 허용되지 않는다.

위의 문장 ㉠에서 ㉤까지의 자신감이 넘치는 문장은 원칙적으로 그렇다는 것이지 반드시 그렇다는 것은 아니다.

국회와 행정부의 관계와 지방의회와 지방자치단체의 장과의 관계에서 다소 차이가 나는 부분이 있다. 국회의 경우에는 비교적 행정부에 대한 강력한 통제권한을 가지고 있지만 지방의회는 이에 비해 다소 약한 수준의 통제권을 가지고 있다. 앞으로 지방분권이 강화되면 지방의회에서 집행기관에 대한 통제권 역시 강화될 것으로 보인다.

■ 사례 1) 지방공무원의 인사권

「지방공무원법」

제6조(임용권자) ① **지방자치단체의 장**[특별시 · 광역시 · 특별자치시 · 도 또는 특별자치도(이하 "시 · 도"라 한다)의 교육감을 포함한다. 이하 같다] 및 **지방의회의 의장**[시 · 도의회의 의장 및 시 · 군 · 구(자치구를 말한다. 이하 같다)의회의 의장을 말한다. 이하 같다]은 이 법에서 정하는 바에 따라 그 소속 공무원의 임명 · 휴직 · 면직과 징계를 하는 권한(이하 **"임용권"**이라 한다)을 가진다.

② 제1항에 따라 임용권을 가지는 자는 그 권한의 일부를 그 지방자치단체의 조례로 정하는 바에

따라 보조기관, 그 소속 기관의 장이나 지방의회의 사무처장·사무국장·사무과장에게 **위임**할 수 있다.
③ 임용권자(임용권의 위임을 받은 자를 포함한다. 이하 같다)는 대통령령으로 정하는 바에 따라 소속 공무원의 인사기록을 작성·보관하여야 한다.

「지방자치법」

제103조(사무직원의 정원과 임면 등) ① 지방의회에 두는 사무직원의 수는 인건비 등 대통령령으로 정하는 기준에 따라 조례로 정한다.
② **지방의회의 의장**은 지방의회 사무직원을 지휘·감독하고 법령과 조례·의회규칙으로 정하는 바에 따라 그 임면·교육·훈련·복무·징계 등에 관한 사항을 처리한다.

제118조(직원에 대한 임면권 등) **지방자치단체의 장**은 소속 직원(지방의회의 사무직원은 제외한다)을 지휘·감독하고 법령과 조례·규칙으로 정하는 바에 따라 그 임면·교육훈련·복무·징계 등에 관한 사항을 처리한다.

「지방공무원법」과 「지방자치법」의 규정을 보면 지방의회의 의장과 지방자치단체의 장은 그 소속 공무원의 임용·복무·징계 등에 대해 전속적 권한을 가진다는 것을 알 수 있다. 따라서 그 외에 다른 자가 임용권을 가지게 하거나, 누구를 임용할지에 대한 구체적 내용을 조례로 정하는 등 지방의회의 의장 또는 지방자치단체의 장의 임용권을 사전에 제한하는 사항을 조례로 정할 수는 없다. 다만, 추상적인 임용의 자격을 정하는 것은 가능할 것이다.

▣ 사례 2) 징계요구

법제처 의견제시 사례에 따르면, 지방의회의 서류제출요구에 지방자치단체의 장이 정당한 이유 없이 불응하는 경우에는 행정사무감사 및 조사 등 지방의회의 견제·감시 권한을 발동하여 이에 대응하는 것이 합리적인 권한행사의 방법이므로, 자료제출을 거부하는 집행부 관계자에 대한 징계요구 등 자료제출을 강제할 수 있는 규정을 조례로 제정하는 것은 지방의회가 법령에 따라 주어진 권한의 범위를 넘어 집행기관의 행정작용에 대하여 직접 간섭하는 것으로서 법령에 없는 새로운 견제장치를 만드는 것이 되어 지방자치법령의 취지에 맞지 않는 것으로 보고 있다. 하지만 정당한 이유 없이 자료제출을 거부하는 집행부 관계자에 대해 지방의회에서 아무런 조치도 할 수 없다는 것은 문제가 있다고 할 것이다. 지방의회가 징계요구는 할 수 있되, 지방자치단체의 장이 여기에 반드시 구속되지 않는다고 보는 것이 보다 합당할 것이다.

▣ 사례 3) 계약직 근로자

법제처 의견제시 사례에 따르면, 통상 **소속직원**이란 법제상 또는 편제상 특정 조직에 소속되어 조직의 임용 및 지휘감독의 대상이 되는 인적 대상을 말하는 것이고, 이러한 소속 직원에는 지방공무원뿐만 아니라 근로자도 포함된다고 할 것이므로 지방공무원 임용뿐만 아니라 계약직 근로자의 경우에도 지방자치단체의 장이 채용에 관한 전속적인 권한을 가지는 것으로 보고 있다. 하지만 임용 절차 등에 관해서는 조례로 정할 수 있다고 할 것이다.

■ 사례 4) 지방의회 승인 요건 추가

> 「지방자치단체 출자·출연기관 운영에 관한 법률」
>
> **제8조(정관)** ① 출자·출연 기관의 정관에는 다음 각 호의 사항을 기재하여야 한다. 다만, 출자·출연 기관의 형태와 특성이나 업무 내용상 해당하지 아니하는 사항은 기재하지 아니할 수 있다.
> 1. ~ 13. (생 략)
> ② 출자·출연 기관은 제5조에 따라 출자·출연 기관으로 지정된 후 3개월 이내에 제1항에 따른 정관을 작성하여 미리 지방자치단체의 장과 **협의**하여야 한다. 정관의 기재사항을 변경하려는 경우에도 또한 같다.

법에서는 지방자치단체의 장과의 협의를 하라고 되어있음에도 조례에서 지방의회의 승인을 받으라는 새로운 절차를 추가할 수 있는가? 있다 또는 없다 중 하나를 선택해야 하는 문제는 아니다. 법에서 정한 절차의 취지와 성격 등에 따라 달라질 것이다. 하지만 일반적으로 조례에서 법정절차를 변경하는 것은 인정되기 어려울 것이다.

■ 사례 5) 지방의회가 공모절차 없이 지방보조사업 수행자를 결정할 수 있는지 여부

> 「지방자치단체 보조금 관리에 관한 법률」
>
> **제7조(지방보조금의 교부 신청)** ① 지방보조금을 교부받으려는 자는 대통령령으로 정하는 바에 따라 지방보조사업의 목적과 내용, 지방보조사업에 드는 경비, 그 밖에 필요한 사항을 적은

> 신청서에 지방보조사업에 대한 구체적인 사업계획서와 지방자치단체의 장이 정하는 서류를 첨부하여 지방자치단체의 장이 지정한 기일 내에 지방자치단체의 장에게 제출하여야 한다.
> ② **지방자치단체의 장**은 공모(公募)절차를 통하여 제1항에 따른 지방보조금 교부신청서를 제출받아야 한다. 다만, 다음 각 호의 어느 하나에 해당하는 경우는 그러하지 아니하다.
> 1. 법령이나 조례에 지원 대상자 선정방법이 다르게 규정된 경우
> 2. 국고보조사업으로서 대상자가 지정되어 있는 경우
> 3. 용도가 지정된 기부금의 경우
> 4. 지방보조사업을 수행하려는 자의 신청에 따라 예산에 반영된 사업으로서 그 신청자가 수행하지 아니하고는 해당 지방보조사업의 목적을 달성할 수 없다고 인정되는 경우
> 5. 지방보조사업을 수행하려는 자가 지방자치단체의 장인 경우
> 6. 제1호부터 제5호까지에서 규정한 경우 외에 천재지변이나 그 밖의 부득이한 사유로 인하여 공모방식으로 하는 것이 적절하지 아니하다고 인정되는 경우

예산집행은 지방자치단체장의 장의 고유권한이고, 「지방자치단체 보조금 관리에 관한 법률」 제7조 제2항에 따르면, 공모절차를 거칠 것인지 여부의 판단 주체는 지자체장이므로 지방의회는 공모절차 없이 지방보조사업수행자를 결정할 수 없다고 보는 것이 맞다는 해석이 가능할 것이다. 하지만 지방의회에서 신규보조사업을 추가하면서 이 사업은 특정 사업자가 수행하여야 한다고 내역사업 또는 부대의견에 명시한다면 지자체장은 이에 따라야 할 것이다. 지방의회 예산심의 중 신규 또는 증액하는 사업의 경우 「지방자치법」 제142조에 따라 지차체장의 동의를 받아야 하고 지자체장의 동의는 단순히 신규 또는 증액의 액수에만 동의한다는 것이 아니라 의회의 예산 반영 취지를 따르겠다는 의미를 포함하는 것이라고 할 것이기 때문이다.

> **「지방자치법」**
>
> **제142조(예산의 편성 및 의결)** ① 지방자치단체의 장은 회계연도마다 예산안을 편성하여 시·도는 회계연도 시작 50일 전까지, 시·군 및 자치구는 회계연도 시작 40일 전까지 지방의회에 제출하여야 한다.
> ② 시·도의회는 제1항의 예산안을 회계연도 시작 15일 전까지, 시·군 및 자치구의회는 회계연도 시작 10일 전까지 의결하여야 한다.
> ③ 지방의회는 지방자치단체의 장의 동의 없이 지출예산 각 항의 금액을 증가시키거나 새로운 비용항목을 설치할 수 없다.
> ④ 지방자치단체의 장은 제1항의 예산안을 제출한 후 부득이한 사유로 그 내용의 일부를 수정하려면 수정예산안을 작성하여 지방의회에 다시 제출할 수 있다.

(3) 쟁점 2: 권한의 위임 및 위탁[13]

① 개념

> **「행정권한의 위임 및 위탁에 관한 규정」**
>
> **제2조(정의)** 이 영에서 사용하는 용어의 뜻은 다음과 같다.
> 1. "위임"이란 법률에 규정된 행정기관의 장의 권한 중 일부를 그 보조기관 또는 하급행정기관의 장이나 지방자치단체의 장에게 맡겨 그의 권한과 책임 아래 행사하도록 하는 것을 말한다.
> 2. "위탁"이란 법률에 규정된 행정기관의 장의 권한 중 일부를 다른 행정기관의 장에게 맡겨 그의 권한과 책임 아래 행사하도록 하는 것을 말한다.
> 3. "민간위탁"이란 법률에 규정된 행정기관의 사무 중 일부를 지방자치단체가 아닌 법인·단체 또는 그 기관이나 개인에게 맡겨 그의 명의로 그의 책임 아래 행사하도록 하는 것을 말한다.

---

13) 권한의 위임 및 위탁은 법제처, 《2022 자치법규 입안 길라잡이》의 관련 내용을 참조했음을 밝혀둔다.

> 4. "**위임기관**"이란 자기의 권한을 위임한 해당 행정기관의 장을 말하고, "**수임기관**"이란 행정기관의 장의 권한을 위임받은 하급행정기관의 장 및 지방자치단체의 장을 말한다.
> 5. "**위탁기관**"이란 자기의 권한을 위탁한 해당 행정기관의 장을 말하고, "**수탁기관**"이란 행정기관의 권한을 위탁받은 다른 행정기관의 장과 사무를 위탁받은 지방자치단체가 아닌 법인·단체 또는 그 기관이나 개인을 말한다.

권한의 위임, 위탁, 민간위탁의 개념은 「**행정권한의 위임 및 위탁에 관한 규정**」 제2조에 잘 나와 있다. 기본적으로 위임은 상하관계, 위탁은 수평관계, 민간위탁은 관과 민의 관계로 보면 될 것이다.

여기서 중요한 것은 권한이 위임되거나 위탁 또는 민간위탁된 경우에는 행정관청의 권한이 대외적으로 수임기관 또는 수탁기관에 이전되고 위임 또는 위탁한 관청은 그 사무처리의 권한을 잃게 되며, 수임관청이 그 명의와 책임으로 그 권한을 행사하며, 행정상 소송의 경우에도 수임기관 또는 수탁기관이 피고가 된다는 점이다. 한편, 위임기관 또는 위탁기관은 수임기관 또는 수탁기관에 대한 감독권을 행사할 수 있고, 그 범위는 합법성뿐만 아니라 합목적성까지 미친다.

위임·위탁과 구별해야 할 개념을 살펴보면 다음과 같다.

내부위임은 대외적으로 권한의 이전효과를 가져오지 않고 수임관청은 위임관청의 명의로 권한을 행사하는 것으로, 대외적으로 권한이 이전되는 위임·위탁과 구별되고, **권한대행**은 지방자치단체의 장이 궐위되는 등의 경우 부시장·부지사 등의 부단체장이 「지방자치법」 제124조 및 같은 법 시행령 제72조에 따라 도지사 등의 권한에 속하는 사무를 처리하는 것이라는 점에서 그리고 **권한의 이양**은 권한의 소재 자체가 이전되는 것으로 위임기관 또는 위탁기관이 감독권을 행사할 수 있는 위임·위탁과 구분된다.

권한의 위임 및 위탁은 수임관청의 명의와 책임으로 그 위임권한을 행사하도록 하되 위임관청은 감독권을 보유하는 것이 본질이므로 그 본질에 반하는 규정을 두지 않도록 해야 한다.[14]

② 근거 :「지방자치법」 vs. 개별법

「지방자치법」

제117조(사무의 위임 등) ① 지방자치단체의 장은 **조례나 규칙으로 정하는 바에 따라** 그 권한에 속하는 사무의 일부를 보조기관, 소속 행정기관 또는 하부행정기관에 위임할 수 있다.
② 지방자치단체의 장은 **조례나 규칙으로 정하는 바에 따라** 그 권한에 속하는 사무의 일부를 관할 지방자치단체나 공공단체 또는 그 기관(사업소·출장소를 포함한다)에 위임하거나 위탁할 수 있다.
③ 지방자치단체의 장은 **조례나 규칙으로 정하는 바에 따라** 그 권한에 속하는 사무 중 조사·검사·검정·관리업무 등 주민의 권리·의무와 직접 관련되지 아니하는 사무를 법인·단체 또는 그 기관이나 개인에게 위탁할 수 있다.
④ 지방자치단체의 장이 위임받거나 위탁받은 사무의 일부를 제1항부터 제3항까지의 규정에 따라 다시 위임하거나 위탁하려면 미리 그 사무를 위임하거나 위탁한 기관의 장의 승인을 받아야 한다.

제168조(사무의 위탁) ① 지방자치단체나 그 장은 소관 사무의 일부를 다른 지방자치단체나 그 장에게 위탁하여 처리하게 할 수 있다.
② 지방자치단체나 그 장은 제1항에 따라 사무를 위탁하려면 관계 지방자치단체와의 협의에 따라 규약을 정하여 고시하여야 한다.

---

14) 하급행정관청으로서 군수의 일반적 지휘·감독을 받는 읍·면장의 위임사무 처리에 관한 위법한 처분에 대해서만 군수에게 취소·정지권을 부여하고 부당한 처분에 대해서는 이를 배제한 조례안은 「지방자치법」에 위배되어 허용되지 않으므로 그 효력이 없다(대법원 96추114)

③ 제2항의 사무위탁에 관한 규약에는 다음 각 호의 사항이 포함되어야 한다.
1. 사무를 위탁하는 지방자치단체와 사무를 위탁받는지방자치단체
2. 위탁사무의 내용과 범위
3. 위탁사무의 관리와 처리방법
4. 위탁사무의 관리와 처리에 드는 경비의 부담과 지출방법
5. 그 밖에 사무위탁에 필요한 사항
④ 지방자치단체나 그 장은 사무위탁을 변경하거나 해지하려면 관계 지방자치단체나 그 장과 협의하여 그 사실을 고시하여야 한다.
⑤ 사무가 위탁된 경우 위탁된 사무의 관리와 처리에 관한 조례나 규칙은 규약에 다르게 정해진 경우 외에는 사무를 위탁받은지방자치단체에 대해서도 적용한다.

제185조(국가사무나 시ㆍ도사무 처리의 지도ㆍ감독) ① 지방자치단체나 그 장이 위임받아처리하는 국가사무에 관하여 시ㆍ도에서는주무부장관, 시ㆍ군및 자치구에서는 1차로 시ㆍ도지사, 2차로 주무부장관의 지도ㆍ감독을받는다.
② 시ㆍ군및 자치구나 그 장이 위임받아처리하는 시ㆍ도의사무에 관하여는 시ㆍ도지사의지도ㆍ감독을받는다.

권한의 위임이나 위탁은 권한의 법적 소재를 대외적으로 변경하는 것이므로 법률에서 위임이나 위탁을 허용하는 경우에 한하여 인정된다. 주의할 점은 「영유아보육법」, 「하수도법」, 「폐기물관리법」 등 개별 법률에서 지방자치단체의 권한의 위임이나 위탁에 관한 규정을 두고 있는 경우이다. 이런 개별 법률의 규정은 「**지방자치법**」에 따른 권한의 위임이나 위탁에 관한 **일반규정**의 **특별규정**의 의미가 있으므로 위임ㆍ위탁에 관한 조례 등을 입안할 때 위 특별규정에 위반되지 않도록 해야 한다. 예를 들어, 공립어린이집 위탁에 대해서는 「영유아보육법」 제24조에서 규정하고 있는 절차 및 기준 등과 다른 내용의 조례를 제정할 수 없다.

「영유아보육법」

제24조(어린이집의 운영기준 등) ① 어린이집을 설치·운영하는 자는 교육부령으로 정하는 운영기준에 따라 어린이집을 운영하여야 한다.
② 국가나 지방자치단체는 제12조에 따라 설치된 국공립어린이집을 법인·단체 또는 개인에게 위탁하여 운영할 수 있다. 이 경우 교육부령으로 정하는 국공립어린이집 위탁체 선정관리 기준에 따라 심의하며, 최초 위탁은 다음 각 호의 어느 하나에 해당하는 자에게 위탁하는 경우를 제외하고는 공개경쟁의 방법에 따른다.
1. 민간어린이집을 국가 또는 지방자치단체에 기부채납하여 국공립어린이집으로 전환하는 경우 기부채납 전에 그 어린이집을 설치·운영한 자
2. 국공립어린이집 설치 시 해당 부지 또는 건물을 국가 또는 지방자치단체에 기부채납하거나 무상으로 사용하게 한 자
3. 「주택법」에 따라 설치된 민간어린이집을 국공립어린이집으로 전환하는 경우 전환하기 전에 그 어린이집을 설치·운영한 자
③ 제14조에 따라 직장어린이집을 설치한 사업주는 이를 법인·단체 또는 개인에게 위탁하여 운영할 수 있다.
④ 제2항과 제3항에 따른 어린이집 위탁 및 위탁 취소 등에 필요한 사항은 교육부령으로 정한다.

개별 법령에서 명문으로 또는 그 취지상 위임·위탁 및 민간위탁을 금지하고 그 권한이나 사무를 직접 행사하거나 수행하도록 하고 있다면 조례로 위임·위탁 및 민간위탁을 할 수 없고, 개별 법령에서 일정 범위의 권한이나 사무에 대해서만 위임·위탁을 할 수 있다는 규정이 있다면 그 외의 범위는 조례로 위임·위탁을 할 수 없다. 또한 위임이나 위탁은 그 권한의 일부에 한정하여 위임하거나 위탁해야 하고, 그 전부를 위임하거나 위탁하는 것은 법률 위반 소지가 있으므로 주의해야 할 것이다.

③ 형식 : '조례나 규칙이 정하는 바에 따라'

「지방자치법」 제117조를 다시 소환해 보자. **'조례나 규칙이 정하는 바에 따라'**라는 문장이 눈에 들어올 것이다. 즉 위임·위탁 및 민간위탁의 형식을 조례나 규칙으로 한정하고 있다. **자치사무** 또는 **단체위임사무**의 경우에는 조례로, **기관위임사무**의 경우에는 규칙의 형식으로 위임·위탁 및 민간위탁해야 하므로 개별 법령에서 다른 규정이 없는 한 훈령 등 그 형식에 맞지 않는 방식으로 위임하거나 위탁할 수 없다.

참고로, 조례로 위임해야 할 사항을 규칙으로 위임한 경우 또는 규칙으로 위임해야 할 사항을 조례로 위임한 경우에 그 규칙 또는 조례는 무효이나, 이를 근거로 한 처분은 그 하자가 비록 중대하다고 할지라도 객관적으로 명백하다고 할 수 없으므로 당연무효는 아니라는 것이 판례의 견해이다.

④ 위임·위탁하려는 권한이나 사무의 명확화

위임·위탁하려는 권한이나 사무를 구체적으로 적시하는 등 명확하게 규정하여 법적 혼란 및 분쟁 발생의 소지를 없애야 한다. 또한 어느 권한이나 사무를 위임하거나 위탁할 때에는 위임·위탁하려는 권한이나 사무와 관련되는 권한이나 사무를 같이 위임·위탁하여 위임·위탁사무가 효율적으로 처리되는 등 위임·위탁의 본래 목적을 달성할 수 있도록 해야 할 것이다.

예를 들어, 지원 조례에서 ①지원신청 접수, ②관계 행정기관에 대한 자료 제출 요청, ③지원결정, ④지원금의 부당사용에 대한 환수, ⑤청문 등에 관한 조문이 각각 규정되어 있는 경우 위임조례에서 ③지원결정에 관한 권한만 위임하는 규정을 두게 되면 ①지원신청의 접수권한이 위임관청에 있는지 아니면 수임관청에 있는지가 불분명하고, 그 밖에 ②관계 행정기관에 대한 자료 제출 요청 등의 권한은 위임관청이 행사하고, ③지원결정에 관한 사항은 수임관청이 행사하게 되어 불필요한 주민불편을 초

대할 소지가 있다. 따라서 위임하려는 권한이나 사무 중 특정한 권한이나 사무를 위임관청에 유보해야 할 특별한 이유가 없다면 관련 권한이나 사무는 같이 수임관청이나 수탁기관에 위임하거나 위탁하는 것이 바람직할 것이다.

⑤ 재위임 및 재위탁

「지방자치법」 제117조 제4항에 따라 지방자치단체의 장이 위임받거나 위탁받은 사무의 일부를 제117조 제1항부터 제3항까지의 규정에 따라 다시 위임하거나 위탁하려면 미리 그 사무를 위임하거나 위탁한 기관의 장의 **승인**을 받아야 한다. 따라서 승인을 받지 않고 재위임하거나 재위탁하는 경우에는 하자 있는 재위임이나 재위탁이 된다. 판례는 재위임 또는 재위탁을 할 때 받아야하는 승인을 재위임 또는 재위탁의 유효요건으로 판시하고 있다. 다만, 국가사무의 경우 「**행정권한의 위임 및 위탁에 관한 규정**」 제4조에 따라 위임기관의 장의 승인을 받아 규칙으로 정하는 바에 따라 재위임할 수 있다.[15]

「행정권한의 위임 및 위탁에 관한 규정」

제4조(재위임) 특별시장·광역시장·특별자치시장·도지사 또는 특별자치도지사(특별시·광역시·특별자치시·도 또는 특별자치도의 교육감을 포함한다. 이하 같다)나 시장·군수 또는 구청장(자치구의 구청장을 말한다. 이하 같다)은 행정의 능률향상과 주민의 편의를 위하여 필요하다고 인정될 때에는 수임사무의 일부를 그 **위임기관의 장의 승인을 받아 규칙으로 정하는 바에 따라** 시장·군수·구청장(교육장을 포함한다) 또는 읍·면·동장, 그 밖의 소속기관의 장에게 다시 위임할 수 있다.

---

15) 도시재개발법에 의한 사업시행변경인가, 관리처분계획인가 및 각 고시에 관한 사무는 국가사무로서 지방자치단체의 장에게 위임된 이른바 기관위임사무에 해당하므로, 시·도지사가 지방자치단체의 조례에 의하여 이를 구청장 등에게 재위임할수는 없고, 「정부조직법」 제5조제1항 및 이에 기한 행정권한의 위임 및 위탁에 관한 규정 제4조에 의하여 위임기관의 장의 승인을 얻은 후 지방자치단체의 장이 제정한 규칙이 정하는 바에 따라 재위임하는것만이 가능하다(대법원 94누13572).

여기서 **재재위임** 등의 허용여부에 대해 법에 명문의 규정이 없어 의견이 나뉠 수 있다. 하지만 권한의 위임은 권한의 법적 소재를 대외적으로 변경하는 것이므로 법률에서 위임을 허용하는 경우에 한하여 인정되고, 재위임에 관한 규정을 유추적용하여 재재위임을 허용하면 무제한의 재위임의 근거가 되어 결과적으로 권한의 위임이 끊임없이 행해지는 것을 막을 수 없게 될 것이므로 재재위임은 허용되지 않는다고 볼 것이고 이를 조례나 규칙으로도 허용할 수 없다고 보아야 할 것이다.[16]

⑥ 민간위탁

㈎ 대상

「지방자치법」제117조 제3항에 따르면 지방자치단체의 장은 조례나 규칙으로 정하는 바에 따라 그 권한에 속하는 사무 중 조사·검사·검정·관리업무 등 주민의 권리·의무와 직접 관련되지 아니하는 사무를 법인·단체 또는 그 기관이나 개인에게 위탁할 수 있다. 즉, 주민의 권리·의무에 관한 사무를 민간위탁의 대상에서 제외하고 있는데 이는 주민의 권리·의무에 직접 영향을 미치는 사무는 책임성과 공정성을 띄므로 지방의회와 주민에 의하여 직접 통제될 수 있는 행정기관이나 그 공무원에 의해 행해져야 한다는 것을 의미한다. 따라서 민간위탁을 규정할 때에는 그 사무가 주민의 권리·의무에 관계되는 사무인지 및 수탁기관의 설립 목적과 업무의 성질 등 공

---

16) 동장이 주민자치센터의 운영을 다시 민간에 위탁하는 것은 그 수임사무의 재위탁에 해당하는 것이므로 그에 관하여는 별도의 법령상 근거가 필요하다고 할 것인데, 「지방자치법」제95조 제3항은 소정 사무의 민간위탁은 지방자치단체의 장이 할 수 있는 것으로 규정하고 있을 뿐 동장과 같은 하부행정기관이 할 수 있는 것으로는 규정하고 있지 아니하고, 「행정권한의 위임 및 위탁에 관한 규정」제4조 역시 동장이 자치사무에 관한 수임권한을 재위임 또는 재위탁할 수 있는 근거가 될 수 없음은 그 규정 내용상 분명하며, 달리 동장이 그 수임권한을 재위임 또는 재위탁할수 있도록 규정하고 있는 근거 법령이 없으므로, 지방의회가 재의결한 조례안에서 동장이 주민자치센터의 운영을 다시 민간에 위탁할 수 있는 것으로 규정하고 있는 것은 결국 법령상의 근거 없이 동장이 그 수임사무를 재위탁할 수 있는 것으로 규정하고 있는 것이어서 법령에 위반된 규정이다(대법원 2000추36).

공성의 정도 등을 고려해야 할 것이다.[17]

(나) 긍정적 측면 vs. 부정적 측면

지방자치단체가 그 권한에 속한 업무를 민간에 위탁하는 이유는, 그 업무를 민간으로 하여금 대신 수행하도록 함으로써 행정조직의 방대화를 억제하고, 위탁되는 사무와 동일한 업무를 수행하는 자에게 이를 담당하도록 하여 행정사무의 능률성을 높이고 비용도 절감하며, 민간의 특수한 전문기술을 활용함과 아울러, 국민생활과 직결되는 단순 행정업무를 신속하게 처리하기 위한 것이라 할 것이다.

하지만 민간위탁은 다른 한편으로는 보조금의 교부 등으로 비용이 더 드는 경우가 있고, 공평성의 저해 등에 의한 행정서비스의 질적 저하를 불러 올 수 있으며, 위탁기관과 수탁자 간에 책임 한계가 불명확하게 될 우려가 있고, 행정의 민주화와 종합성이 손상될 가능성도 있다. 따라서 지방자치단체장이 일정한 사무에 관하여 민간위탁을 하는 경우에는 위와 같은 단점을 최대한 보완하여 민간위탁이 순기능적으로 작용하도록 할 필요가 있다.[18]

민간위탁에 관한 규정은 유심히 살펴보아야 한다. 민간위탁은 예산으로 업무를 늘려 나가는 편리한 수단으로 남용될 수 있으며 무엇보다 공무원을 현장과 괴리시킬 수 있다. 현장업무를 하지 않는 것이 당장 편하고 효율적일 수 있지만 장기적으로는 공무원의 경쟁력 나아가 공공행정의 경쟁력을 약화시킬 수 있다는 점에서 유의해야 할 것이다.

---

17) 이 사건 조례안 규정이 정하고 있는 위와 같은 혁신·기업도시 주민고용센터 설립사업 등은 지방자치단체의 사무로서, 주민의 권리·의무와 직접 관련되는 사무로는 볼 수 없다고 할 것이고, 그 위탁에 있어서도 주민생계회사가 법령에서 정하는 자격요건을 충족할 경우에 한하여 재량으로서 할 수 있도록 하고 있으므로, 이 사건 조례안규정에서 이를 주민생계회사에 위탁할 수 있다고 규정한다 하여 법령에 의한 위임의 한계를 벗어난 것이라고 할 수 없다(대법원 2008추32).

18) 대법원 2009추121, 2010추11 등 참조

㈌ 규정방식

수탁자가 해당 업무를 수행할 수 있는 자격이 있는지 여부를 조례 입안 단계에서 미리 검토하여 수탁기관이 공단 등이면 위탁할 업무와 해당기관을 조례에 명시하도록 하고 수탁기관을 명시할 수 없으면 수탁자가 갖추어야 할 인적·물적 기준을 지방자치단체의 규칙으로 위임할 수 있다. 위탁할 업무나 수탁기관을 조례 제정·개정 당시에 예측할 수 없거나 사정에 따라 변경될 수 있으면 수탁업무 및 수탁기관을 지방자치단체의 규칙으로 정하도록 할 수도 있다.

㈍ 지방의회의 관여

판례는 지방자치단체 사무의 민간위탁에 관하여 지방의회의 사전동의를 받도록 한 조례에 대하여 지방자치단체의 장의 민간위탁에 대한 일방적인 독주를 제어하여 민간위탁의 남용을 방지하고 그 효율성과 공정성을 담보하기 위한 장치에 불과하고, 민간위탁의 권한을 지방자치단체의 장으로부터 박탈하려는 것이 아니므로, 지방자치단체의 장의 집행권한을 본질적으로 침해하는 것으로 볼 수 없다고 하였다.

또한 지방자치단체의 장이 동일 수탁자에게 위탁사무를 재위탁하거나 기간연장 등 기존 위탁계약의 중요한 사항을 변경하고자 할 때 지방의회의 동의를 받도록 한 목적은 민간위탁에 관한 지방의회의 적절한 견제기능이 최초의 민간위탁 시뿐만 아니라 그 이후에도 지속적으로 이루어질 수 있도록 하는데 있으므로, 이에 관한 조례안 역시 지방자치단체의 장의 집행권한을 본질적으로 침해하는 것으로 볼 수 없다고 판시하였다.

나아가 재위탁 등에 관하여 지방의회의 동의를 받을 기한이나 수탁기관의 적정 여부를 판단할 기한의 설정이 다소 부적절하다는 점만으로 지방자치단체의 장의 집행권한을 본질적으로 침해한다고 단정할 수도 없다고 판시하였다.

「민간위탁 기본조례」에서 민간위탁을 할 때에는 지방의회의 동의를 받도록 규정하면서 "다른 법령이나 조례에 특별한 규정이 있는 경우에는 그러하지 아니하다"고 규정하고 있는 경우 개별 조례가 기본조례에서 규정하고 있는 특별한 규정에 해당하는지 아니면 이에 해당하지 아니하므로 지방의회의 동의를 받아야 하는지가 불분명한 경우가 있다. 예컨대 개별 조례에서 "---사무는 ---에게 위탁한다"와 같이 규정한 경우에도 별도로 지방의회의 동의를 받아야 하는지 등이 문제될 수 있다.

이는 「민간위탁 기본조례」 및 개별 조례 또는 법령의 해석의 문제로서 문제될 수 있는 사례가 다양하므로 일의적으로 판단할 수 없으나, 개별 조례나 법령의 문언 및 체계를 종합적으로 해석해 볼 때, 개별 조례에 따른 민간위탁에 지방의회가 동의한 것으로 해석되거나 개별 법령이 지방의회의 동의 등의 견제를 허용하고 있지 않은 것으로 해석될 수 있는 경우에는 해당 조례나 법령을 민간위탁 기본조례상의 "다른 법령이나 다른 조례"에 해당한다고 볼 수 있으므로 지방의회의 동의를 받을 필요는 없을 것이다.

반면, 「민간위탁 기본조례」에서 지방자치단체 사무의 민간위탁에 대하여 지방의회의 동의를 받도록 하는 것은 민간위탁의 남용을 방지하고 그 효율성과 공정성을 담보하기 위한 것인바, 개별 조례에서 위탁 관련 사항을 정하고 있더라도 그 내용이 민간위탁 기본조례의 '특별한 규정'에 해당하지 않는다면 지방의회의 동의를 받도록 한 기본조례 규정의 적용이 배제될 수 없다.

⒝ 행정재산의 관리위탁과의 관계

「공유재산 및 물품관리법」

제27조(행정재산의 관리위탁) ① 지방자치단체의 장은 행정재산의 효율적인 관리를 위하여 필요하다고 인정하면 대통령령으로 정하는 바에 따라 지방자치단체 외의 자에게 그 재산의 관리를 위탁(이하 "관리위탁"이라한다)할 수 있다.

② 지방자치단체의 장은 제1항에 따라 행정재산을 관리위탁하는 경우에는 일반입찰로 하여야 한다. 다만, 계약의 목적·성질·규모및 지역 특수성 등을 고려하여 필요하다고 인정되면 대통령령으로 정하는 바에 따라 참가자의 자격을 제한하거나 참가자를 지명하여 입찰에 부치거나 수의계약을 할 수 있다.

③ ~ ⑧ (생 략)

「공유재산 및 물품관리법 시행령」

제19조(관리위탁 행정재산의 수탁 자격 및 기간) ① 법 제27조제1항에 따라 행정재산을 관리위탁할 때 해당 행정재산의 관리를 위하여 특별한 기술과 능력이 필요한 경우에는 그 기술과 능력을 갖추는 등 해당 행정재산을 관리하기에 적합한 자에게 관리위탁을 하여야 한다.

② 행정재산의 관리위탁기간은 5년 이내로 하되, 한 번만 갱신할 수 있다. 이 경우 갱신기간은 5년 이내로 한다.

③ 제2항에도 불구하고 제19조의5에 따라 수의계약의 방법으로 관리위탁을 한 경우에는 갱신할 때마다 지방자치단체의 조례로 정하는 바에 따라 해당 관리위탁을 받은 자의 수행실적 및 관리능력 등을 평가한 후 그 기간을 두 번 이상 갱신할 수 있다. 이 경우 갱신기간은 갱신할 때마다 5년을 초과할 수 없다.

④ 제2항 및 제3항에도 불구하고 다음 각 호의 어느 하나에 해당하는 경우에는 관리위탁을 갱신할 수 없다.

1. 관리위탁한 행정재산을 국가나 다른 지방자치단체가 직접 공용이나 공공용으로 사용하기 위하여 필요한 경우
2. 법 제27조에 따라 관리위탁을 받은 자(이하 "관리수탁자"라 한다)가 제1항에 따른 관리위탁을

> 받을 자격을 갖추지 못하게 된 경우
> 3. 관리수탁자가 관리위탁 조건을 위반한 경우
> 4. 관리위탁이 필요하지 아니하게 된 경우
> ⑤ 관리수탁자가 수탁재산의 일부를 사용·수익하거나 다른 사람으로 하여금 사용·수익하게 하려는 경우에는 관리위탁기간 내에서 하여야 한다.

민간위탁이 「공유재산 및 물품관리법」에 따른 행정재산의 관리위탁에 해당되거나 민간위탁과 행정재산의 관리위탁이 혼용되는 경우에는 「공유재산 및 물품관리법」이 우선 적용된다고 할 것이므로 개별 조례에서 행정재산의 관리위탁에 대해 민간위탁 조례를 따르도록 하는 규정을 두지 않도록 해야 한다. 예를 들어, 관리위탁은 1번만 갱신할 수 있고 민간위탁 조례에서 민간위탁 기간을 별도로 규정하더라도 행정재산의 관리위탁기간과 다른 경우에는 「공유재산 및 물품관리법 시행령」에서 정한 기간이 우선 적용된다.

■ 제3 관문(2) : 3가지 분수

3가지 분수에는 **수직적 분수**, **수평적 분수**, **시간적 분수**가 있다. 여기서 분수는 분수를 지키라는 의미의 분수이다. 부정적 의미가 강한 단어이지만 착한 조례를 만들기 위해서는 꾹 참고 받아들여야 한다.

1) 수직적 분수

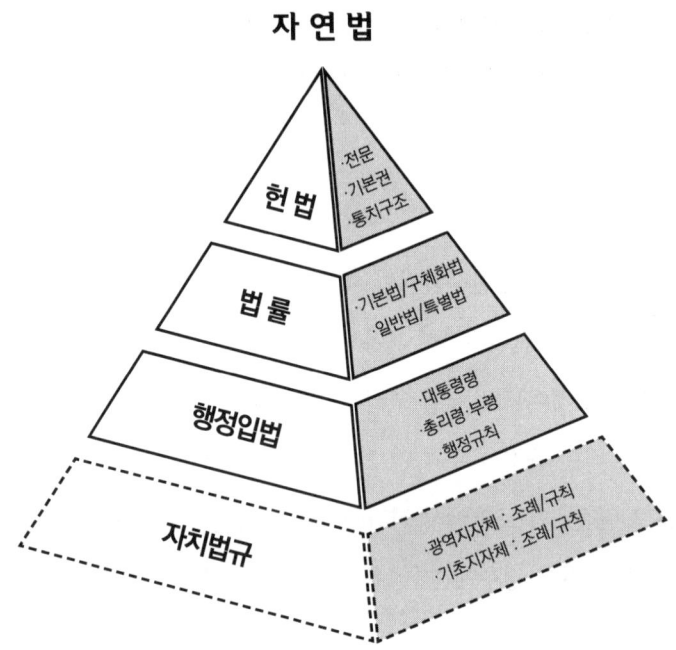

(1) 의미

수직적 분수의 모습을 상징적으로 보여주는 그림이다. 헌법 - 법률 - 행정입법 - 자치법규는 자신보다 상위에 있는 법을 어겨서는 안 된다. 어기는 것을 모반으로 보는 것이 수직적 분수이다. 여기서 자연법에 대해 자신에게 물어보자.

"나는 나만의 자연법을 가지고 있는가?"

이 물음에 대한 답을 찾는 과정은 바로 착한 조례의 답을 찾는 것과 같다고 하겠다. 우리는 정치인들에게 타협하라고 하면서도 한편으론 소신을 지키라고도 한다. 바로 이 지점의 기준이 되는 것이 자연법이다. 나만의 자연법이 하나일 필요는 없다. 나의 자연법 중 하나는 **'억울한 사람이 없어야 한다'**는 것이다. 나에게 착한 조례의 기준 역시 다를 것이 없다.

이제 사례를 통해 수직적 분수의 의미를 차근차근 알아가 보도록 하자.

◼ 사례 1) 노동3권

> **「헌법」**
>
> **제33조** ① 근로자는 근로조건의 향상을 위하여 자주적인 **단결권 · 단체교섭권 및 단체행동권**을 가진다.
> ② 공무원인 근로자는 법률이 정하는 자에 한하여 단결권 · 단체교섭권및 단체행동권을 가진다.
> ③ 법률이 정하는 주요방위산업체에 종사하는 근로자의 단체행동권은 법률이 정하는 바에 의하여 이를 제한하거나 인정하지 아니할 수 있다

「헌법」 제33조 제1항에 따르면 근로자는 단결권·단체교섭권 및 단체행동권 등 노동3권을 가진다. 만약 「헌법」에서 노동3권을 규정하지 않고 법률에서 노동3권을 규정한다면 어떤 차이가 있을까? 만약 외국기업이 한국에 엄청난 투자계획을 밝히면서 자신의 사업장에서는 노동3권을 인정하지 않아야 한다는 조건을 제시하면 어떻게 될까?

노동3권이 「헌법」에 규정되어 있다면 투자유치를 위한 조건을 받아들일 수 없는 것이고(외국투자기업을 위해 「헌법」을 개정한다는 것은 상상하기 어렵다), 노동3권이 법률에 규정되어 있다면 특별법 제정을 통해 조건에 합당한 방안을 마련할 수 있을 것이다. 수직적 분수는 엄격한 위계질서를 의미하는 것이다. 아래의 법은 위의 법의 양해(위임)가 없는 한 위의 법의 권위(내용)에 반할 수 없는 것이다.

■ 사례 2) 지방의회가 없는 지방자치단체가 가능할까? 등

> 「헌법」
>
> **제8장 지방자치**
> 제117조 ① 지방자치단체는 주민의 복리에 관한 사무를 처리하고 재산을 관리하며, 법령의 범위 안에서 자치에 관한 규정을 제정할 수 있다.
> ② 지방자치단체의 **종류**는 법률로 정한다.
>
> 제118조 ① 지방자치단체에 의회를 둔다.
> ② 지방의회의 조직·권한·의원선거와 지방자치단체의 장의 선임방법 기타 지방자치단체의 조직과 운영에 관한 사항은 법률로 정한다.

수직적 분수의 시각에서 아래의 두 가지 질문에 답을 해보자.

하나, 법률에서 지방의회를 두지 않도록 규정할 수 있는가?

「헌법」 제118조 제1항에서 지방자치단체에 의회를 둔다고 명시적으로 규정하고 있는 이상 법률에서 지방의회를 두지 않도록 규정하는 것은 불가하다.

둘, 광역자치단체와 기초자치단체 둘 중 하나만 둘 수 있는가?

「헌법」 제117조 제2항에서 지방자치단체의 종류는 법률로 정하도록 하고 있으므로 광역자치단체와 기초자치단체 둘 중 하나만 있는 지방자치단체도 법률의 규정으로 가능하다. 대표적인 예가 기초자치단체가 없는 「제주특별자치도 설치 및 국제자유도시 조성을 위한 특별법」에 따른 제주특별자치도와 「세종특별자치시 설치 등에 관한 특별법」에 따른 세종특별시가 될 것이다. 수직적 분수는 자기 분수를 지키는 한에서(위임받은 한에서) 자율성을 가질 수 있음을 분명히 보여준다.

■ 사례 3) 국회의원의 불체포 특권

최근 대한민국은 국회의원의 불체포 특권을 없애야 한다는 논의가 한 창이다. 「헌법」에 규정된 불체포특권을 법률로 폐지하는 것이 가능할까?

> **「헌법」**
>
> **제44조** ① 국회의원은 현행범인인 경우를 제외하고는 회기 중 국회의 동의없이 체포 또는 구금되지 아니한다.
> ② 국회의원이 회기 전에 체포 또는 구금된 때에는 현행범인이 아닌 한 국회의 요구가 있으면 회기 중 석방된다.

불가능하다고 보는 것이 수직적 분수의 시각에서 옳다. 그렇다면 「헌법」을 개정해야 하는데 과연 어떻게 개정해야 할까? 헌법에서 국회의원은 불체포특권을 가지지 않는다고 규정하는 것과 헌법에 불체포 특권에 관한 사항을 규정하지 않는 것과의 차이는 무엇일까? 전자의 경우에는 법률로 불체포 특권을 가진다고 규정할 수 없지만 후자의 경우에는 법률로 불체포 특권을 인정할 수 있다는 점에 차이가 있다.

(2) 포괄위임의 허용 여부

위의 피라미드 그림을 보면 한 가지 특징적인 것이 보일 것이다. 헌법 – 법률 – 행정입법의 경우에는 실선인데 반해 자치법규는 점선으로 이루어져 있다. 이 차이는 무엇을 의미하는가?

판례는 지방의회는 선거를 통해 **민주적 정당성**을 지니는 주민의 대표기관이므로 광범위한 자율성을 가지고 있으며 이에 따라 법률이 주민의 권리의무에 관한 사항에 관하여 구체적으로 범위를 정하지 않은 채 조례로 정하도록 포괄적으로 위임한 경우에도 지방자치단체는 법령에 위반되지 않는 범위 내에서 주민의 권리의무에 관한 사항을 조례로 제정할 수 있다고 보고 있다(대법원 2016추5162).

이 판례에서 관련된 부분을 발췌해서 읽어보자.

> 나. 이 사건 조례안('**경기도교육청 전자파 취약계층보호 조례안**')은 다음과 같은 규정을 두고 있다.
> (1) 이 사건 조례안은 경기도 내 유치원 및 초등학교 등을 전자파 안심지대로 지정·운영함으로써 전자파 취약계층을 보호함을 목적으로 한다(제1조).
> (2) 경기도 교육감은 경기도 내 유치원 및 초등학교를 전자파 안심지대로 지정하여야 한다(제5조 제1항 본문). 다만 동일 건물 내에 그 건물을 이용하는 다른 사람이나 단체, 기관이 있는 복합 건물은 전파법 제47조의2 제1항에 따른 전자파 인체보호기준을 초과하지 않는 경우 예외로 한다(제5조 제1항 단서). 나아가 경기도 교육감이 필요하다고 인정하는 '아동·청소년 시설'을 전자파 안심지대로 지정할 수 있다(제5조 제2항).
> (3) <u>누구든지 전자파 안심지대에는 기지국을 설치할 수 없다</u>(제6조 제1항).
> (4) 경기도 교육감은 이 조례 시행 이전에 설치된 기지국에 대하여 전자파 위험 등을 고려하여 철거를 권고할 수 있다(부칙 제2조).
>
> 나. 지방자치법 제9조 제2항 제2호 (라)목은 '노인·아동·심신장애인·청소년 및 여성의 보호와 복지증진'을 지방자치단체의 '자치사무'로 예시하고 있다. 이 사건 조례안 규정은 전자파의 유해성으로부터 경기도 내 아동·청소년의 건강과 안전을 보호하기 위하여 경기도 교육감이 유치원 및 초등학교와 아동·청소년 시설을 전자파 안심지대로 지정하고, 그곳에 기지국의 설치를 금지하는 것을 그 내용으로 하고 있다. 이는 전파법이 규정하지 않은 아동·청소년의 보호에 관한 사항을 정한 것으로 볼 수 있다. 따라서 이 사건 조례안에서 정한 사무는 지방자치법 제9조 제2항 제2호 (라)목에 따른 자치사무에 해당한다. 아

울러 이 사건 조례안이 경기도 내 유치원과 초등학교를 전자파 안심지대로 지정하는 것은 유치원과 초등학교 등의 설치·운영·지도를 자치사무로 규정한 지방자치법 제9조 제2항 제5호 (가)목에도 부합하고, 학교 보건과 학교환경정화에 관한 사무를 교육감의 사무로 규정한 지방교육자치에 관한 법률 제20조 제9호와도 합치된다.

나아가 이 사건 조례안 규정은 전자파에 대한 인체보호기준을 정하도록 한 **전파법 제47조의2** 규정의 목적과 효과를 저해하지 않는 범위 내에서 경기도에서 아동·청소년의 건강을 보호할 목적으로 제정되었다. 그 주요 적용대상은 교육감의 관리·감독 대상인 '유치원과 초등학교' 시설이다. 따라서 이 사건 조례안 규정은 **각 지역의 특성에 따라 자율적으로 규율이 가능한 사항에 관하여 규율을 한 것**으로 자치사무에 관한 내용을 규정한 것으로 볼 수 있다. 위 규정이 국가사무에 관한 것으로 조례제정권의 범위를 벗어났다는 원고들의 주장은 받아들이지 않는다.

다. 이 사건 조례안 제5조와 제6조 제1항에 대하여 **법률의 위임**이 있는지를 살펴본다.

(1) 위에서 보았듯이 이 사건 조례안 제5조는 유치원, 초등학교와 아동·청소년 교육시설 및 이들이 입주해 있는 전자파 인체보호기준을 초과한 복합 건물을 전자파 안심지대 지정대상으로 하고 있다.

공립유치원, 공립초등학교, 공립 아동·청소년 교육시설은 모두 지방자치단체가 설립하고 경영하는 학교 및 시설(유아교육법 제7조, 초·중등교육법 제3조 참조)로서 지방자치단체의 공유재산에 해당한다. 나아가 **공유재산 및 물품관리법** 제94조의2 제2항은 지방자치단체가 공유재산과 물품의 관리·처분·수입 및 지출에 관한 사항을 조례 또는 규칙으로 제정·운영할 수 있도록 규정하고 있다.

초·중등교육법은 국공립 및 사립초등학교, 유치원과 초등학교 이외의 국공립 및 사립 아동·청소년 교육시설 등을 그 적용대상으로 하고 있다(제2조, 제3조 참조). 초·중등교육법 제11조는 모든 국민은 학교 교육에 지장을 주지 않는 범위에서 학교의 장의 결정에 따라서 국립학교의 시설 등을 이용할 수 있고, 공립·사립학교의 시설 등은 시·도의 교육규칙으로 정하는 바에 따라 이용할 수 있다고 정하고 있다. 경기도에서는 「경기도 고등학교 이하 각급 학교 시설의 개방 및 이용에 관한 규칙」이 제정·시행되고 있고, 위 규칙 제2조 제1항은 공립·사립학교의 장이 학교시설을 개방하도록 정하고 있다.

(2) 이 사건 조례안 제5조, 제6조 제1항 중 공립유치원, 공립초등학교와 공립 아동·청소년 교육시설에 관한 부분은 공유재산의 관리 등에 관한 사항을 조례에 위임한 공유재산 및 물품관리법 제94조의2 제2항을 위임의 근거 법률로 볼 수 있다. 또한 공립·사립 초등학교와 공립·사립 아동·청소년 교육시설에 관한 부분은 공립·사립학교 시설 등의 이용에 관한 사항을 교육규칙에 위임한 초·중등교육법 제11조를 그 위임 근거로 볼 수 있다(공립초등학교와 공립 아동·청소년 교육시설에 관한 부분은 위 두 법률 규정이 그 위임 근거로 볼 수 있다).

(3) 그러나 이 사건 조례안 제5조, 제6조 제1항 중 지방자치단체의 공유재산이 아니고 초·중등교육법의 적용대상도 아닌 '사립유치원과 개인이 소유하거나 관리하는 복합건물'에 관한 부분은 기지국 설치와 관련하여 기지국 설치자가 가지는 영업의 자유와 그 상대방이 가지는 계약의 자유를 제한할 수 있도록 조례에 위임하는 법령 규정이 존재하지 않는다.

라. 결국 이 사건 조례안 제5조와 제6조 제1항은 사립유치원과 복합 건물에 관하여 법률의 위임 없이 주민의 권리 제한에 관한 사항을 규정하였으므로, 그 효력을 인정할 수 없다. 이를 지적하는 원고들 주장이 옳다.

(출처: 대법원 2016추5162)

경기도교육청 전자파 취약계층보호 조례안은 경기도 교육감이 경기도 내 유치원 및 초등학교를 전자파 안심지대로 지정(아동·청소년 시설은 임의 지정)하고 전자파 안심지대의 경우에는 기지국을 설치할 수 없도록 하고 있으므로 규제 조례에 해당한다. 따라서 법률의 위임이 있어야 규제를 조례에 담을 수 있을 것이다. 과연 법률의 위임이 있는 것인가? 그동안의 논의는 「**전파법**」에 구체적으로 조례로 위임한다는 규정이 있어야 한다고 보아왔다. 하지만 판례는 공립유치원, 공립초등학교와 공립 아동·청소년 교육시설에 관한 부분은 공유재산의 관리 등에 관한 사항을 조례에 위임한 「**공**

유재산 및 물품관리법」 제94조의2 제2항[19]을 위임의 근거 법률로 보고 있다. 또한 공립·사립초등학교와 공립·사립 아동·청소년 교육시설에 관한 부분은 공립·사립학교 시설 등의 이용에 관한 사항을 교육규칙에 위임한 **「초·중등교육법」** 제11조[20]를 그 위임 근거로 볼 수 있다고 판시하였다. 이것은 수직적 분수에 있어서 기본법 또는 일반법에 따른 근거를 인정한 것으로 볼 수 있다. 위임의 범위가 상당히 넓어질 수 있겠다.

지방의회가 민주적 정당성을 가진다는 점에서는 의문의 여지가 없다. 다만, 민주적 정당성이 구체적으로 수직적 분수를 얼마나 흔들 수 있을지는 견해가 다를 수 있다. 판례의 견해는 지방분권의 시각에서 상당히 진일보 한 것으로 보인다.

(3) 사무(1) : 자치사무 vs. 국가사무(단체위임사무 + 기관위임사무)

① 의미

지방자치단체의 사무는 자치사무와 단체위임사무이다. **자치사무**란 주민의 복리에 관한 사무로서 헌법과 법률이 지방자치단체의 기본적인 사무로 정한 사무를 말하고, **단체위임사무**란 헌법과 법률이 국가나 광역지방자치단체의 사무로 한 것을 법령이 이의 수행을 광역 또는 기초지방자치단체에 위임한 사무를 말한다. **기관위임사무**는 지방자치단체의 기관에 위임된 것이지, 지방자치단체 자체에 위임된 것은 아니므로 지방자치단체의 사무라고 보기 어렵다는 것이 다수설이다.

---

[19] 「공유재산 및 물품관리법」
제94조의2(공유재산 및 물품 운영기준) ① 행정안전부장관은 지방자치단체가 공유재산과 물품의 관리·처분·수입 및 지출을 통일적으로 운영할 수 있게 하기 위하여 공유재산 및 물품의 운영기준을 정할 수 있다.
② 지방자치단체는 제1항에 따른 공유재산 및 물품의 운영기준에 따라 공유재산과 물품의 관리·처분·수입 및 지출에 관한 사항을 조례로 제정·운영할 수 있다.

[20] 「초·중등교육법」
제11조(학교시설 등의 이용) 모든 국민은 학교교육에 지장을 주지 아니하는 범위에서 그 학교의 장의 결정에 따라 국립학교의 시설 등을 이용할 수 있고, 공립·사립 학교의 시설 등은 시·도의 교육규칙으로 정하는 바에 따라 이용할 수 있다.

② **구분의 실익**

지방자치단체의 사무를 구분하는 실익은 사무수행에 관하여 지방자치단체가 갖는 자유로운 판단영역, 감독청과 감독범위, 비용부담 그리고 지방의회의 관여 가능성 등에서 사무 간에 차이가 있기 때문이다. 특히 기관위임사무의 경우에는 개별 법령에 특별한 규정이 없는 한 조례로 규율할 수 없다는 점에 주의해야 한다.

구분	자치사무	단체위임사무	기관위임사무
의미	• 주민복리 등 자기책임 하에 처리하는 고유사무	• 법령에 의해 자치단체 위임된 사무	• 법령에 의해 단체장에게 위임된 사무
법적 근거	• §13(지방자치단체의 사무 범위) ① "지방자치단체는 그 관할 구역의 자치사무를…… 처리한다."	• §13(지방자치단체의 사무 범위) ① "지방자치단체는 …… 법령에 따라 지방자치단체에 속하는 사무를 처리한다."	• §115조(국가사무의 위임) "시·도와 시·군 및 자치구에서 시행하는 국가사무는 시·도지사와 시장·군수 및 자치구의 구청장에게 위임하여 수행하는 것을 원칙으로 한다. 다만, 법령에 다른 규정이 있는 경우에는 그러하지 아니하다."
경비 부담	• 지방비+국가장려적보조금	• 지방비+국가 부담금	• 전액 국가 부담
의회 관여	• 가능	• 가능(조례제정권포함)	• **불가능**(단, 국회 등이 감사하기로 한 부문 이외의 사항에 대해 가능) ↔ 규칙 가능
국가 감독	• 소극적 위법성 감독 §184 조언·권고, 자료요구 §188 위법한 명령의 시정 §190 보고, 위법사항 감사 §192 재의요구지시, 제소	• 포괄적 합목적성 감독	• 포괄적 합목적성 감독 §185 지도 및 감독 §189 직무이행명령, 대집행 §192 재의요구지시, 제소 *행정권한의 위임위탁에 관한 규정 §6(지휘·감독) 취소·정지
규정 형식	• "시·도지사는 …을 하여야 한다." • "시·군·구청장은 …을 하여야 한다."	• "시·도에 …을 위임한다."	• "시·도지사에게 …을 위임한다."

자치사무, 단체위임사무, 기관위임사무의 구분은 위의 표에서 보는 봐와 같다. 경비부담을 보면 역시 돈을 가지고 있는 사람이 힘을 가지듯이 국가와 지방 간의 관계에서도 마찬가지라는 생각이 든다. 제대로 지방자치를 하기 위해서는 지방마다 자주재원을 발굴해야 한다. 돈이 있어야 사람이나 지역이나 떳떳하게 살 수 있다.

규정형식을 일차적으로 파악해야 하지만 전적으로 믿어서는 안 된다. 법률을 제정하거나 개정할 때 신경을 미처 못 쓰는 경우가 많기 때문이다. 다시 한 번 말하지만 기관위임사무는 규칙의 관할 범위이지 조례의 관할 범위가 아니다. 이해가 안 되면 일단 암기하고 넘어가자.

③ 구별 기준

「지방자치법」 제13조 제2항에 따르면 지방자치단체의 사무를 예시하고 있지만, 개별적인 경우에 어떤 사무가 자치사무인지 여부를 판단할 수 있는 구체적 기준을 제시하는 규정은 없다.

「지방자치법」

제13조(지방자치단체의 사무 범위) ① 지방자치단체는 관할 구역의 자치사무와 법령에 따라 지방자치단체에 속하는 사무를 처리한다.

② 제1항에 따른 지방자치단체의 사무를 예시하면 다음 각 호와 같다. 다만, 법률에 이와 다른 규정이 있으면 그러하지 아니하다.

1. 지방자치단체의 구역, 조직, 행정관리 등

　가. 관할 구역 안 행정구역의 명칭·위치 및 구역의 조정

　나. 조례·규칙의 제정·개정·폐지 및 그 운영·관리

　다. 산하(傘下) 행정기관의 조직관리

　라. 산하 행정기관 및 단체의 지도·감독

　마. 소속 공무원의 인사·후생복지 및 교육

바. 지방세 및 지방세 외 수입의 부과 및 징수

　　사. 예산의 편성·집행 및 회계감사와 재산관리

　　아. 행정장비관리, 행정전산화 및 행정관리개선

　　자. 공유재산(公有財産) 관리

　　차. 주민등록 관리

　　카. 지방자치단체에 필요한 각종 조사 및 통계의 작성

2. 주민의 복지증진

　　가. 주민복지에 관한 사업

　　나. 사회복지시설의 설치·운영 및 관리

　　다. 생활이 어려운 사람의 보호 및 지원

　　라. 노인·아동·장애인·청소년 및 여성의 보호와 복지증진

　　마. 공공보건의료기관의 설립·운영

　　바. 감염병과 그 밖의 질병의 예방과 방역

　　사. 묘지·화장장(火葬場) 및 봉안당의 운영·관리

　　아. 공중접객업소의 위생을 개선하기 위한 지도

　　자. 청소, 생활폐기물의 수거 및 처리

　　차. 지방공기업의 설치 및 운영

3. 농림·수산·상공업 등 산업 진흥

　　가. 못·늪지·보(洑) 등 농업용수시설의 설치 및 관리

　　나. 농산물·임산물·축산물·수산물의 생산 및 유통 지원

　　다. 농업자재의 관리

　　라. 복합영농의 운영·지도

　　마. 농업 외 소득사업의 육성·지도

　　바. 농가 부업의 장려

　　사. 공유림 관리

　　아. 소규모 축산 개발사업 및 낙농 진흥사업

　　자. 가축전염병 예방

　　차. 지역산업의 육성·지원

　　카. 소비자 보호 및 저축 장려

타. 중소기업의 육성

파. 지역특화산업의 개발과 육성·지원

하. 우수지역특산품 개발과 관광민예품 개발

4. 지역개발과 자연환경보전 및 생활환경시설의 설치·관리

가. 지역개발사업

나. 지방 토목·건설사업의 시행

다. 도시·군계획사업의 시행

라. 지방도(地方道), 시도(市道)·군도(郡道)·구도(區道)의 신설·개선·보수 및 유지

마. 주거생활환경 개선의 장려 및 지원

바. 농어촌주택 개량 및 취락구조 개선

사. 자연보호활동

아. 지방하천 및 소하천의 관리

자. 상수도·하수도의 설치 및 관리

차. 소규모급수시설의 설치 및 관리

카. 도립공원, 광역시립공원, 군립공원, 시립공원 및 구립공원 등의 지정 및 관리

타. 도시공원 및 공원시설, 녹지, 유원지 등과 그 휴양시설의 설치 및 관리

파. 관광지, 관광단지 및 관광시설의 설치 및 관리

하. 지방 궤도사업의 경영

거. 주차장·교통표지 등 교통편의시설의 설치 및 관리

너. 재해대책의 수립 및 집행

더. 지역경제의 육성 및 지원

5. 교육·체육·문화·예술의 진흥

가. 어린이집·유치원·초등학교·중학교·고등학교 및 이에 준하는 각종 학교의 설치·운영·지도

나. 도서관·운동장·광장·체육관·박물관·공연장·미술관·음악당 등 공공교육·체육·문화시설의 설치 및 관리

다. 시·도지정문화유산 또는 시·도자연유산의 지정·등록·보존 및 관리

라. 지방문화·예술의 진흥

마. 지방문화·예술단체의 육성

> 6. 지역민방위 및 지방소방
> 가. 지역 및 직장 민방위조직(의용소방대를 포함한다)의 편성과 운영 및 지도·감독
> 나. 지역의 화재예방·경계·진압·조사 및 구조·구급
>
> 7. 국제교류 및 협력
> 가. 국제기구·행사·대회의 유치·지원
> 나. 외국 지방자치단체와의 교류·협력
>
> **제15조(국가사무의 처리 제한)** 지방자치단체는 다음 각 호의 국가사무를 처리할 수 없다. 다만, 법률에 이와 다른 규정이 있는 경우에는 국가사무를 처리할 수 있다.
> 1. 외교, 국방, 사법(司法), 국세 등 국가의 존립에 필요한 사무
> 2. 물가정책, 금융정책, 수출입정책 등 전국적으로 통일적 처리를 할 필요가 있는 사무
> 3. 농산물·임산물·축산물·수산물 및 양곡의 수급조절과 수출입 등 전국적 규모의 사무
> 4. 국가종합경제개발계획, 국가하천, 국유림, 국토종합개발계획, 지정항만, 고속국도·일반국도, 국립공원 등 전국적 규모나 이와 비슷한 규모의 사무
> 5. 근로기준, 측량단위 등 전국적으로 기준을 통일하고 조정하여야 할 필요가 있는 사무
> 6. 우편, 철도 등 전국적 규모나 이와 비슷한 규모의 사무
> 7. 고도의 기술이 필요한 검사·시험·연구, 항공관리, 기상행정, 원자력개발 등 지방자치단체의 기술과 재정능력으로 감당하기 어려운 사무

국가사무는 국가가, 자치사무는 자치단체가 하는 것이 수직적 분수에 맞다. 이를 **소관사무의 원칙**이라고 한다. 가장 기본적인 기준은 「지방자치법」 제13조와 제15조에 규정되어 있다.

두 규정을 비교해보면 국가사무와 자치사무의 큰 줄기를 알 수 있다. 국가사무는 전국적으로 통일적 처리가 필요한 사무 또는 전국적 규모의 사업과 관련되고, 자치사무는 국가사무 외의 사무로 주민의 복지증진 등과 관련된 사무이다. 수직적 분수를 지켜야

하는 조례는 조례로 정하도록 국가(법률)의 위임이 없는 한 국가사무를 규정할 수 없다.

여기서 두 가지를 더 이야기하고자 한다.

하나, 외교, 국방, 사법, 국세 등은 국가의 존립에 직접적으로 관련된 사무이다. 국가는 모든 역량을 여기에 집중해야 한다. 지방자치단체가 그 외의 업무를 맡아서 해준다면 국가는 국가존립 업무에 더 집중할 수 있을 것이다.

둘, 지역은 지역특화를 위해 모든 역량을 집중해야 한다. 충청남도는 충청남도 특유의 일자리를 만들어야 하고, 부여는 부여 특유의 일자리를 만들어야 한다. 밋밋하면 지방자치를 할 필요가 없다.

제15조의 국가사무를 다시 한 번 살펴보자. 전국적으로 통일적 처리가 필요한 사무, 전국적 규모의 사업 등의 공통점이 있음이 분명하다. 이를 기준으로 본다면 국가 전체의 통일성이 필요한 사무 외의 사무는 지방자치단체가 차별적으로 수행할 수 있는 사무로 보는 것이 맞다고 하겠다.

참고로, 교권보호와 교육활동 지원에 필요한 제반 사항을 정한 조례안과 관련한 판례를 살펴보면 다음과 같다.

[1] 지방자치법 제22조, 제9조에 의하면, 지방자치단체가 조례를 제정할 수 있는 사항은 지방자치단체의 고유사무인 자치사무와 개별 법령에 의하여 지방자치단체에 위임된 단체위임사무에 한하고, 국가사무가 지방자치단체의 장에게 위임되거나 상위 지방자치단체의 사무가 하위 지방자치단체의 장에게 위임된 기관위임사무에 관한 사항은 원칙적으로 조례의 제정범위에 속하지 않는다. 그리고 법령상 지방자치단체의 장이 처리하도록 규정하고 있는 사무가 자치사무인지 기관위임된 국가사무에 해당하는지를 판단할 때에는 **법령의 규정 형식과 취지**를 우선 고려해야 할 것이지만, 그 밖에도 사무의 성질이 전국적으로 **통일적인 처리**가 요구되는 사무인지 여부나 **경비부담**과 최종적인 **책임귀속의 주체** 등도 아울러 고려하여 판단해야 한다.

> [2] 교권보호와 교육활동 지원에 필요한 제반 사항을 정한 조례안에 대하여 교육부장관의 재의요구지시에 따라 교육감이 재의를 요구하였으나 시의회가 원안대로 재의결한 사안에서, **교원의 지위**에 관한 사항은 법률로 정하여 전국적으로 통일적인 규율이 필요한 것이고 국가가 이를 위하여 상당한 경비를 부담하고 있으므로, 이에 관한 사무는 국가사무로 보아야 하는데, 위 조례안 제5조가 교원의 지위에 관한 사항에 속하는 교원의 차별 및 불이익 금지 등에 관하여 규정하고, 제6조, 제9조, 제10조가 교원의 지위 보호를 위하여 교권보호위원회 및 교권보호지원센터의 설치·구성·운영에 관한 사항 등을 규정한 것은 국가사무에 관하여 법령의 위임 없이 조례로 정한 것으로 조례제정권의 한계를 벗어나 위법하다.
>
> 대법원 2012추145

판례에 따르면 '**법령의 규정 형식과 취지**'를 우선 고려해야 할 것이지만, 그 밖에도 사무의 성질이 전국적으로 **통일적인 처리**가 요구되는 사무인지 여부나 **경비부담**과 최종적인 **책임귀속**의 주체 등도 아울러 고려하여 판단'하여야 한다는 것이다.

보다 구체적으로 판례의 견해를 살펴보도록 하자.

조례의 제정범위와 관련하여 조례는 자치사무와 단체위임사무를 대상으로 하는 것이지 지방자치단체의 장에게 위임한 기관위임사무에 대해서는 규정할 수 없다고 한다. 국가사무를 조례로 정할 수 없다는 것은 지방자치의 당연한 한계이다. 그러나 국가사무가 지방자치단체에 위임된 경우에는 이야기가 달라진다. 조례로 정할 수 있는 것이 아닌가라는 의문이 든다. 위임해 주면서 지자체 스스로 조례를 정해서 규율하지 못하게 하는 것은 제대로 된 위임이 아닐 것이다. 하지만 지방자치단체의 장에게 위임된 경우 지방의회가 관여할 수 없고 자치단체의 장이 정하는 규칙으로 정해야 한다는 것이 판례이자 다수설의 견해이다. 뭔가 이상하지만 일단 수긍하도록 하자.

다음으로 교원의 지위에 관한 사항은 법률로 정하여 전국적으로 통일적인 규율이 필요한 것이고 국가가 이를 위하여 상당한 경비를 부담하고 있으므로, 이에 관한 사무는 국가사무로 보아야 하는데, 위 조례안 제5조가 교원의 지위에 관한 사항에 속하는 교원의 차별 및 불이익 금지 등에 관하여 규정하고, 제6조, 제9조, 제10조가 교원의 지위 보호를 위하여 교권보호위원회 및 교권보호지원센터의 설치·구성·운영에 관한 사항 등을 규정한 것은 국가사무에 관하여 법령의 위임 없이 조례로 정한 것으로 조례제정권의 한계를 벗어나 위법하다는 것이다.

교육에 관하여 전국적 통일성이 지역적 차별성을 짓누르고 있는 형국이다. 과연 교육이 지역별로 차이가 있으면 왜 안되는 것일까? 가끔 우리가 21세기에 살고 있다는 사실을 잊은 듯한 견해를 접할 때가 많다. 교육부가 괜한 권한을 가지고 이래라 저래라 할 것이 아니라 지방자치단체에서 알아서 교육하라고 하면 무슨 엄청난 일이라도 벌어지는 것일까?

좀더 구체적으로 살펴보자면, 교원의 지위가 강화되면 강화될수록 좋은 것이라는 점을 고려하면 판례의 견해에는 찬성하기 어렵다. 또한 국가가 상당한 경비를 부담하고 있다는 점도 찬성하기 어렵다. 내국세의 일정부분을 교부받는 지방교육재정교부금[21]에 의해 운영되고 있는 현재의 교육재정시스템 하에서 국가가 돈을 준다는 이유

---

21) 「지방교육재정교부금법」

제1조(목적) 이 법은 지방자치단체가 교육기관 및 교육행정기관(그 소속기관을 포함한다. 이하 같다)을 설치·경영하는 데 필요한 재원(財源)의 전부 또는 일부를 국가가 교부하여 교육의 균형 있는 발전을 도모함을 목적으로 한다.

제3조(교부금의 종류와 재원) ① 국가가 제1조의 목적을 위하여 지방자치단체에 교부하는 교부금(이하 "교부금"이라 한다)은 보통교부금과 특별교부금으로 나눈다.
② 교부금 재원은 다음 각 호의 금액을 합산한 금액으로 한다. 〈개정 2022. 12. 31.〉

로 국가사무라고 한다면 교육자치는 무의미할 수 있다.

참고로, 법조문의 규정에 따르면 자치사무임이 분명함에도 불구하고 국가사무로 본 대법원과 헌법재판소의 판례를 소개한다. 자치사무와 국가사무의 구분은 신중할 수밖에 없다.

> **대법원**은 골재채취법이 골재채취업의 등록관청으로 시장·군수 또는 구청장으로 규정하였고(당시 골재채취법 제14조 제1항), 골재채취허가사무의 관장기관으로 시장·군수 또는 구청장으로 규정하였음에도(당시 골재채취법 제22조제1항) 불구하고, 골재채취업등록 및 골재채취허가사무는 전국적으로 통일적 처리가 요구되는 중앙행정기관인 건설교통부장관(현 국토교통부장관)의 고유업무인 국가사무로서 지방자치단체의 장에게 위임된 기관위임사무에 해당한다고 하였다(대판 2004추34).
>
> **헌법재판소**는 북제주군과 완도군 등 간의 권한쟁의심판사건에서 지적법이 지적공부의 등록·비치·보관·보존 등 집행행위를 소관청인 시장·군수가 담당하도록 하고 있음에도 불구하고 지적 공부의 등록사무가 법률 그 자체의 의해서 시장·군수에게 위임되고 있다고 하였다(2005헌라11 전원재판부).

---

1. 해당 연도 내국세[목적세 및 종합부동산세, 담배에 부과하는 개별소비세 총액의 100분의 45 및 다른 법률에 따라 특별회계의 재원으로 사용되는 세목(稅目)의 해당 금액은 제외한다. 이하 같다] 총액의 1만분의 2,079
2. 해당 연도 「교육세법」에 따른 교육세 세입액 중 「유아교육지원특별회계법」 제5조제1항에서 정하는 금액 및 「고등·평생교육지원특별회계법」 제6조제1항에서 정하는 금액을 제외한 금액

③ 보통교부금 재원은 제2항제2호에 따른 금액에 같은 항 제1호에 따른 금액의 100분의 97을 합한 금액으로 하고, 특별교부금 재원은 제2항제1호에 따른 금액의 100분의 3으로 한다.
④ 국가는 지방교육재정상 부득이한 수요가 있는 경우에는 국가예산으로 정하는 바에 따라 제1항 및 제2항에 따른 교부금 외에 따로 증액교부할 수 있다.

(4) 사무(2) : 광역지자체의 사무 vs. 기초지자체의 사무

> **제14조(지방자치단체의 종류별 사무배분기준)** ① 제13조에 따른 지방자치단체의 사무를 지방자치단체의 종류별로 배분하는 기준은 다음 각 호와 같다. 다만, 제13조제2항제1호의 사무는 각 지방자치단체에 공통된 사무로 한다.
> 1. 시·도
> 가. 행정처리 결과가 2개 이상의 시·군 및 자치구에 미치는 광역적 사무
> 나. 시·도 단위로 동일한 기준에 따라 처리되어야 할 성질의 사무
> 다. 지역적 특성을 살리면서 시·도 단위로 통일성을 유지할 필요가 있는 사무
> 라. 국가와 시·군 및 자치구 사이의 연락·조정 등의 사무
> 마. 시·군 및 자치구가 독자적으로 처리하기 어려운 사무
> 바. 2개 이상의 시·군 및 자치구가 공동으로 설치하는 것이 적당하다고 인정되는 규모의 시설을 설치하고 관리하는 사무
> 2. 시·군 및 자치구
> 제1호에서 시·도가 처리하는 것으로 되어 있는 사무를 제외한 사무. 다만, 인구 50만 이상의 시에 대해서는 도가 처리하는 사무의 일부를 직접 처리하게 할 수 있다.
> ② 제1항의 배분기준에 따른 지방자치단체의 종류별 사무는 대통령령으로 정한다.
> ③ 시·도와 시·군 및 자치구는 사무를 처리할 때 서로 겹치지 아니하도록 하여야 하며, 사무가 서로 겹치면 시·군 및 자치구에서 먼저 처리한다.

「지방자치법」 제14조에서는 지방자치단체의 종류별 사무배분기준을 정하면서 시·도와 시·군 및 자치구는 사무를 처리할 때 서로 겹치지 않도록 하되, 사무가 서로 겹치면 시·군 및 자치구에서 먼저 처리하도록 하고 있으며, 같은 법 시행령 별표 1에서는 사무배분기준에 따른 지방자치단체의 종류별 사무를 예시하고 있다. 기초지방자치단체가 광역지방자치단체의 사무에 대해서 조례로 규율한다면 기초지방자치단체의 소관 사무에 해당하지 않는 사무에 대해서 조례로 규율하는 것이므로 효력이 없다고 할 것이다. 광역지방자치단체가 기초자치단체의 사무에 대해서 조례로 규율하는 경우도 마찬가지다.

또한, 광역지방자치단체의 사무가 기초지방자치단체의 장에게 위임된 경우 그 위임사무에 대하여 조례를 제정할 수 있다는 근거가 없는 이상 기초지방자치단체가 그 사무를 규율하는 조례를 제정할 수 없다고 하겠다.

(5) 사무(3) : 교육감의 사무

「지방교육자치에 관한 법률」

제2조(교육 · 학예사무의 관장) 지방자치단체의 교육 · 과학 · 기술 · 체육 그 밖의 학예(이하 "교육 · 학예"라 한다)에 관한 사무는 특별시 · 광역시 및 도(이하 "시 · 도"라 한다)의 사무로 한다.

「지방교육자치에 관한 법률」 제2조에 따르면 지방자치단체의 교육 · 학예에 관한 사무는 광역지자체의 사무이다. 따라서 기초지자체에서 조례로 교육 · 학예에 관한 사무 그 자체 규율할 수는 없다. 하지만 교육 · 학예에 관한 사무 그 자체가 아닌 주민이나 학생의 복지 차원의 시책을 강구하는 것은 가능할 것이다. 예를 들어, 중 · 고등학교 학생의 수업료 및 입학금 그 자체에 관한 사무는 광역지자체(교육감)의 사무이지만 자녀의 수업료 및 입학금에 대한 지원은 주민복지 및 청소년보호에 관한 사무로 기초자치체의 조례로 규정할 수 있겠다.

■ 사례 1) 지방자치단체별로 재정상황, 근무여건 등이 다르므로, 소속 지방공무원의 보수를 조례제정이나 예산편성의 방법으로 달리 정할 수 있는가?

「지방공무원법」

제44조(보수결정의 원칙) ① 공무원의 보수는 직무의 곤란성과 책임의 정도에 맞도록 계급별·직위별 또는 직무등급별로 정한다. 다만, 다음 각 호의 어느 하나에 해당하는 공무원의 보수는 따로 정할 수 있다.
1. 직무의 곤란성과 책임도가 매우 특수하거나 결원을 보충하기 어려운 직무에 종사하는 공무원
2. 제4조제2항에 따라 같은 조 제1항의 계급 구분이나 직군 및 직렬의 분류를 적용하지 아니하는 공무원
3. 임기제공무원

② 공무원의 보수는 일반의 표준생계비, 물가수준, 그 밖의 사정을 고려하여 정하되, 민간 부문의 임금수준과 적절한 균형을 유지하도록 노력하여야 한다.
③ 경력직공무원 간, 경력직공무원과 특수경력직공무원 간에 보수의 균형을 도모하여야 한다.
④ 이 법이나 그 밖의 법령에서 정한 보수에 관한 규정에 따르지 아니하고는 어떠한 금전이나 유가물(有價物)도 공무원의 보수로 지급될 수 없다.

제45조(보수에 관한 규정) ① 공무원의 보수에 관한 다음 각 호의 사항은 대통령령으로 정한다.
1. 봉급·호봉 및 승급에 관한 사항
2. 수당에 관한 사항
3. 보수 지급 방법, 보수 계산, 그 밖에 보수 지급에 관한 사항

② 제1항에도 불구하고 특수수당과 제76조제2항에 따른 상여금의 지급 또는 특별승급에 관한 사항은 대통령령으로 정한다.
③ 제1항에 따른 보수를 거짓이나 그 밖의 부정한 방법으로 수령한 경우에는 수령한 금액의 5배의 범위에서 가산하여 징수할 수 있다.
④ 제3항에 따라 가산하여 징수할 수 있는 보수의 종류, 가산금액 등에 관한 사항은 대통령령으로 정한다.

「지방공무원 보수 규정」

제3조(용어의 정의) 이 영에서 사용하는 용어의 정의는 다음과 같다.
1. "보수"라 함은 봉급과 기타 각종 수당을 합산한 금액을 말한다. 다만, 연봉제적용대상공무원은 연봉과 기타 각종 수당을 합산한 금액을 말한다.
2.~10.(생 략)

질문에 대한 답을 찾기 위한 열쇠는 「지방공무원법」제44조 제4항이다.

'법이나 그 밖의 법령에서 정한 보수에 관한 규정에 따르지 아니하고는 어떠한 금전이나 유가물도 공무원의 보수로 지급될 수 없다.'

지방자치단체마다 재정상황, 근무여건 등이 다르지만, 소속 지방공무원의 보수를 조례 제정이나 예산편성의 방법으로 달리 정할 수 없다는 것이다. 물론 상위법령에서 지방자치단체의 조례로 정하도록 위임한 경우에는 가능하다. 이것이 바로 수직적 분수이다.

판례를 통해 보수 관련 이해도를 높여보자.

> 지방공무원법 제44조 제4항은 이 법 기타 법령에 의한 보수에 관한 규정에 의하지 아니하고는 어떠한 금전 또는 유가물도 공무원의 보수로 지급될 수 없다.고 규정하고, 같은 법 제45조 제1항, 지방공무원보수규정(1996.1.19.대통령령제14900호) 제3조는 지방공무원의 보수는 봉급과 기타 각종 수당을 합산한 금액을 말한다고 규정하고, 위 보수규정 제30조 제2항, 지방공무원수당규정(1996. 1. 19. 대통령령 제14901호)은 지방공무원에게 지급하는 수당인 가계보전수당의 하나로 자녀학비보조수당을 들고 있고, 위 수당규정 제11조는 공무원에 대한 자녀학비보조수당의 지급대상을 중·고등학교에 취학 중인 자녀에 한정하고 있다. 그런데 이 사건 조례안 제2조는 학비의 지급대상을 소속 공무원의 대학에 취학 중인 자녀를 그 대상으로 하고 있는바, 비록 그 학비를 보수(수당)로서 공무원에게 직접 지급하는 것은 아니라고 하더라도 그 자녀의 학비를 위 장학기금에서 대신 지급하여 줌으로써 공무원이 지출하여야 할 학비를 지출하지 않게 하여 그 실질에 있어서는 법령에서 규정하지 아니한 명목의 금전을 소속 공무원에게 변형된 보수로서 지급하는 것에 다름 아니고, 이는 결과적으로 위 관계 법령의 규정을 위반하는 것이라고 하지 않을 수 없다. 따라서 피고가 주장하는 바와 같이, 인천광역시가 종전부터 이 사건 조례안과 같은 내용의 '인천광역시공무원자녀장학생선발규정'(1992. 4. 24. 훈령 제709호)

> 을 제정·시행하여 왔다거나 또는 이 사건 조례안에 의한 장학금이 소속 공무원의 대학생 자녀에게 일률적으로 지급되는 것이 아니라 심사·선별된 성적우수자와 불우공무원의 자녀 대학생에 대해서만 선별적으로 지급되고, 위 장학금이 퇴직시 보수로서 계상되지도 아니한다고 하여 결론이 달라지는 것은 아니라고 할 것이다.
>
> 대법원 96추107
>
> 인천광역시의회가 의결한 공무상 병가, 공무상 질병휴직을 사용하고 있는 공상소방공무원 중 선발된 자에게 요양기간 동안 위로금을 지급하는 내용의 '인천광역시 공사상소방공무원 지원에 관한 조례안'에 대하여 인천광역시장이 지방재정법 제17조에 반한다는 이유 등으로 재의를 요구하였으나, 시의회가 조례안을 재의결함으로써 확정한 사안에서, 조례안규정에 따라 지급하는 위로금은 비록 인천광역시 소속 소방공무원 일반에게 상시로 지급하는 것은 아니라고 할지라도 공상소방공무원 중 선발된 자에 대하여 공무상 병가, 공무상 질병휴직에 따른 요양기간 동안 계속적으로 지급하는 것일 뿐만 아니라, 지급방법도 요양기간 동안 계급별로 차등을 두어 높은 계급일수록 높은 일일단가로 계산한 금원을 지급하는 것이므로, 명칭과 관계없이 그 실질이 지방공무원인 공상소방공무원에게 법령에서 정하지 않은 명목의 금전을 변형된 보수로 지급하는 것과 다르지 않아 공상소방공무원에 대한 지원의 필요성은 별론으로 하더라도 지방공무원법 제44조 제4항에 반하고, 그 밖에 조례안규정에 따라 위로금을 지급하는 것이 지방재정법 제17조 제1항 단서에 따라 예외적으로 허용된다고 볼 아무런 사정도 없다.
>
> 대법원 2011추117

판례를 읽어보면 너무 획일적이고 냉혹하다는 생각이 든다. 불우공무원의 자녀 대학생을 돕는 것, 공상소방공무원에게 위로금을 주는 것을 지방공무원법 제44조 제4항의 규정에 반한다고 단칼에 잘라버리는 것이 합당한 것일까?

더 나가서 공무원 보수를 자치단체별로 차별적으로 하면 왜 안되는 것일까? 어떤 일이 벌어질까? 우수 공무원을 유치하기 위한 지자체간의 경쟁이 지방을 살릴 수 있지 않을까? 여러 생각이 맴돈다.

■ 사례 2) 무임승차 연령 및 대상

[단독] '여기선 노인, 저기선 중년'…무임승차 연령 지역마다 달라지나?

엥커) 법적으로 65세 이상이면 도시철도 무임승차가 가능합니다. 그런데 올해 초 대구광역시는 이 기준을 확대 해석해서 70세로 높이겠다고 발표했는데요. 주무 부처인 복지부는 지자체가 재량으로 무임승차 기준 나이를 정할 수 있다고 해석했습니다. OOO 기자가 단독 보도합니다.

기자) 노인복지법은 경로우대 대상을 65세 '이상'으로 규정합니다. 따라서 무임승차 기준 나이를 70세로 올리더라도 전혀 문제 없다는 게 대구시의 입장. 대구시는 내년부터 해마다 한 살씩, 2028년 70세까지 높인다는 계획입니다. 대신 전국 최초로 시내버스 무임승차를 다음 달 도입하기로 했습니다. 무임승차 나이에 대한 반응은 엇갈립니다.

OOO/서울시 송파구 : "(60대는) 지금은 활발하게 생산 활동을 하시는 경우가 많은 연령대이기 때문에 무임승차 연령을 상향하는 것이 필연적일 거라고 생각하고…"

OOO/서울시 영등포구 : "사실 우리나라 같은 경우 실질적으로 정년퇴직이나 이런 게 굉장히 빨리 되고 있잖아요. 여러 가지 축소되는 부분들이 좀 우려스럽기도 하거든요."

기자) 대구시의 법 해석을 두고 혼선을 막기 위해 보건복지부는 법제처에 유권해석을 요청했습니다. 하지만 한 달여 만인 지난 3월, 이를 철회한 것으로 확인됐습니다. 경로우대 연령 조정은 자치사무라고 판단하고 무임승차 기준 설정을 지자체 재량으로 본 겁니다. 무임승차 기준 나이를 지역마다 다르게 할 수 있게 된 셈입니다.

> OOO/대한노인회 회장 : "국민 소득이 이렇게 높아졌으면 노인에 대한 복지 혜택을 더 주자고 주장을 해야지, 노인에게 주던 혜택을 줄이자 하면 그건 망발이잖아요."
>
> 도시철도 재정 악화의 주 원인으로 무임승차가 꼽히는 만큼 대구시 계획에 다른 지자체들의 관심도 큰 상황. 고령 인구 증가 속에 40년 가까이 65세 이상인 무임승차 나이 기준에 큰 변화가 예상됩니다.
>
> KBS 뉴스 2023.6.22

무임승차자 연령 문제를 지역마다 달리 정할 수 있을까? 답이 쉽지 않지만 지방분권에 대한 3가지 믿음에서 논의를 출발해 보자.

권한을 나누어주고 서로 경쟁하고 점진적으로 나아가는 것이 바람직한 방향이라고 믿는다면 경로우대 연령을 지방자치단체별로 차별적으로 정한다고 하더라도 괜찮다고 본다. 지방마다 사정이 다르다는 점이 중요하다. 지역주민의 공감대가 돈이 조금 들더라도 어르신을 공경하자는 것일 수도 있고, 65세는 아직 젊으니 70세로 올리자고 할 수도 있고, 지하철은 요금을 내고 버스는 요금을 내지 않는 것으로 하자고 할 수도 있다. 다양한 차별성이 분출할 수 있는 영역에 굳이 국가가 통일성을 추구할 필요는 없다.

국가의 부담이 획기적으로 줄 수 있다는 점도 엄청난 장점이다. 누구는 대중교통의 적자 폭이 너무 커서 문제라고 하고 누구는 어르신에 대한 무임승차는 최소한의 교통편의를 마련해 주는 것이라고 한다. 다 맞는 말을 하는 데 누구 편을 국가가 들어준다면 상대방이 가만히 있겠는가. 이럴 때 살짝 지방자치단체에게 권한을 주는 것은 지방분권의 묘미이다.

참고로, 법률에서 조례에 위임하는 방식은 여러 가지가 있다. 법률에서 직접 조례로 위임하는 방식, 법률에서 대통령령(또는 부령)으로 정하는 바에 따라 조례로 정하도록 하는 방식, 법률에서 대통령령(또는 부령)으로 위임하여 조례 위임여부를 대통령령(또는 부령)에 맡기는 방식 등이 있다. 각각의 방식은 전국적 통일성과 지자체의 자율성 간에 정도의 차이를 반영하고 있다.

예를 들어, 충북에 있는 대청호, 충주호에 관한 규제 특례를 두고자 한다면 중앙집권의 시각에서는 법률로 대한민국에 있는 호수 전체에 대한 규정을 두어 전국적 통일성을 추구할 것이고, 지방분권의 시각에서는 충청북도 조례로 대청호, 충주호에 관한 규정을 두어 차별성을 강조하고 싶을 것이다. 양자의 균형점은 어디에 있을까? 법령에서 전국적 통일성이 필요한 부분에 관한 규정을 하고 지방자치단체 간 차별성이 필요한 부분을 조례로 위임해주면 될 것이다. 답은 쉽지만 실제 사례마다 달성하기에는 깊은 고민이 있어야 할 것이다. 분명한 점은 차별성이 지방소멸시대에 지방을 소생시킬 수 있는 거의 유일한 길이라는 점이다.

■ 사례 3) 조례에서 50%로 올릴 수 있는지?

「기후위기 대응을 위한 탄소중립·녹색성장 기본법」

제8조(중장기 국가 온실가스 감축 목표 등) ① 정부는 국가 온실가스 배출량을 2030년까지 2018년의 국가 온실가스 배출량 대비 35퍼센트 이상의 범위에서 대통령령으로 정하는 비율만큼 감축하는 것을 중장기 국가 온실가스 감축 목표(이하 "중장기감축목표"라 한다)로 한다.
② ~ ⑦ (생 략)

> **「기후위기 대응을 위한 탄소중립·녹색성장 기본법 시행령」**
>
> **제3조(중장기 국가 온실가스 감축 목표 등)** ① 법 제8조제1항에서 "대통령령으로 정하는 비율"이란 40퍼센트를 말한다.
>
> ② ~ ⑤ (생 략)

「기후위기 대응을 위한 탄소중립·녹색성장 기본법」에 따르면 국가 온실가스 배출량 대비 35퍼센트 이상의 범위에서 대통령령으로 정하는 비율만큼 감축하는 것이 중장기 국가 온실가스 감축목표이다. 이에 따라 동법 시행령에서는 40퍼센트로 규정하였다. 이런 상황에서 조례로 우리 지역은 50%를 목표로 정할 수 있을까? 불가하다. 좋은 일인데 왜 안된다는 것일까? 온실가스 배출의 목표량 설정은 규제 조례로 반드시 법률의 위임이 있어야 할 것이며 산업에 미치는 영향이 막대한 분야라는 점에서 통일성이 차별성을 압도한다고 하겠다.

■ 사례 4) 미등록 경로당의 지원 여부

「노인복지법」의 규정에 따른 등록 경로당 외에 지방자치단체가 미등록 경로당을 지원할 수 있을까? 우선 관련 판례를 살펴보도록 하자.

> 지방자치단체는 법령에 위반되지 아니하는 범위 내에서 그 사무에 관하여 조례를 제정할 수 있는 것이고, 조례가 규율하는 특정사항에 관하여 그것을 규율하는 국가의 법령이 이미 존재하는 경우에도 조례가 법령과 별도의 목적에 기하여 규율함을 의도하는 것으로서 그 적용에 의하여 법령의 규정이 의도하는 목적과 효과를 전혀 저해하는 바가 없는 때,

> 또는 양자가 동일한 목적에서 출발한 것이라고 할지라도 국가의 법령이 반드시 그 규정에 의하여 전국에 걸쳐 일률적으로 동일한 내용을 규율하려는 취지가 아니고 각 지방자치단체가 그 지방의 실정에 맞게 별도로 규율하는 것을 용인하는 취지라고 해석되는 때에는 그 조례가 국가의 법령에 위반되는 것은 아니다(대법원 2016추186).

판례에 따르면 법률에서 등록 경로당을 지원하도록 규정하고 있더라도 조례로 미등록 경로당을 지원할 수 있기 위해서는 두 가지 조건 중 한 가지를 충족해야 한다. **하나**, 미등록 경로당에 대한 지원이 등록 경로당 지원과 별도의 목적으로 등록 경로당을 지원하는 법률의 목적과 효과를 전혀 저해하는 바가 없어야 한다. **둘**, 미등록 경로당을 지원하는 조례가 등록 경로당을 지원하는 법률과 동일한 목적에서 출발하였다고 하더라도 법률이 내용이 반드시 전국에 일률적으로 동일한 내용을 규율하려는 취지가 아니고 각 지방자치단체가 그 지방의 취지에 맞게 별도로 규율하는 것을 용인하는 취지여야 한다. 미등록 경로당에 대한 지원은 첫 번째 조건에 합당하여 조례로 지원이 가능한 것이 된다. 수직적 분수를 너무 경직되게 해석해서는 안 된다. 상위 법의 빈 공간을 채워주는 역할을 조례가 할 수 있도록 길을 열어 준 것으로 판례의 견해에 찬성한다.

2) 수평적 분수

(1) 수평적 분수는 조례와 조례 사이의 관계이다. 수평적 분수는 '**다른 조례와의 관계**' 조문에서 극적으로 드러난다. '**관계**'라는 말은 서로 영향을 주고받는 복수의 존재를 전제로 한다. 조례는 고립되어 홀로 존재하는 것이 아니라 다른 조례들과 유기적으로 결합되어 총체적인 조례 체계를 이루고 있다. 이들 조례 사이에 어느 규정이 먼저 적용되는지 등 그 관계 설정을 명확히 해두지 않으면 해석 및 적용에 혼란을 가져올 수 있다. '다른 조례와의 관계'라는 조문은 이 점을 분명히 해두는 것이다.

(2) 다자녀가구 지원과 관련된 3개의 조례가 있다고 가정 해보자.

- **A 조례** : 다자녀가구를 포함하여 가구에 대한 지원을 규정하고 있는 조례
- **B 조례** : 다자녀가구에 대한 지원을 규정하고 있는 조례
- **C 조례** : 저소득가구에 대한 지원을 규정하고 있는 조례

A 조례는 기본조례가 될 수도 있고 일반조례가 될 수도 있다. 이것은 조례 제정권자가 선택할 사항이다. 다만, 기본 조례로 만들고 싶다면 몇 가지 갖추어야 할 요건이 있다.

하나, 조례 **제명**이 「00군 가구지원에 관한 기본조례」처럼 기본조례임을 분명히 밝히고 있어야 한다. 기본조례임에도 제명에 기본조례라고 밝히지 않는 것은 바람직하지 않다.

둘, 제2조에 **기본이념**이라는 조문을 가지고 있어야 한다. 제1조(목적)에서 담지 못한 조례 제정의 취지 등을 밝힌다.

셋, 다수의 **선언적 규정**을 둔다. **구체화 조례**들이 달성하여야 할 기본방향에 대한 규정을 둔다.

넷, 다른 조례와의 관계에서 '제0조(다른 조례와의 관계) 가구 지원에 관한 다른 조례를 제정하거나 개정하는 경우에는 이 조례의 목적이나 이념에 부합하도록 해야 한다.'라는 유형의 규정을 둔다.[22]

다섯, '---에 관하여는 따로 조례로 정한다'와 같은 구체화 조례로 위임하는 규정을

---

[22] 이런 규정방식에 대해 다른 조례와의 관계를 지나치게 포괄적으로 규정한 것으로서 실제 해석상 다른 조례와의 저촉문제 등 의문을 일으킬 소지가 많아 피해야 한다는 주장이 있다(《자치법규 입안 길라잡이》, 법제처, 2022). 하지만 기본조례의 요건 중 하나로서 구체화 조례의 제정 또는 개정에서 기본방향을 제시하는 것으로서 의미가 있다고 본다.

둔다. 예를 들어, '다자녀가구에 관하여는 따로 조례로 정한다'와 '저소득가구에 대한 지원에 관하여는 따로 조례로 정한다'는 규정을 각각 두어 B조례와 C조례를 제정할 수 있는 근거를 마련하는 것이다.

기본조례에 대칭되는 조례 유형은 **구체화 조례**이다. 위의 다섯 번째 요건처럼 조례 제정의 위임을 받은 B, C조례가 이에 해당한다. 구체화 조례는 기본조례의 기본이념과 선언적 규정이 실질적으로 달성될 수 있도록 제정 또는 개정되어야 할 것이다.

A조례는 **일반조례**로서의 성격을 가질 수도 있다. 그런 경우에는 기본조례가 갖추어야 할 요건을 반영하지 않아야 한다. 다른 조례와의 관계에서 '<u>가구 지원에 관하여 다른 조례에 특별한 규정이 있는 경우를 제외하고는 이 조례에서 정하는 바에 따른다.</u>'는 규정을 두면 일반조례임이 보다 명확해 질 것이다. 이런 경우 B조례와 C조례의 경우는 다자녀가구와 저소득가구의 지원에 관한 A조례의 특별조례가 될 것이다. 이 점을 분명히하기 위해서 B조례의 다른 조례와의 관계 조문에서 '이 조례는 다자녀가구 지원에 관하여 다른 조례보다 우선하여 적용한다.'는 규정을 두고, C조례의 다른 조례와의 관계 조문에서 '이 조례는 저소득가구 지원에 관하여 다른 조례보다 우선하여 적용한다.'라는 규정을 각각 두는 것이 좋겠다.

일반조례와 특별조례의 구분 실익은 특별조례가 일반조례보다 우선 적용된다는 점에 있다. 따라서 일반조례가 없음에도 특별조례라는 제명 또는 다른 조례와의 관계 규정을 특별조례의 유형으로 규정하는 것은 바람직하지 않다.

(3) 체계정당성의 원리 : 짜장면 보통 vs. 곱빼기

문) 우리나라에는 왜 '기본'조례와 '특별'조례가 많을까?

비트겐슈타인 : "내) 언어의 한계는 내) 세계의 한계다"

① **체계정당성의 원리**는 같은 법규범 내 또는 다른 법규범과의 관계에서 법규범의 구조·내용이나 근거가 되는 원리가 서로 모순·저촉되어서는 안 된다는 원리를 말한다. 이처럼 규범 상호 간 체계정당성을 요구하는 이유는 입법자의 자의를 금지하여 규범의 명확성·예측가능성 및 규범에 대한 신뢰와 법적 안정성을 확보하기 위함이다. 즉, 체계정당성의 원리는 국민의 자유와 권리의 보장을 이념으로 하는 법치국가원리로부터 도출되는 것이다. 다만, 체계정당성 위반 자체가 바로 위헌이 되는 것은 아니고 이는 비례의 원칙, 평등원칙 위반 등 위헌성을 시사하는 하나의 징후일 뿐이며 체계정당성 위반을 허용할 만한 공익적 사유가 존재한다면 그 위반은 예외적으로 정당화될 수 있다는 것이 다수의 견해이다.[23]

② 체계정당성의 원리에 반하는 **특별조례** 제정의 문제[24]

---

23) 국회법제실, 《법제이론과 실제》, 2019년 p.67

24) 국회법제실, 《법제이론과 실제》, 2019년 pp.68-69. 특별법의 제정기준과 특별법의 정비기준은

일반조례와 특별조례의 관계에 대해 생각해 볼 만한 점이 잘 정리되어 있어 관련 내용을 여기에 옮겨 본다. 아래의 내용은 일반법과 특별법의 관계에 관한 내용이지만 조례에도 동시에 적용할 수 있다고 하겠다.

■ 국회 법제사법위원회는 2011년 6월 30일 특별법 남용으로 인한 문제점을 다음과 같이 지적하면서 각 상임위원회에 특별법 제정의 자제를 요청한 바 있다[법제사법위원회 (문서번호: 법사위-1368), 2011. 6. 30.].

- 특별법 형태로 새로운 입법을 제정함으로써 기존 법령과 모순되거나 저촉되는 사례가 발생하고 있습니다.
- 특히 개별법이나 특별법 형태로 방대한 법규범이 산재함에 따라 국민들의 불편과 혼란을 가중할 우려가 제기됩니다.
- 그러므로 특별법이나 개별법 형태의 입법을 자제하고 기본법 등 기존 법질서의 체계에 편입하는 방향의 입법이 요망됩니다.

■ 이에 특별법 제정·개정 시 체계정당성의 원리 준수 여부에 대한 검토가 필요하며, 이와 관련하여 다음의 특별법 제정·정비 기준을 고려해 볼 수 있다.

1. 특별법의 제정 기준
- 특별법 제정에 신중한 접근 필요: 특별법 제정 필요성, 특별법의 실효성과 적합성, 기존 법령과의 조화 등을 종합적으로 판단하는 신중한 접근이 필요
- 법 제명과 목적규정에서의 일반법과의 관계 명시: 일반법에 대한 개별적·구체적인 특례라는 입법취지가 법 제명에 반영될 수 있도록 특별법이라는 점을 명시하고, 해당 법률이 어떤 내용의 특례인지 목적 규정에서 명확히 드러나도록 함.
- 위헌 여부에 대한 검토: 특별법에 따른 특례를 규정할 때에는 헌법상 평등원칙,

한상우, 법령상담 사례(특별법 분야), 월간 「법제」, 2012년 2월, pp.78-79를 재인용

과잉금지원칙, 책임주의 원칙 등을 위반하는 것이 아닌지, 기존의 법체계와 모순·충돌되는 부분은 없는지에 대한 체계적 검토가 필요

2. 특별법의 정비기준
- 특별법의 일반법으로의 편입
- 특별법의 존치 필요성에 대한 수시검토를 통한 정비: 입법목적을 달성했거나 존재이유를 상실한 특별법이 있는지 수시로 검토한 후 불필요한 특별법 정비
- 특별법상 벌칙규정의 정비: 범죄와 형벌 간 균형과 비례의 관계가 유지되도록, 지나치게 가혹한 벌칙규정을 정비

특별조례는 새로운 분야의 입법 수요를 조례에 반영하기 위하여 기존 법제도에 대한 예외적인 상황이나 내용을 규정해야 할 필요성이 있는 경우에 만들어지고 있으나, 특별조례가 많이 양산되면 법체계가 혼란스러워져 법규범 상호 간의 충돌과 모순으로 체계정당성을 침해할 여지가 커진다. 또한, 복잡한 법체계로 주민의 법 이해를 어렵게 하고 법에 대한 신뢰성을 저하시킬 수 있으므로 특별조례 제정에 신중을 기하는 것이 필요하다.

③ 짜장면 곱빼기는 보통이 있기에 가능한 개념이다. 기본조례는 구체화 조례가 있기에, 특별조례는 일반조례가 있기에 가능한 조례 유형이다. 보통이 없으면 곱빼기가 보통이 되어야 한다. 하지만 제명에서부터 기본조례가 아님에도 기본조례라고 하고, 특별조례가 아님에도 특별조례라고 하는 경우가 종종 있다. 이것은 기본 또는 특별이라는 말이 주는 좋은 어감 때문으로 보인다. **'내 언어의 한계는 내 세계의 한계'**라는 비트겐슈타인의 말이 떠오른다. 뭔가 기본을 세운 듯 하고, 뭔가 특별해 보인다는 그런 어감이 기본조례와 특별조례가 넘쳐나게 한 것으로 보인다. 하지만 법의 시각에서

보면 분명 자제되어야 하는 현상이다. 조례는 자기의 분수에 맞는 이름을 가져야 조례 해석과 적용에 혼란을 피할 수 있기 때문이다.

(4) 수평적 분수와 관련하여 유의할 점을 정리해 본다.

하나, 다른 조례와의 관계에 관한 규정에 상위 법령의 위임에 따라 제정되는 조례보다 우선하는 내용을 정하는 것은 수직적 분수의 측면에서 문제의 소지가 있을 수 있다. 수직적 분수가 직계의 문제라면 수평적 분수는 방계의 문제이다. 표현이 어떤지 모르겠지만 숙부가 장손보다 우위에 위치하는 것은 법체계가 그리 좋아하는 모양새가 아니다. 법령 위반의 소지가 발생하지 않도록 주의해야 한다.

둘, 다른 조례와의 관계 조문을 규정함에 있어 다른 법령 및 조례와의 관계로 규정하는 경우가 종종 있다. 하지만 이런 규정은 수평적 분수의 문제를 넘어 수직적 분수의 문제가 된다. 법령은 조례와의 수평적 관계가 아니라 수직적 관계이다. 조례는 법령을 넘을 수 없다. 넘을 수 없는 어른에게 구지 관계를 정하자고 하는 것은 예의에 벗어나는 행동이다.

셋, 적용 범위와의 구별이다. 적용 범위는 조례에서 규율하려는 대상이나 사항에 대하여 그 조례가 적용되는 범위를 명확하게 하려고 두는 규정이다. 조례의 전부 또는 일부가 적용되거나 적용되지 않는 대상범위를 명시하거나, 조례 중 일부 조항을 어떤 범위에 한정하여 적용하는 것을 내용으로 한다. 예를 들어, 위의 사례에서 B조례와 C조례의 관계는 어떻게 될까? 구체적으로 다자녀가구이면서 저소득가구인 경우 B조례와 C조례를 둘 다 적용받는지 아니면 둘 중 하나만 적용 받는지 불분명한 면이 있다. 이런 경우를 해결할 필요가 있을 때 적용 범위 조문이 등장하는 것이다. 적용 범위에 관한 규정과 다른 조례와의 관계에 관한 규정은 그 규율하려는 내용이 서로 다른 것이므로 별도의 조문으로 구분하여 규정하는 것이 타당하다.

넷, 체계정당성의 원리는 수평적 분수 외에 수직적 분수와도 관련되어 있다는 점이다. 수직적 분수의 시각에서 법률에서 정의된 용어는 조례에서도 동일한 의미를 가지는 용어로 쓰여야 하며, 수평적 분수의 시각에서 유사 내용을 다루는 조례에서 쓰이는 용어는 되도록 동일한 의미를 가지는 용어로 쓰여야 한다. 또한, 유사한 행위에 대한 벌칙은 유사한 수준이어야 한다. 체계정당성의 원리는 유사 입법례를 반드시 확인하여 홀로 튀지 말라는 것이다. 법체계는 혼자 두드러지려는 것을 별로로 여긴다.

3) 시간적 분수

시간적 분수는 조례의 과거, 현재 그리고 미래의 효력과 관련되는 분수이다. 기본적으로 시간은 돌이킬 수 없다는 전제하에서 출발한다. 현재를 기준으로 과거를 존중하되 과거에 얽매여서는 안 되며, 미래를 지향하되 너무 앞서가서는 안 될 것이다. 관련된 내용을 하나하나 살펴보도록 하겠다.

(1) 시행일

① 의미

시행일은 조례에서 규정한 법률효과가 발생하는 날을 의미한다. 조례는 특별한 규정이 없으면 공포한 날부터 20일이 지나면 효력이 발생한다.[25] 다만, 개인적으로 부칙에 시행일이 없는 경우를 본 적은 없다.

② 규정 방식 및 유의 사항

㉮ **공포한 날부터 시행** : 제1조(시행일) 이 조례는 <u>공포한 날부터 시행</u>한다.

---

25) 「**지방자치법**」 제32조(조례와 규칙의 제정 절차 등) ⑧ 조례와 규칙은 특별한 규정이 없으면 공포한 날부터 20일이 지나면 효력을 발생한다.

공포한 날부터 시행하는 것은 조례의 시행이 긴급하거나 단순한 정비의 경우에 예외적으로 규정하는 방식이다. 하지만 현재 대부분의 조례가 이 방식을 채택하고 있는 것은 예외가 원칙 행세를 하고 있는 것으로 상당한 문제가 있다고 하겠다.

㈏ **공포일부터 일정기간이 경과한 날부터 시행** : 제1조(시행일) 이 조례는 공포 후 0개월이 경과한 날부터 시행한다.

주민이 조례의 내용을 숙지하고 필요한 준비를 할 시간이 필요하거나 조례의 시행을 위하여 규칙이나 고시 등 하위 법규를 마련할 필요가 있는 경우에는 일정기간의 유예기간이 필요할 것이다. 가장 원칙적인 시행일 규정 방식으로 볼 수 있겠다.

㈐ **특정한 날부터 시행** : 제1조(시행일) 이 조례는 0000년 00월 00일부터 시행한다. 조례의 시행일을 확정적으로 정할 필요가 있거나 주민들에게 시행일을 명확하게 인식하게 할 필요가 있는 경우에 사용한다. 또한, 조례의 시행이 다른 조례의 시행과 연계하여 이루어지거나 종전 조례의 시행일이 도래하기 전에 조례를 개정하는 경우 개정 조례의 시행일을 특정 일자로 규정한다.

만약 조례의 공포가 예상보다 늦어져 공포일이 시행일보다 늦게 되는 경우에는 시행일이 무효가 되고, 「지방자치법」 제32조 제8항에 따라 공포한 날부터 20일이 지난 날부터 시행하게 될 것이다.

㈑ **특정한 사실의 발생과 연계하여 시행** : 제1조(시행일) 이 조례는 ---이 발효되는 날부터 시행한다.

시행시기를 특정할 필요가 있으나 날짜를 알 수 없는 경우에 사용한다. 제도적으로 일체를 이루고 있는 다른 법령이나 조약이 있는 경우에 사용되며 조례의 시행에 있어 그 전부 또는 일부 조항에 대하여 필수적으로 그 전제조건이 충족된 경우에만 시행되도록 하려는 특수한 방식이다.

(바) 규정 또는 적용대상 등에 따라 다르게 시행 : 제1조(시행일) 이 조례는 공포 후 0개월이 경과한 날부터 시행한다. 다만, 제28조제3항의 개정규정 중 특별자치시장 관련 부분은 2012년 7월 1일부터 시행하고 부칙 제2조는 공포한 날부터 시행한다.

하나의 조례는 전체로서 상호 연계되어 있으므로 모든 규정이 동시에 시행되는 것이 일반적이지만, 필요에 따라 조례 중 일부 규정 또는 적용대상을 구분하여 시행일을 다르게 규정할 수 있다. 시행일을 다르게 규정해야 하는 조문이 많은 경우 각 호로 열거하는 방식도 사용할 수 있다.

유의 사항에 두 가지 사항을 추가하고자 한다.
하나, 법령의 위임에 따라 제정·개정되는 조례의 경우 조례의 시행일을 위임법령의 시행일에 맞추어야 한다. 만약 위임법령의 시행일보다 조례의 제정이나 개정이 늦게 공포된 경우에는 조례의 시행일을 조례의 공포일 이후의 날로 정해야 할 것이다. 또한, 해당 조례가 법령이나 다른 조례의 시행을 전제로 하면 그 법령이나 다른 조례의 시행일과 일치시키거나 늦추어야 할 것이다.
둘, 공포 방법에 관한 의문이다.

> **「지방자치법」**
>
> **제33조(조례와 규칙의 공포 방법 등)** ① 조례와 규칙의 공포는 해당 **지방자치단체의 공보에 게재하는 방법**으로 한다. 다만, 제32조제6항 후단에 따라 지방의회의 의장이 조례를 공포하는 경우에는 공보나 일간신문에 게재하거나 게시판에 게시한다.
> ② 제1항에 따른 공보는 종이로 발행되는 공보(이하 이 조에서 **"종이공보"**라 한다) 또는 전자적인 형태로 발행되는 공보(이하 이 조에서 **"전자공보"**라 한다)로 운영한다.
> ③ 공보의 내용 해석 및 적용 시기 등에 대하여 종이공보와 전자공보는 동일한 효력을 가진다.
> ④ 조례와 규칙의 공포에 관하여 그 밖에 필요한 사항은 대통령령으로 정한다.

「지방자치법」 제33조에 따르면 조례의 공포는 종이공보 또는 전자공보의 방식으로 한다. 여기서 묻고 싶다. 공보보는 사람이 과연 얼마나 되는가? 주민 전체에게 알려주어야 하는 경우에는 어쩔 수 없더라도 특정 이해관계자에게 반드시 알려주어야 하는 조례는 SNS 등을 활용하여 통지하는 것이 필요하다. 몰라서 대응을 못하면 되겠는가? 지금 우리는 21세기에 살고 있다. 20세기의 기술 수준에서 멈춰버린 공포 방법에 동의할 수 없다. 아래의 모르면 못받는 식의 난방비 지원 정책이 얼마나 한심한지 느껴보기 바란다.

> [앵커] 어쨌든 기름값은 한 시름 더는 분위기 같은데, 올 겨울 가스비는 어떨까요?
>
> [기자] 키워드 한 번 보실까요?
>
> '5% 더 난방 대란' 이라고 뽑아봤습니다. 지난 겨울과 똑같은 양의 가스를 쓴다면 이번 겨울에는 5%를 더 내야 하기 때문입니다. 이미 지난 5월에 가스비를 5.3% 인상해놓은 상태입니다. 안 추울 때 올린 것이라 체감을 못하셨겠지만, 가스 소비가 많은 겨울이 되면 본격적으로 실감이 될 겁니다. 가스공사의 미수금이 12조원에 이르는 데다, 최근 유가가 올라서 요금을 내릴 가능성은 희박합니다. 가스공사는, 아직도 요금이 공급 원가의 78%에 불과하다면서 환율과 유가가 오르면 미수금이 더 늘어날 거라고 우려하고 있습니다.

[앵커] 이러다 보면 특히 저소득층이 걱정이잖아요? 정부 대책이 좀 있습니까?

[기자] 이달 중에 난방비 대책을 내놓겠다고 했습니다. 지난 겨울에도 난방비 지원을 하기는 했습니다. 문제는 이 키워드처럼 '모르면 못 받는'는 식으로 운영이 됐다는 것입니다. 제도가 있는지 몰라서 신청을 안 하면 안 주는 것입니다. 가스공사가 국회 산자위 김용민 의원에게 제출한 자료입니다. 난방비 지원 대상인 기초생활수급자와 차상위 층은 171만 가구로 추정됩니다. 이 가운데 가스공사가 지원을 한 사람은 92만 가구로 파악이 됩니다. 많게 보면 수십만 가구가 신청을 안 했다는 이유로 지원을 못 받은 걸로 추정됩니다.

[앵커] 가스공사도 이걸 모를 리 없었을 텐데, 왜 가만 있었는지... 해명을 좀 하던가요?

[기자] 가스공사는 "개인정보보호 때문에 대상자가 신청을 해야 감면해 줄 수 있다"고 밝혔고요. 또 여기에 집계되지 않은 사람 중에는 "지역난방 등 다른 지원을 받는 사람이 있을 것"이라고 해명했습니다. 결국 신청 안해서 못 받은 사람이 얼마쯤인지 파악이 힘들다는 뜻입니다.

[앵커] 올 겨울 또 몰라서 못 받는 분들이 없도록, 우리 박대기 기자가 한 번 더 설명을 해주실까요?

[기자] 네, 지난 겨울처럼 운영된다면 주민등록상 거주지 주민센터에서 신청 하시면 됩니다. 도시가스 회사에서도 신청을 안내받을 수 있습니다. 하지만 어려운 분들이 알아서 신청하길 기다리는 것보다 기관 간에 정보를 공유해서 적극적으로 찾아 지원하는 것이 필요해 보입니다.

[출처] 찬바람 부는데…교통비 이어 에너지요금 오르나? KBS [경제대기권] 중에서, 2023.10.7

| 참고 | **시행일 계산** |

「행정기본법」

제7조(법령등 시행일의 기간 계산) 법령등(훈령·예규·고시·지침 등을 포함한다. 이하 이 조에서 같다)의 시행일을 정하거나 계산할 때에는 다음 각 호의 기준에 따른다.

1. 법령등을 공포한 날부터 시행하는 경우에는 공포한 날을 시행일로 한다.
2. 법령등을 공포한 날부터 일정 기간이 경과한 날부터 시행하는 경우 법령등을 공포한 날을 첫날에 산입하지 아니한다.
3. 법령등을 공포한 날부터 일정 기간이 경과한 날부터 시행하는 경우 그 기간의 말일이 토요일 또는 공휴일인 때에는 그 말일로 기간이 만료한다.

「행정기본조례」

부칙

제1조(시행일) 이 조례는 공포한 날부터 시행한다. 다만, 제22조는 공포 후 6개월이 경과한 날부터 시행하고, 제33조는 공포후 1년이 경과한 날부터 시행한다

만약 공포일이 2025년 5월 15일[26]이라면,

ⅰ) **조례 시행일** : 2025년 5월 15일(공포일과 동일)

ⅱ) **제22조** : 2025년 11월 15일(공포일은 첫 날에 산입하지 않고, 5월 16일부터 기산하여 6개월의 기간 만료일은 11월 15일이 되고, 시행일은 그 다음날인 11월 16일이 된다)

ⅲ) **제33조** : 2026년 5월 15일(공포일은 첫 날에 산입하지 않고, 5월 16일부터 기산하여 1년의 기간 만료일은 2026년 11월 15일이 되고, 시행일은 그 다음날인 11월 16일이 된다)

---

26) 5월 15일은 스승의 날이다. 독자 분들께서는 잠시 책을 접고 스승님들을 떠올려 보기 바란다. 어느 스승님이 떠오르는가? 스승님들을 노동자 취급하는 세태가 한심하기 그지 없고 공부 좀 한다는 학생들이 의대만 가려고 한다는 세태가 기막히다. 참 스승이 그리운 세상이다.

(2) 한시조례 : 유효기간

① 의미

한시조례란 일정 기간만 시행하는 조례로 **유효기간**에 관한 규정이 필요하다. 조례를 더 이상 적용할 필요가 없는 경우에는 조례의 폐지를 통해 정리하는 것이 원칙이지만 정책의 효과를 높이기 위해 정책이 한시적으로 시행된다는 것을 미리 밝히는 것이 나은 경우 한시조례를 제정할 필요성이 있다.

유효기간이 경과한 경우 해당 조례의 폐지 등 별도의 조치를 취하지 않더라도 그 조례는 실효된 것으로 본다. 다만, 해당 조례가 효력을 상실하였음에도 불구하고 형식적으로는 조례로 남아 있어 주민에게 혼란을 줄 여지가 있을 수 있으므로 조례 정비 차원에서 해당 조례의 폐지 절차를 거치는 것이 바람직하다.

② 규정방식

㈎ **조례 전체의 유효기간을 규정하는 방식** : 제2조(유효기간) 이 조례는 2030년 12월 31일까지 효력을 가진다.

조례 전체의 유효기간은 부칙에 유효기간이라는 제목으로 규정을 두며, 시행일 규정과 별도의 조문에서 규정한다.

㈏ **특정 조항에 대한 유효기간을 규정하는 방식** : 부칙 제2조(유효기간) 제29조의 규정은 2030년 12월 31일까지 효력을 가지며, 제32조제1항 중 "고유업종 외의 사업"을 2031년 1월 1일부터 "사업"으로 한다. / 본칙 제5조(---지원사업에 대한 특례) 시장은 다음 각 호의 어느 하나에 해당하는 경우에는 제0조에도 불구하고---에 대하여 지원할 수 있다. 1.---(2030년 12월 31일까지 지원을 신청하는 경우

만 해당한다)

특정 조항의 유효기간은 부칙과 본칙 둘 다 가능하다. 한시규정을 둔 조문에서 유효기간을 규정하는 것이 조례를 더 쉽게 이해할 수 있다고 판단되면 본칙에 규정하는 것이 바람직하다.

㈐ **유효기간을 연장하는 경우의 규정방식** : 유효기간의 만료 전 / 만료 후

유효기간을 연장하려면 유효기간이 만료하기 전에 유효기간을 규정한 조항을 개정하면 된다. 그러나 유효기간이 종료한 후에는 이미 해당 규정이나 조례 전체가 효력을 잃었으므로, 비록 규정의 형태는 남아 있다고 하더라도 사실상 존재하지 않으므로 유효기간을 규정한 조항을 개정하는 방식으로 유효기간을 연장할 수 없다. 따라서 조례 전체의 유효기간이 만료된 때에는 새로운 조례를 제정하여 제정 조례의 부칙에 유효기간을 정한다. 반면에, 개별조항의 유효기간이 만료된 경우에는 해당 조항을 전부 개정하는 방식이나 기존 규정을 삭제하고 새로운 규정은 가지번호를 사용하여 다른 조문으로 신설하는 방식을 사용하는 것이 바람직하겠다.

③ 법령의 위임에 따라 제정되는 조례의 유효기간 규정 필요성

상위법령의 유효기간이 경과하면 하위법령에 유효기간 규정이 없더라도 하위법령도 자연히 실효된다. 상위법령에서 유효기간을 두고 있는 경우 조례에서 별도 규정이 불필요하지만 조례만으로 확인하기 어려움이 있을 수 있어 확인적ㆍ안내적 차원에서 유효기간을 명시하는 것이 좋겠다.

④ 경과조치
㈎ **한시조례 시행 중에 행한 처분에 대한 경과조치**

> 제2조(유효기간) 이 조례는 2030년 12월 31일까지 효력을 가진다.
> 제3조(자금지원에 관한 경과조치) 제4조부터 제8조까지의 규정에 따른 자금지원은 이 조례의 유효기간이 지난 후에도 ---까지 그 효력을 가지며 그 효력을 가지는 동안에는 제10조부터 제15조까지를 적용한다.

유효기간이 경과하고 나면 실효된 상태가 되기 때문에 조례나 특정 조문을 폐지하거나 삭제하는 경우와 같이 경과조치 등을 두어야 할 필요가 생긴다.

(나) 한시조례 시행 후 남은 업무를 처리하기 위한 경과조치

> 제2조(유효기간) 이 조례는 2030년 12월 31일까지 효력을 가진다. 다만, 이 조례 시행 중에 제8조에 따라 지원을 받은 자에 대한 확인서의 발급에 대하여는 유효기간 경과 후 6개월까지는 이 조례에 따른 확인서의 발급을 신청할 수 있다.

조례의 유효기간이 끝나도 그 조례에 따라 진행되던 사무는 계속 처리하게 할 필요가 있는 경우에 둔다. 유효기간에 대한 예외라는 성격이 있으므로 유효기간을 규정하는 조항에서 단서의 형식을 규정할 수도 있고, 별도의 조항으로 할 수도 있다.

법제 공부 | '각 호' vs. '각 호의 어느 하나'

각 호에 규정된 요건에 해당되는 경우를 표현하는 법문 중 '다음 각 호의'는 각 호의 모든 요건을 갖추어야 할 경우에 사용되고, '다음 각 호의 어느 하나'의 법문은 각 호 중 어느 하나의 요건만을 갖추면 되는 경우에 사용한다.

(3) 신뢰보호의 원칙 : 소급효의 문제

> **「행정기본법」**
>
> **제12조(신뢰보호의 원칙)** ① 행정청은 공익 또는 제3자의 이익을 현저히 해칠 우려가 있는 경우를 제외하고는 행정에 대한 국민의 정당하고 합리적인 신뢰를 보호하여야 한다.
> ② 행정청은 권한 행사의 기회가 있음에도 불구하고 장기간 권한을 행사하지 아니하여 국민이 그 권한이 행사되지 아니할 것으로 믿을 만한 정당한 사유가 있는 경우에는 그 권한을 행사해서는 아니 된다. 다만, 공익 또는 제3자의 이익을 현저히 해칠 우려가 있는 경우는 예외로 한다.
>
> **제14조(법 적용의 기준)** ① 새로운 법령등은 법령등에 특별한 규정이 있는 경우를 제외하고는 그 법령등의 효력 발생 전에 완성되거나 종결된 사실관계 또는 법률관계에 대해서는 적용되지 아니한다.
> ② 당사자의 신청에 따른 처분은 법령등에 특별한 규정이 있거나 처분 당시의 법령등을 적용하기 곤란한 특별한 사정이 있는 경우를 제외하고는 처분 당시의 법령등에 따른다.
> ③ 법령등을 위반한 행위의 성립과 이에 대한 제재처분은 법령등에 특별한 규정이 있는 경우를 제외하고는 법령등을 위반한 행위 당시의 법령등에 따른다. 다만, 법령등을 위반한 행위 후 법령등의 변경에 의하여 그 행위가 법령등을 위반한 행위에 해당하지 아니하거나 제재처분 기준이 가벼워진 경우로서 해당 법령등에 특별한 규정이 없는 경우에는 변경된 법령등을 적용한다.

① 의미

일반적으로 **신뢰보호의 원칙**이란 행정기관의 일정한 명시적·묵시적 언동의 정당성 또는 존속성에 대한 개인의 보호가치 있는 신뢰는 보호해 주어야 한다는 원칙을 말한다(「행정기본법」 제12조). 하지만 조례 입안과 관련한 신뢰보호의 원칙이란 조례의 제정·개정과 관련하여 구법 상태의 존속을 신뢰한 국민에 대한 보호의 문제로서 소급효를 가지는 조례에 관한 문제이다. (「행정기본법」 제14조). 직접적으로 표현하자면 조례를 믿고 쭉 해오던 관례를 느닷없이 바꾸지 말라는 것이고 혹시 바꿀 수밖에 없더라도 주민들의 신뢰를 보호해 주어야 한다는 것을 의미한다.

신뢰보호의 원칙을 만날 때마다 《논어》의 **무신불립(無信不立)**이라는 말이 떠오른다.

> '믿음이 없으면 살아나갈 수 없다'라는 뜻으로 《논어》 '안연편'에 실린 공자의 말에서 비롯되었다. 자공(子貢)이 정치에 관해 묻자, 공자는 "식량을 풍족하게 하고(足食), 군대를 충분히 하고(足兵), 백성의 믿음을 얻는 일이다(民信)"라고 대답하였다. 자공이 "어쩔 수 없이 한 가지를 포기해야 한다면 무엇을 먼저 해야 합니까?" 하고 묻자 공자는 군대를 포기해야 한다고 답했다. 자공이 다시 나머지 두 가지 가운데 또 하나를 포기해야 한다면 무엇을 포기해야 하는지 묻자 공자는 식량을 포기해야 한다며, "예로부터 사람은 다 죽음을 피할 수 없지만, 백성의 믿음이 없이는 (나라가) 서지 못한다(自古皆有死 民無信不立)"고 대답했다.
>
> [네이버 지식백과] 무신불립 [無信不立] (두산백과 두피디아, 두산백과)

여기서 한 가지 고백을 하고자 한다. 나의 조례에 대한 접근이 조례 그 자체에 매몰되거나 한정되지 않고 자유롭고 다채로울 수 있었던 것은 《논어》에 힘입은 바 크다. 《논어》에 대한 이해가 깊어질수록 조례에 대한 이해 또한 깊어질 것으로 확신한다.

사회과학에서는 최근에 신뢰의 문제를 **사회적 자본**이라는 이름으로 논의하고 있다.

| 참고 | **사회적 자본의 의미[27]** |

하나, 콜만(Coleman)이 들고 있는 사회적 자본의 사례이다.

다이아몬드 도매상이 거래할 때는 한 상인이 다이아몬드 원광석이 가득 든 가방을 자신의 거래처 상인에게 그냥 주고 가는 경우가 흔히 있다. 상대방이 시간 날 때 원광석을 차근차근 살펴보고 값을 매기도록 하기 위함이다. 만약 다이아몬드를 맡은 쪽에서 나쁜 마음을 먹는다면 진품 하나를 빼돌리고 가짜 모조품으로 바꿔치기하는 것이 얼마든지 가능하다. 이에 대한 다른 안전장치는 없다. 게다가 이 물건들은 수십만 달러 상당의 값어치가 나간다. 그런데 뉴욕의 다이아몬드 도매시장을 주름잡고 있는 유대인들은 자기들끼리의 긴밀하고 신뢰 어린 관계를 이용해서 이런 식의 거래를 한다. 그들은 브루클린에 커뮤니티를 형성해 살면서 끼리끼리 결혼하고 또 같은 유대교회당을 다닌다. 그들은 같은 민족으로서의 정체성을 갖고 또한 가까운 가족 관계로 얽혀 있다. 이러한 관계가 위와 같은 신용거래를 가능하게 해 준다. 만약 공동체 내의 누군가가 다이아몬드 거래를 하면서 상대방에게 사기를 친다면 그는 지역사회와 종교 커뮤니티로부터 영원히 추방될 것이다. 이러한 신용거래는 시장 기능을 원활히 하고 교환 행위의 효율성을 높인다. 신뢰라는 사회적 자본이 경제의 효율성을 높이는 것이다.

둘, 퍼트남(R. Putnam)이 콜만의 사회적 자본의 개념을 국가와 정치의 영역에 적용한 사례를 살펴보자.

퍼트남은 이탈리아의 북부 지역('롬바르디아'와 '에밀리아로마냐')이 남부 지역('바실리카타'와 '칼라브리아')에 비해 경제 발전과 지방정부의 성취도 등에서 훨씬 앞서게 된 것은 북부 지역이 오래전부터 협동조합이나 상조회, 문화적 결사체가 활발하게 조직될 정도로 시민 참여의 전통과 공동체 문화가 발달했기 때문이라고 설명한다. 그는 결사

---

27) 사회적 자본에 대한 자세한 내용은 황익주 외, 2016, "한국의 도시 지역공동체는 어떻게 형성되는가", 서울대학교출판문화원, pp.148-158 참조.

> 체의 빈도, 투표 성향 등으로 나타나는 시민공동체의 발달 정도가 오늘날 경제 발전의 정도와 밀접한 상관관계를 보인다고 주장하면서, '예전의 경제적 풍요로움이 오히려 시민 참여의 전통을 낳은 것은 아닌가'라는 역의 인과적 가능성에 관해서는 역사적 자료를 근거로 기각하고 있다. 다시 말해 북부 지역은 경제 발전이 원인이 되어 시민 공동체의 분위기가 형성된 것이 아니라 신뢰와 협력의 정도가 높은 공동체 문화의 전통 때문에 경제·사회적 발전이 이루어졌다는 것이다.

신뢰를 보호하지 않는 나라가 과연 얼마나 지속가능할 것인가? 신뢰가 사라지면 신뢰를 제도적으로 보장하기 위한 사회적 비용이 급증하게 된다. 우리나라의 경제성장이 정체되는 근본 이유도 신뢰가 무너지고 있기 때문일 수도 있다. 왜 우리나라에서 신뢰 대신 불신이 팽배할까? 더 늦기전에 원인을 찾아야 할 것이다. 다시 조례의 소급효로 돌아오자.

② 유형별 차이 : 규제(침익적) 조례 vs. 지원(수익적) 조례
㈎ **침해적 성격의 소급입법**

침해적 성격의 소급입법은 법적 안정성과 예측 가능성을 이념으로 하는 법치국가의 원리에 위배되는 것이므로 원칙적으로 금지 된다. 그러나 침해적이라는 이유로 소급입법이 무조건 금지된다면 사회 환경의 변화에 대응하기 위한 입법을 할 수 없으므로, 일정한 경우에 이를 허용해야 하는 경우가 있을 수 있는데, 그 허용 여부 및 요건은 진정소급입법과 부진정소급입법 간에 차이가 있다.

㉠ **진정소급효**: 이미 **종료**된 사실관계나 법률관계에 적용되는 경우를 말한다. 원칙적으로 인정되지 않지만 특단의 사정이 있는 경우에 허용된다. 헌법재판소는 특단의

사정에 대해 소급입법의 예상 가능, 보호할 신뢰이익이 적음, 소급입법으로 인한 당사자의 손실이 없거나 아주 경미한 경우, 신뢰보호의 요청에 우선하는 심히 중대한 공익상의 사유 등을 진정소급입법을 정당화하는 경우로 들고 있다(헌재 96헌가2).

ⓒ **부진정소급효**: 현재 **진행 중인** 사실관계나 법률관계에 적용되는 경우를 말한다. 원칙적으로 가능하지만 소급효를 요구하는 공익상의 사유와 신뢰보호 요청 사이의 교량 과정에서 신뢰보호의 관점이 입법자의 입법형성권에 일정한 제한을 가한다는 것이 다수설과 판례의 견해이다. 소급효는 예외적으로 인정되는 것이므로 부진정소급효가 원칙적으로 가능하다고 보는 견해에는 동의하기 어렵다. 소급효를 인정하더라도 이해관계인의 법적 권리 및 지위를 존중하고 보호하기 위하여 경과조치를 둘 필요는 없는지 잘 검토해 보아야 할 것이다.

⑷ **수익적 성격의 소급입법**

입법의 목적, 수혜자의 상황, 자치단체의 예산 등 여러 가지 사항을 고려하여 결정하되 입법형성의 자유의 폭이 크다. 다만, 평등의 원칙과의 관계상 차별의 근거가 현저하게 합리성이 결여되어서는 안될 것이다.

> **참고** **신뢰보호의 원칙에 대한 판례**
>
> 법령의 개정에 있어서 **신뢰보호원칙**이 적용되어야 하는 이유는 <u>어떤 법령이 장래에도 그대로 존속할 것이라는 합리적이고 정당한 신뢰를 바탕으로 국민이 그 법령에 상응하는 구체적 행위로 나아가 일정한 법적 지위나 생활관계를 형성하여 왔음에도 국가가 이를 전혀 보호하지 않는다면, 법질서에 대한 국민의 신뢰는 무너지고 현재의 행위에 대한 장래의 법적 효과를 예견할 수 없게 되어 법적 안정성이 크게 저해되기 때문이라 할 것이나</u>,

> 이러한 신뢰보호는 절대적이거나 어느 생활영역에서나 균일한 것은 아니고 개개의 사안마다 관련된 자유나 권리, 이익 등에 따라 보호의 정도와 방법이 다를 수 있으며, 새로운 법령을 통하여 실현하고자 하는 공익적 목적이 우월한 때에는 이를 고려하여 제한될 수 있다고 할 것이므로 이러한 신뢰보호원칙의 위배 여부를 판단하기 위하여는 한편으로는 **침해 받은 이익의 보호가치, 침해의 중한 정도, 신뢰가 손상된 정도, 신뢰침해의 방법** 등과 다른 한편으로는 **새 법령을 통해 실현하고자 하는 공익적 목적을 종합적으로 비교·형량**하여야 할 것이다. 한편, 건축허가기준에 관한 관계 법령 및 조례(이하 '법령'이라고 한다)의 규정이 개정된 경우, **새로이 개정된 법령의 경과규정에서 달리 정함이 없는 한** 처분 당시에 시행되는 개정 법령에서 정한 기준에 의하여 건축허가 여부를 결정하는 것이 원칙이고, 그러한 개정 법령의 적용과 관련하여서는 개정 전 법령의 존속에 대한 국민의 신뢰가 개정 법령의 적용에 관한 공익상의 요구보다 더 보호가치가 있다고 인정되는 경우에 그러한 국민의 신뢰를 보호하기 위하여 그 적용이 제한될 수 있는 여지가 있을 따름이다.

대법원 2005두8092

비교·형량한다는 것은 양자 택일한다는 의미가 아니다. 구체적으로는 경과조치를 통해 공익과 사익간의 참의 값을 규정할 필요가 있을 것이다.

립싱크를 금지하는 조례를 만든다고 가정해 보자. 우선 이 조례는 가수의 권리를 제한하는 것이므로 규제 조례로 침해적인 성격을 가진다. 따라서 장래효인지 소급효인지, 소급효를 규정한다면 진정소급효인지 부진정소급효인지에 따라 차이가 있을 것이다.

장래효라면 조례 시행 후에 립싱크를 금지하는 것이 될 것이고, 진정소급효는 그동안 립싱크로 벌어들인 수입을 환수 하는 등 이미 종료된 사실관계나 법률관계에 적용하는 경우일 것이고, 부진정소급효는 이미 공연이 확정되어 있는 경우 또는 그 공연을 (재)방송 하는 등 현재 진행 중인 사실관계나 법률관계에 적용되는 경우를 의미한다. 장래효의 경우에는 공포 후 일정기간이 경과한 날부터 시행하도록 하여 립싱크 가수들에게 라이브 공연을 준비할 수 있는 기간을 주는 것이 맞겠다. 진정소급효의 경우에는 극히 예외적인 경우에 인정되는 경우로서 위의 사례에서 인정되기는 어렵다고 본다. 부진정소급효의 경우에는 소급효가 가능할 것으로 보이지만 경과조치를 두어 립싱크 가수의 신뢰이익을 보호해 줄 필요가 있다고 하겠다. 결국 비교형량의 문제로 정도의 문제이자, 그 참의 지점을 찾는 문제가 될 것이다.

(4) 적용례

① 의미

적용례는 적용 대상이 일련의 절차나 단계를 거쳐 진행 중인 경우 등과 같이 어느 시점이나 단계부터 신법을 적용할 것인지 문제되는 경우를 해결하기 위한 규정이다.

「행정기본법」

제14조(법 적용의 기준) ① 새로운 법령등은 법령등에 특별한 규정이 있는 경우를 제외하고는 그 법령등의 효력 발생 전에 완성되거나 종결된 사실관계 또는 법률관계에 대해서는 적용되지 아니한다.
② 당사자의 신청에 따른 처분은 법령등에 특별한 규정이 있거나 처분 당시의 법령등을 적용하기 곤란한 특별한 사정이 있는 경우를 제외하고는 처분 당시의 법령등에 따른다.
③ 법령등을 위반한 행위의 성립과 이에 대한 제재처분은 법령등에 특별한 규정이 있는 경우를 제외하고는 법령등을 위반한 행위 당시의 법령등에 따른다. 다만, 법령등을 위반한 행위 후 법령등의 변경에 의하여 그 행위가 법령등을 위반한 행위에 해당하지 아니하거나 제재처분 기준이 가벼워진 경우로서 해당 법령등에 특별한 규정이 없는 경우에는 변경된 법령등을 적용한다.

「행정기본법」 제14조에 따르면 신청에 따른 처분은 **처분시법주의**를, 법령등을 위반한 행위의 성립과 이에 대한 제재처분은 **행위시법주의**를 원칙으로 한다. 이러한 「행정기본법」에 따른 법 적용기준은 개별 법령에 특별한 규정이 없는 경우에 적용되므로, 공익과 사익을 비교형량하여 「행정기본법」상의 적용기준과 달리 정할 필요가 있을 때에는 부칙에 적용례나 경과조치를 둘 필요가 있겠다.

② 규정방식

㉮ **일반적인 경우** : 제0조 제0항의 개정규정은 이 조례 시행 *이후*(최초로) ~~하는 경우(사람, 자, 것, 분 등)**부터** 적용한다.

기존의 입법례를 보면 이 조례 시행 후와 이 조례 시행 이후가 같이 쓰이고 있으나 '후'는 뒤나 다음을 의미하고, '이후'는 기준이 되는 때를 포함하여 그보다 뒤를 의미하여 '이 조례 시행 후'라고 하면 시행일 포함 여부에 관하여 다툼이 발생할 수 있으니 시행일이 포함되도록 '시행 이후'라고 규정하여야 할 것이다.

그리고 '최초로'를 사용하는 것은 당연한 내용의 반복이거나 강조하는 것 외에 별도의 의미가 없어 불필요한 것으로 보인다. 다만, 경우에 따라서는 '최초로'를 규정해야 구체적 적용범위가 정해지면서 의미가 명확해지는 경우가 있다. 주로 신법 시행 당시 진행 중인 사안에는 신법을 적용하지 않고 신법 시행 이후에 개시되는 사안부터 적용한다는 것을 명확히 규정할 필요가 있는 경우에는 '최초로'를 규정한다.[28]

㉯ **절차가 진행중인 사안을 규정하는 경우**(소급적용) : 제0조 제0항의 개정규정은 이 조례 시행 **당시**~~**에도** 적용한다.

---

28) 국회법제실, 《법제이런과 실제》, 2019년 pp.724-726 참조.

신 조례를 소급적용하는 적용례를 두는 경우에는 위에서 논의한 소급입법의 문제를 미리 살펴보아야 한다. 예를 들어, 인허가의 요건이 강화된 경우에는 소급입법에 따른 문제가 발생하지 않도록 주의해야 한다.

③ 경과조치와의 역할분담

신·구법의 변경과정에서 신법 시행 이후에 발생하는 사안부터 신법을 적용한다는 적용례를 두었다고 하더라도 신법 시행 전에 발생하여 계속 진행 중인 사안에 대해 구법이 당연히 적용되는 것은 아니다. 이는 신법이 시행되는 순간 구법은 더 이상 존재하지 않는 것이므로 신법 시행 이후 법 적용을 명확한 법적 근거 없이 사라진 구법에 따라 할 수는 없기 때문이다. 즉, 신법에 관한 적용례는 신법 시행 이후 구법의 계속적인 적용 근거가 될 수는 없다. 따라서 신법 시행 이후에도 구법을 적용할 필요가 있는 사안에 대해서는 반드시 구법에 따르도록 하는 명문의 경과조치를 함께 규정하여야 한다.

④ 수직적 분수 : 상위 법령과의 관계

상위 법령의 위임이 없는 한 하위 법령에서 상위 법령에서 정한 적용 관계와 다른 규정을 둘 수 없고, 상위 법령에서 적용례나 경과조치를 규정하고 있는 경우에는 하위 법령에서 상위 법령과 다른 적용례나 경과조치를 규정할 수 없다.

또한, 상위법령에서 적용례나 경과조치를 규정하지 않더라도 상위 법령의 해석상 그 적용 관계가 정해진 경우에는 하위 법령에서 이와 다른 적용례나 경과조치를 규정하는 것은 상위법령 위반으로 무효가 될 수 있다는 점에 유의하도록 하자.

(5) 경과조치

① 의미

조례를 제정 또는 개정하여 법질서를 변경하는 경우 어떤 시점부터 새로운 조례를 무조건 적용해서 기존의 법률관계를 새로운 법률관계로 전환시키는 것은 기득권을 침해하는 등 여러 가지 문제를 발생시킬 수 있다. 이러한 경우 **경과조치**는 새로운 법질서로 전환하는 과정을 부드럽고 순조롭게 진행될 수 있도록 하는 과도적 조치의 역할을 한다.

경과조치는 신 조례와 구 조례의 적용관계를 명확히 하고 신구 양 법질서 사이에서 제도의 변화(발전)와 법적 안정성의 요구를 조화시키는 역할을 한다. 따라서 조례를 제정 또는 개정하는 경우 각 조문별로 법적 안정성의 확보, 기득권의 보호 등을 위하여 어떤 과도적 조치가 필요한지를 세심히 검토하여야 한다.

② 전형적 사례

㈎ **조례가 개정된 경우 특정한 사람이나 사항(사물)에 대하여 구법의 효력을 유지하기 위한 경과조치**

> 제0조(----위원회의 심의·의결에 관한 경과조치) 이 조례 시행 당시 이 조례의 적용을 받기 위하여 등록을 신청한 자 중 종전의 제0조에 따라 ----위원회에서 심의·의결이 진행 중인 자에 대하여는 종전의 규정을 적용한다.

조례가 개정되는 경우 사안에 따라 신 조례와 구 조례 중 어떤 것을 적용해야 하는지를 두고 적용상 혼란이 발생할 수 있다. 이런 경우 우선 신 조례가 적용되는 경우를 분명히 해야 하는 경우에는 적용례를 두어야 한다. 다음으로 조례가 폐지되거나 개정되어 구 조례가 효력을 상실하여도 특정 사람이나 사물(사항)에 대하여 구 조례를 적용하려면 명시적으로 구 조례의 효력을 인정하는 경과조치를 두어야 한다. 특히, 경과조치를 규정하는 경우에는 집행상 논란이 발생하지 않도록 어떤 사람이나 사항 등 적용대상이 종전의 규정에 따르는지 구체적인 조례 집행과정을 면밀히 검토하여 최대한 명확하고 구체적으로 적시해 줄 필요가 있다.

종전의 기준에 따르도록 규정한 경과조치에서 "건축허가 신청 등" 또는 "건축허가·건축신고 절차가 진행 중인 자" 등으로 표현하게 되면 건축허가를 위한 일련의 행정절차 중 어디까지 경과조치의 적용대상이 되는지 문제될 수 있다. 구체적으로 건축허가 전 건축위원회의 건축심의 신청이 있는 경우, 건축허가 전 경관위원회 심의를 거친 자 등의 해당 여부가 논란이 될 수 있겠다.

(나) 기득의 권리나 법적 지위를 존중·보호하기 위한 경과조치
㉠ 종전의 지위를 인정하는 사례

> **제0조(――지원 등에 관한 경과조치)** 이 조례 시행 당시 종전의 규정에 따라 지원통보를 받은 자는 제0조의 개정규정에 따른 지원통보를 받은 것으로 본다.

기득권을 보호할 가치가 있다고 판단하는 경우의 경과조치이다. 기득권이라는 단어는 일반적으로 부정적 의미로 쓰이지만 경과조치에서의 기득권은 부정적인 것만은 아니다. 보호받아야 하는 연약한 존재일 수도 있다.

㉡ 일정한 유예기간을 두어 새로운 요건을 갖추도록 한 사례

> **제0조(―――의 지원에 관한 경과조치)** ① 이 조례 시행 전에 지원을 받은 자로 등록한 자로서 제
> □조의 개정규정에 따른 지원 요건을 갖추지 못한 자는 0000년 00월 00일까지 제□조의 개정
> 규정에 따른 지원 요건을 갖추어야 한다.
> ② 지방자치단체의 장은 제1항에 따른 기한까지 제□조의 개정규정에 따른 지원 요건을 갖추
> 지 못한 자에 대해서는 제△조에 따라 지원(등록)을 취소해야 한다(취소할 수 있다).

우선 지원 등을 계속 받을 수 있도록 하면서 일정 기간 내에 신 조례에서 따른 지원 요건 등을 갖추도록 하는 것은 구 조례를 신뢰한 자를 보호하면서도 신 조례로 이행해 나갈 수 있는 좋은 방법이라고 하겠다.

이 외에도 처분청 변경에 따른 경과조치, 위원회 명칭 변경 등에 따른 경과조치, 제재처분으로서의 행정처분에 관한 경과조치, 서식 등의 변경에 따른 경과조치, 과태료에 관한 경과조치, 조례의 유효기간 만료에 따른 경과조치, 폐지·개정 또는 전부개정 시의 일반적 경과조치, 분법 또는 조문 이관 시의 경과조치 등 다양한 경과조치가 존재한다. 실제 경과조치에서는 신법의 적용 또는 불허 등 양자택일이 아니라 다양한 단계적 조치로 신뢰보호의 원칙을 구체적으로 실현할 수 있는 방안을 강구할 필요가 있겠다.

(6) 특례

① 의미

특례는 조례를 제정하거나 개정할 때 정책적인 관점이나 특수한 상황을 전제로 하여 한정된 기간이나 한정된 대상 등에 대하여 구 조례에 따르는 것이 곤란하고 바로 신 조례를 적용하기도 곤란하여 잠정적으로 새로운 제도를 도입하여 운용할 필요가 있을 때 두는 규정이다. 구 조례에 따르는 것도 아니면서 신조례에 대한 예외를 잠정적으로 인정하는 경우에 두는 것으로 특례조치가 끝나면 법률관계가 신 조례로 규율된다.

② 유형

- **부칙에서 규정하는 경우** : 잠정적·일시적인 경우이다.
- **본칙에서 규정하는 경우** : 지속적인 경우로서 사실상 적용 배제의 성격을 갖는다.

③ 규정방식

'제○조제△항제□호◇목 전문/후문//본문/단서//전단/후단에 따른 개정규정에도 불구하고~~~'라는 표현 방식과 같이 구체적으로 특례의 대상이 규정된 조문과 함께 특례의 대상이 되는 내용까지도 특정하여 명시하는 것이 바람직하다.

> **사례 : 제2조(OOO의 적용대상 규모에 관한 특례)** 제10조제5항제3호의 개정규정에도 불구하고 OOO에 대해서는 2027년 12월 31일까지는 제10조제5항제3호의 개정규정 중 "연면적 1천제곱미터이상"을 "연면적 2천제곱미터이상"으로 한다.

참고 : 적용례, 경과조치 및 특례의 비교

구분	적용례	경과조치	특례
필요성	신 조례를 적용하는 대상과 시기가 불명확한 경우	구 조례를 적용하려는 경우	구 조례와 신 조례를 모두 적용하기 어려운 경우
내용 및 효과	신 조례의 적용 대상 및 시기 명시	구 조례 적용	신 조례에 대한 예외 인정
규정 방식 예시	• 제0조의 개정규정은 이 조례 시행 이후 ~하는 경우(사람, 자, 것, 분 등)부터 적용한다 • 제0조의 개정규정은 이 조례 시행 당시 ~에도 적용한다	제0조의 개정규정에도 불구하고 종전의 규정에 따른다(~로 본다)	제0조의 개정규정에도 불구하고 ~해야 한다(할 수 있다)

■ 제3 관문(3) : 4가지 원칙

4가지 원칙에는 명확성의 원칙, 적법절차의 원칙, 평등의 원칙 그리고 과잉금지의 원칙이 있다. 원칙을 어기면서 착한 조례의 반열에 든다는 것은 낙타가 바늘 구멍에 들어가는 것을 기대하는 것과 같다. 하나하나 살펴보도록 하자.

1) 명확성의 원칙
(1) 의미

선보의 초등학교 2학년 국어문제에서 시작하고자 한다. 충청도 시골에서 태어나 하루 종일 노는 것이 일과였던 선보는 초등학교 1학년 겨울방학에 서울특별시로 이사와 당당히 서울특별시 초등학생이 되었다. 이런 저런 문화충격을 경험했던 선보는 아래의 초등학교 2학년 국어 문제를 쉰 살이 훌쩍 넘은 지금까지도 잊을 수 없다.

> 문제) '마을' 의 비슷한 말은?

글자 그대로 마을의 비슷한 말을 묻는 주관식 문제였다. 선보는 당황했다. 생전 처음 보는 문제였다. 신기했다. 세상에 이런 문제도 있구나! 역시 특별시는 뭔가가 달라도 다르구나 싶었다. 떠오르는 단어가 2개 있었다. 하나는 **'마늘'**이었고, 다른 하나는 **'마실'**이었다. 선보는 고민 고민 끝에 조심스레 마실을 답으로 적었다. 정답이 동네라는 것을 알게 된 선보는 심한 충격에 빠졌다.

어쩌다 이런 일이 발생한 것일까?
이유는 간단하다. '비슷한 말'이라는 말의 불명확성 때문이다. 뜻이 비슷한 단어라고 해야 옳았다. 비슷하다는 것은 뜻의 비슷함을 의미하기 전에 생김새의 비슷함을 의미한다.

시골에서 올라온 초등학교 2학년 학생이 처음으로 접한 하소연할 데 없는 억울함이었다.

(2) 명확성의 정도

법문의 명확성이 높을수록 해석의 부담은 덜해지고, 해석의 부담이 덜해질수록 법적 분란이 적어진다. 하지만 당연해 보이는 그리고 쉬워 보이는 명확성도 구체적으로 들어가면 쉬이 달성할 수 있는 것이 아니다. 얕잡아보다가는 크게 당할 수 있다.

어느 정도의 명확성을 명확성의 원칙에 합당한 것으로 볼 것인가? 가능한 범위에서 최대한 명확하게 규정한다면 명확성의 원칙에 위반되지 않는 것이다. 즉, 더 명확한 단어를 찾을 수 없다면 명확성에 위배된 것으로 볼 수 없다. '막연하기 때문에 무효'(void for vagueness)라는 말은 명확성을 끊임없이 찾아야 하는 입법분야를 업으로 하는 사람들의 운명을 단적으로 보여준다. 명확성은 단어 하나하나를 분해해서 그 의미가 해석상 논란이 없도록 확인하는 것에서부터 시작한다. 최종 판단은 분해된 개별 단어의 의미와 입법목적, 취지, 연혁, 법규범의 체계적 구조 등을 종합적으로 고려한 후 이루어진다.

(3) 사례 분석

① 숫자 등 계량화 된 언어의 명확성

「OO구 어린이집 관리 및 운영 조례」

제0조(위탁운영) ① 구청장은 영유아의 건전육성과 보육의 전문성을 확보할 수 있는 비영리법인이나 단체 또는 개인에게 어린이집을 무상으로 위탁운영하게할 수 있다. 다만, 개인에게 위탁운영하는 경우에는 위탁을 받은 자(이하 "수탁자"라한다)가 직접 어린이집을 운영하여야 하며 수탁자의 연령은 65세를 초과할 수 없다.
② · ③ (생략)

명확성의 원칙의 시각에서 「OO구 어린이집 관리 및 운영 조례」를 다시 읽어보라. 구청장, 영유아, 건전육성과 보육의 전문성을 확보할 수 있는 비영리법인이나 단체 또는 개인, 어린이집, 무상, 위탁운영, 직접, 65세 등 모든 단어들이 읽기를 멈칫거리게 할 것이다. 이 상태가 명확성의 원칙에서 볼 때 매우 정상적인 것이다.

여기서 65세는 다른 단어들과 달리 너무 명확하다는 것을 알 수 있다. 세상에 숫자보다 명확한 문자는 없다. 그래서 피타고라스는 세상을 명확하게 이해하기 위해 숫자에 빠져들었을 것이다. 이 조례에 따르면 65세를 초과하는 경우(66세부터)에는 어린이집을 직접 수탁하여 운영할 수 없다. 명확해서 좋은데 명확한 만큼 그 이유도 명확해야 한다. 왜 65세가 기준이 되는지 조례를 만드는데 참여한 사람들은 설명할 수 있어야 한다. 그것이 명확성의 원칙이다.

② '담배'의 정의

「담배사업법」

제2조(정의) 이 법에서 사용하는 용어의 뜻은 다음과 같다.
1. "담배"란 연초(煙草)의 잎을 원료의 전부 또는 일부로 하여 피우거나, 빨거나, 증기로 흡입하거나, 씹거나, 냄새 맡기에 적합한 상태로 제조한 것을 말한다.
2. (생 략)

「담배사업법」에서 담배는 제2조(정의)를 통해 일반명사에서 고유명사로 전환된다. 그렇다면 명확성의 원칙의 시각에서 볼 때, 담배 정의는 완벽한가? 두 가지 측면에서 의문이 생긴다. **하나,** 연초의 줄기 또는 뿌리를 원료로 해서 제조한 경우는 담배인가? 아닌가? **둘,** 피우거나, 빨거나, 증기로 흡입하거나, 씹거나, 냄새 맡기 외의 경우는 없는가? 있다면 이 경우는 담배인가? 아닌가?

먼저 첫 번째 문제를 살펴보도록 하자. 만약 연초의 잎이 아닌 연초의 줄기에서 담배를 만드는 기술을 개발한 회사가 있다면 어떤 일이 벌어질까? 여기서 더 나가보자. 만약 잎도 아니고 줄기도 아니고 잎자루로 담배를 제조하고 있다면 어떻게 될까? 이 회사가 담배세를 내지 않아도 된다면 가격경쟁력에서 상당한 우위를 점하게 되고 담배 시장은 큰 혼란에 빠지게 될 것이다.

두 번째 문제는 법률에 규정된 사항이 열거규정인가, 예시규정인가의 문제로 볼 수 있다. 만약 피부에 붙이는 형식의 담배가 개발된다면 이것은 담배인가? 아닌가? 열거규정으로 본다면 담배가 아닐 것이고, 예시규정으로 본다면 담배가 될 것이다. 입법 기술적 측면에서 본다면 '피우거나, 빨거나, 증기로 흡입하거나, 씹거나, 냄새 맡기에 적합한 상태 '등'으로 제조한 것'으로 개정한다면 어떤 형태로 제조되어도 담배에 포함하는 예시규정으로 해석하는 것에 힘을 실어 줄 것이다.

③ '국토외곽 먼섬'의 정의

「국토외곽 먼섬지원 특별법안」

제1조(목적) 이 법은 우리나라의 최외곽에 위치하여 지리적·역사적특수성 뿐만 아니라 국경수비대의 역할을 가진 국토외곽 먼섬의안전한 정주환경 조성과 소득증대 및 생활기반시설의 정비·확충등 지속 가능한 섬 발전에 필요한 사항을 규정함으로써 주민 생활안정 및 삶의 질 향상과 대한민국 영토 수호에 이바지함을 목적으로 한다.

제2조(정의) 이 법에서 "국토외곽 먼섬"이란 사람이 정주하는 섬으로서 육지에서 50km 이상 떨어진 섬 및 「영해 및 접속수역법」 제2조제2항에 따른 직선의 기선을 정하는 기점이 되는 섬을 말한다. 다만, 제주특별자치도 본도(本島)는 제외한다.

제2조 정의 규정에 따르면 '국토외곽 먼섬'은 상당히 명확하게 정의한 것으로 보이지만 명확성의 원칙의 시각에서 볼 때 의문이 드는 단어와 문장이 있다. **하나**, 사람이 정주한다고 할 때 정주의 의미는 무엇인지? **둘**, 사람이 정주하는 요건은 「영해 및 접속수역법」 제2조 제2항에 따른 직선의 기선을 정하는 기점이 되는 섬에도 해당되는 것인지? **셋**, 왜 50km가 기준이 되는가? 이 법을 입안한 분들은 이에 대해 설득력 있는 답을 할 수 있어야 한다.

위의 사례들을 통해 명확성의 원칙을 총평하자면 이렇다.

> "명확성의 원칙 때문에 한발한발 조심조심 나아갈 수밖에 없었다!!!"

선보 생각

몽테스키외(Montesquieu, 1689~1755)의 바람

- 입법은 **진실**과 **현실**적인 것에 바탕을 두어야 한다.
- 법문은 **이해**하기 쉬워야 한다.
- 문체는 **정확**하고 **간결**하여야 한다.
- 해석상 착오가 생길 여지가 없는 용어를 사용하여야 한다.
- 반드시 필요한 경우 외에는 예외나 제한이 없어야 한다.
- 법제는 **실용성**을 고려하여야 한다.

몽테스키외(Montesquieu, 1689~1755)는 《법의 정신》

몽테스키외가 현재의 시각으로 당연해 보이는 준칙들을 발표할 당시 과연 당연한 것을 말하고 있었을까? 분명히 당시에는 상상조차 할 수 없는 혁명적 발상이었을 것이다. 기득권에 대한 엄청난 도전으로 받아 들여졌을 것이다. 기득권자들은 자기들이 나누는 말과 글을 평범한 시민들이 쉬이 알아듣거나 알아볼 수 있다는 것은 두려운 일이었을 것이다.

오늘날 대한에서 몽테스키외의 바람은 실현되었을까? 선보는 아직 진행형이라고 생각한다. 선보는 여기서 한 가지 분명히 해두고자 한다. 명확성의 최종 판단은 평범한 **한울님**들께서 하는 것이다. 판례에서 가끔 느닷없이 등장하여 명확성을 이해하느냐의 기준이 되는 '**건전한 상식과 통상적 법감정을 가진 사람**'은 바로 평범한 한울님을 의미하는 것이다. 평범한 한울님이 소리나는 대로 읽어서 술술 이해할 수 있어야 명확성이 확보된 것이다.[29]

2) 적법절차의 원칙

(1) 의미

① **절차**는 다양한 이해관계를 조정하여 서로가 받아들일 수 있는 대안으로 수렴해 가는 과정이다. 절차는 시간과 비용이 많이 들어가기에 성미가 급한 사회에서는 무시되어 오던 것이다. 주변을 돌아볼 경제적·사회적·정신적 여유가 생기면 절차를 살피게 된다. 또한, 힘 좀 쓰는 집단이 힘없는 집단을 제멋대로 누를 수 있는 시대가 지나가면서 절차는 입법·행정·사법 등 모든 영역에서 기본적 요구사항이 되었다.

② **내용**이 중요한 것이야 누가 모르랴. **결과**가 중요한 것을 누가 모르랴. 하지만 우

---

29) 한울님은 동학(천도교)에서 사람을 이르는 말이다. 문득 인내천(人乃天: 사람이 곧 하늘이다)이라는 동학사상과 명확성의 기준이 되는 사람이 중첩되어 감히 여기에 사람 대신 한울님을 넣어 본다.

리는 내용 및 결과에 합의하기가 너무나 어려운 시대에 살고 있다. 그래서일까? 우리는 절차 및 과정을 따진다. 가히 현대 민주주의 시대는 **'절차의 시대'**라고 할 수 있을 정도로 절차의 홍수를 경험하고 있다. 꼼꼼한 절차가 민주화 정도를 측정하는 중요 지표가 된 것이다. 절차를 정해 놓고 그 절차대로 하면 그 결과를 받아들이는 것으로 잠정적으로 합의 한 것이다. 그것이 최선은 아닐지라도 차선은 된다는 것이다. 최선을 추구하다가 아무 것도 못하는 것보다는 조금이라도 앞으로 나아가는 것이 그나마 합리적이고 생산적이라는 것이다.

(2) 내용
① 조례 입법 절차
㈎ **조례안 발의**

「지방자치법」

제76조(의안의 발의) ① 지방의회에서 의결할 의안은 지방자치단체의 장이나 조례로 정하는 수 이상의 지방의회의원의 찬성으로 발의한다.
② 위원회는 그 직무에 속하는 사항에 관하여 의안을 제출할 수 있다.
③ 제1항 및 제2항의 의안은 그 안을 갖추어 지방의회의 의장에게 제출하여야 한다.
④ 제1항에 따라 지방의회의원이 조례안을 발의하는 경우에는 발의 의원과 찬성 의원을 구분하되, 해당 조례안의 제명의 부제로 발의 의원의 성명을 기재하여야 한다. 다만, 발의 의원이 2명 이상인 경우에는 대표발의 의원 1명을 명시하여야 한다.
⑤ 지방의회의원이 발의한 제정조례안 또는 전부개정조례안 중 지방의회에서 의결된 조례안을 공표하거나 홍보하는 경우에는 해당 조례안의 부제를 함께 표기할 수 있다.

제78조(의안에 대한 비용추계 자료 등의 제출) ① 지방자치단체의 장이 예산상 또는 기금상의 조치가 필요한 의안을 제출할 경우에는 그 의안의 시행에 필요할 것으로 예상되는 비용에 대한

추계서와 그에 따른 재원조달방안에 관한 자료를 의안에 첨부하여야 한다.
② 제1항에 따른 비용의 추계 및 재원조달방안에 관한 자료의 작성 및 제출절차 등에 관하여 필요한 사항은 해당 지방자치단체의 조례로 정한다.

「지방자치법 시행령」

제28조(조례 · 규칙심의회) ① 지방자치단체의 장이 조례 · 규칙의 제출 · 제정 · 개정 · 폐지 및 공포 등을 하려는 경우에 다음 각 호의 사항을 심의 · 의결하기 위하여 해당 지방자치단체의 장 소속으로 조례 · 규칙심의회(이하 이 장에서 **"조례 · 규칙심의회"**라 한다)를 둔다.
1. 지방자치단체의 장이 지방의회에 제출하는 조례안
2. 지방의회의 의결을 거친 조례 공포안. 다만, 지방자치단체의 장이 지방의회에 제출하여 원안 의결된 조례 공포안은 제외한다.
3. 지방자치단체의 장이 제정 · 개정 · 폐지하려는 규칙안
4. 예산안 · 결산 등 지방의회에 제출하는 안건 중 지방자치단체의 장이 조례 · 규칙심의회의 심의 · 의결이 필요하다고 인정하는 안건

② 조례 · 규칙심의회의 의장은 지방자치단체의 장으로 하고, 부의장은 지방자치단체의 부지사 · 부시장(부지사 또는 부시장이 2명 이상인 경우에는 해당 지방자치단체의 장이 지명하는 부지사 또는 부시장으로 한다) · 부군수 · 부구청장으로 하며, 위원은 실장 · 국장 또는 실장 · 과장으로 한다.
③ 조례 · 규칙심의회의 회의는 재적위원 과반수의 찬성으로 의결한다.
④ 이 영에서 규정한 사항 외에 조례 · 규칙심의회의 운영에 필요한 사항은 지방자치단체의 규칙으로 정한다.

「지방자치법」 제76조에 따르면, 조례안을 발의할 수 있는 권한은 지방자치단체의 장, 지방의회의원, 위원회에게 있다. 다만, 지방의회의원의 경우에는 조례로 정하는 수 이상의 지방의회의원의 찬성이 필요하고 위원회는 그 직무에 속하는 사항에 관하여 조례안을 제출할 수 있다.

「지방자치법」 제78조에 따르면, 지방자치단체의 장이 예산상 또는 기금상의 조치가 필요한 의안을 제출할 경우에는 그 의안의 시행에 필요할 것으로 예상되는 비용에 대한 추계서와 그에 따른 재원조달방안에 관한 자료를 조례안에 첨부하여야 한다.

「지방자치법 시행령」 제28조에 따르면, 지방자치단체의 장이 지방의회에 제출하는 조례안은 조례 · 규칙심의회의 심의 · 의결을 거쳐야 한다. 조례 · 규칙심의회의 구성이 전원 내부 공무원으로 구성되어 있다는 점은 재고할 필요가 있어 보인다. 재적의원 과반수의 찬성으로 의결하도록 한 점이 특이하다고 하겠다.

⑷ 조례안 예고

「지방자치법」

제77조(조례안 예고) ① 지방의회는 심사대상인 조례안에 대하여 5일 이상의 기간을 정하여 그 취지, 주요 내용, 전문을 공보나 인터넷 홈페이지 등에 게재하는 방법으로 예고할 수 있다.
② 조례안 예고의 방법, 절차, 그 밖에 필요한 사항은 회의규칙으로 정한다.

「행정절차법」

제4장 행정상 입법예고
제41조(행정상 입법예고) ① 법령등을 제정 · 개정 또는 폐지(이하 "입법"이라 한다)하려는 경우에는 해당 입법안을 마련한 행정청은 이를 예고하여야 한다. 다만, 다음 각 호의 어느 하나에 해당하는 경우에는 예고를 하지 아니할 수 있다. 〈개정 2012. 10. 22.〉
1. 신속한 국민의 권리 보호 또는 예측 곤란한 특별한 사정의 발생 등으로 입법이 긴급을 요하는 경우
2. 상위 법령등의 단순한 집행을 위한 경우
3. 입법내용이 국민의 권리 · 의무 또는 일상생활과 관련이 없는 경우

4. 단순한 표현·자구를 변경하는 경우 등 입법내용의 성질상 예고의 필요가 없거나 곤란하다고 판단되는 경우
5. 예고함이 공공의 안전 또는 복리를 현저히 해칠 우려가 있는 경우
② 삭제〈2002. 12. 30.〉
③ 법제처장은 입법예고를 하지 아니한 법령안의 심사 요청을 받은 경우에 입법예고를 하는 것이 적당하다고 판단할 때에는 해당 행정청에 입법예고를 권고하거나 직접 예고할 수 있다.
④ 입법안을 마련한 행정청은 입법예고 후 예고내용에 국민생활과 직접 관련된 내용이 추가되는 등 대통령령으로 정하는 중요한 변경이 발생하는 경우에는 해당 부분에 대한 입법예고를 다시 하여야 한다. 다만, 제1항 각 호의 어느 하나에 해당하는 경우에는 예고를 하지 아니할 수 있다.
⑤ 입법예고의 기준·절차 등에 관하여 필요한 사항은 대통령령으로 정한다.

제42조(예고방법) ① 행정청은 입법안의 취지, 주요 내용 또는 전문(全文)을 다음 각 호의 구분에 따른 방법으로 공고하여야 하며, 추가로 인터넷, 신문 또는 방송 등을 통하여 공고할 수 있다.
1. 법령의 입법안을 입법예고하는 경우: 관보 및 법제처장이 구축·제공하는 정보시스템을 통한 공고
2. **자치법규의 입법안을 입법예고하는 경우**: 공보를 통한 공고
② 행정청은 대통령령을 입법예고하는 경우 국회 소관 상임위원회에 이를 제출하여야 한다.
③ 행정청은 입법예고를 할 때에 입법안과 관련이 있다고 인정되는 중앙행정기관, 지방자치단체, 그 밖의 단체 등이 예고사항을 알 수 있도록 예고사항을 통지하거나 그 밖의 방법으로 알려야 한다.
④ 행정청은 제1항에 따라 예고된 입법안에 대하여 온라인공청회 등을 통하여 널리 의견을 수렴할 수 있다. 이 경우 제38조의2제3항부터 제5항까지의 규정을 준용한다.
⑤ 행정청은 예고된 입법안의 전문에 대한 열람 또는 복사를 요청받았을 때에는 특별한 사유가 없으면 그 요청에 따라야 한다.
⑥ 행정청은 제5항에 따른 복사에 드는 비용을 복사를 요청한 자에게 부담시킬 수 있다.

제43조(예고기간) 입법예고기간은 예고할 때 정하되, 특별한 사정이 없으면 40일(자치법규는 20일) 이상으로 한다.

제44조(의견제출 및 처리) ① 누구든지 예고된 입법안에 대하여 의견을 제출할 수 있다.

② 행정청은 의견접수기관, 의견제출기간, 그 밖에 필요한 사항을 해당 입법안을 예고할 때 함께 공고하여야 한다.

③ 행정청은 해당 입법안에 대한 의견이 제출된 경우 특별한 사유가 없으면 이를 존중하여 처리하여야 한다.

④ 행정청은 의견을 제출한 자에게 그 제출된 의견의 처리결과를 통지하여야 한다.

⑤ 제출된 의견의 처리방법 및 처리결과의 통지에 관하여는 대통령령으로 정한다.

제45조(공청회) ① 행정청은 입법안에 관하여 공청회를 개최할 수 있다.

② 공청회에 관하여는 제38조, 제38조의2, 제38조의3, 제39조 및 제39조의2를 준용한다.

「법제업무운영규정」

제18조(제출의견의 처리) ① 법령안 주관기관의 장은 입법예고 결과 제출된 의견(전자문서 또는 법제정보시스템을 활용하여 제출된 의견을 포함한다)을 검토하여 법령안에의 반영 여부를 결정하고, 그 처리 결과 및 처리 이유 등을 지체 없이 의견제출자에게 통지하여야 한다.

② 법령안 주관기관의 장은 입법예고 결과 제출된 의견 중 중요한 사항에 대해서는 그 처리 결과를 법률안 또는 대통령령안의 경우에는 국무회의 상정안에 첨부하고, 총리령안 또는 부령안의 경우에는 법제처장에게 제출하여야 한다.

제20조(자치법규안 입법예고) ① 지방자치단체의 장은 자치법규안에 대하여 입법예고를 하는 경우 공보 외에도 신문, 인터넷, 방송, 이해관계가 있는 단체 또는 기관의 간행물 등을 활용하여 입법할 내용을 널리 알리기 위하여 필요한 조치를 마련하여야 한다.

② 지방자치단체의 장은 자치법규안에 대하여 입법예고를 하는 경우 자치법규안의 주요 내용, 제출의견 접수기관, 의견제출 기간, 인터넷 홈페이지 주소 등을 명시하고, 인터넷 홈페이지에는 예고할 내용의 전문(신·구조문대비표를 포함한다)을 게재하여야 한다.

③ 자치법규안에 대한 입법예고 시 제출된 의견의 처리 및 그 처리 결과 등의 통지에 관하여는 제18조제1항을 준용한다.

④ 제1항부터 제3항까지에서 규정한 사항 외에 자치법규안의 입법예고에 관하여는 지방자치단체의 조례로 정한다.

조례안의 입법예고 기간은 지방자치단체장이 조례안을 발의하는 경우에는 긴급한 필요 등 예외적인 경우를 제외하고는 20일 이상 입법 예고를 하여야 하고 지방의회에서는 5일 이상 입법 예고 할 수 있다. 의무조항과 재량조항이라는 차이가 있고 기간에도 차이가 있다.

조례안의 입법예고 방법은 「행정절차법」 제42조에는 공보로 한정하고 있으나 「법제업무운영규정」 제20조에서는 공보 외에도 신문, 인터넷, 방송, 이해관계가 있는 단체 또는 기관의 간행물 등을 활용하여 입법할 내용을 널리 알리기 위하여 필요한 조치를 마련하도록 규정하고 있다.

조례안의 입법 예고에 대해서는 몇 가지 생각해 보아야 할 점이 있다.

하나, 입법 예고 외에 조례 입법과정에 지역의 주인인 평범한 주민들이 부담없이 참여할 수 있는 방법은 없을까하는 점이다. 특히 배운 것이 없는 주민, 가진 것이 없는 주민, 인맥이 없는 주민의 경우 참여가 보다 절실함에도 조례 입법과정에서 소외되고 있다. 이를 보완하는 방안이 쉬이 보이지 않는다. 결국 그분들을 대변하는 지방의원들이 더욱 적극적으로 참여하여야 할 것이다.

둘, 조례안을 예고하는 것으로는 불충분하다. 조례안이 예고되었다는 것을 아는 주민이 얼마나 되겠는가? 형식적인 절차에 불과하다. 형식에서 만족하면 혁신은 하세월이다. 조례안의 이해관계자가 명확한 경우 이들에게 개별적으로 알려주어야 한다. 이렇게 개정할 예정인데 다른 의견이 있는지 알려달라고 구체적으로 알려주어야 한다. 의견이 없다고 하면 왜 없냐고까지 물어야 한다.

셋, 지방자치단체장과 지방의회 간에 입법예고에 대해 차이가 있어야 할 이유를 알기 어렵다. 조례안 입법예고는 의무조항으로 하고 양자의 기간은 통일성이 있는 것이 맞다고 본다.

⑷ **지방의회의 심의 · 의결**

지방자치단체별로 차이가 있겠으나 기본적으로 위원회 심의 · 의결 후 본회의 심의 · 의결을 거친다. 위원회에 심의 과정에서는 제안설명→전문위원 검토보고→축조심사 및 찬반토론→표결을 거친다. 다만, 「지방자치법」 제148조에서는 지방의회는 새로운 재정부담이 따르는 조례나 안건을 의결하려면 미리 지방자치단체의 장의 의견을 들어야 한다고 규정하고 있다. 판례에 따르면, 이 조문의 취지는 지방재정의 계획적이고 건전한 운영을 확보하기 위한 것으로 지방의회가 지방자치단체의 장의 의견에 반드시 따라야 하는 것은 아니라고 판시하였다(대법원 2008추32).

⑸ **지방자치단체의 장에 이송 및 보고**

> 「지방자치법」
>
> **제32조(조례와 규칙의 제정 절차 등)** ① 조례안이 지방의회에서 의결되면 지방의회의 의장은 의결된 날부터 5일 이내에 그 지방자치단체의 장에게 이송하여야 한다.
> ② ~ ⑧ (생 략)
>
> **제35조(보고)** 조례나 규칙을 제정하거나 개정하거나 폐지할 경우 조례는 지방의회에서 이송된 날부터 5일 이내에, 규칙은 공포 예정일 15일 전에 시 · 도지사는 행정안전부장관에게, 시장 · 군수 및 자치구의 구청장은 시 · 도지사에게 그 전문(全文)을 첨부하여 각각 보고하여야 하며, 보고를 받은 행정안전부장관은 그 내용을 관계 중앙행정기관의 장에게 통보하여야 한다.

법 제32조 제1항에 따르면 조례안이 지방의회에서 의결되면 지방의회의 의장은 의결된 날부터 5일 이내에 그 지방자치단체의 장에게 이송하여야 한다. 일반적으로 지방의회 의장이 조례안에 대한 **의안정리권**(서로 어긋나거나 조항 · 자구 · 숫자나 그 밖의 사항에 대한 정리가 필요한 때에는 이를 의장 또는 위원회에 위임한다)을 행사한다고 보면 5일이라는 기간이 충분한지에 대한 논의가 필요할 것으로 보인다. 참고로, 「국회법」에는 기간의 제한을 두고 있지 않다.

법 제35조에 따르면 조례나 규칙을 제정하거나 개정하거나 폐지할 경우 조례는 지방의회에서 이송된 날부터 5일 이내에, 규칙은 공포 예정일 15일 전에 시·도지사는 행정안전부장관에게, 시장·군수 및 자치구의 구청장은 시·도지사에게 그 전문(全文)을 첨부하여 각각 보고하여야 하며, 보고를 받은 행정안전부장관은 그 내용을 관계 중앙행정기관의 장에게 통보하여야 한다. 다만, 보고라는 용어는 적절해 보이지 않는다. 행정안전부는 지방자치단체를 고객으로 모셔야 하는 조직이기 때문이다.

㈐ 재의결 요구

> **제32조(조례와 규칙의 제정 절차 등)** ① · ② (생 략)
> ③ 지방자치단체의 장은 이송받은 조례안에 대하여 이의가 있으면 제2항의 기간에 이유를 붙여 지방의회로 환부(還付)하고, 재의(再議)를 요구할 수 있다. 이 경우 지방자치단체의 장은 조례안의 일부에 대하여 또는 조례안을 수정하여 재의를 요구할 수 없다.
> ④ 지방의회는 제3항에 따라 재의 요구를 받으면 조례안을 재의에 부치고 재적의원 과반수의 출석과 출석의원 3분의 2 이상의 찬성으로 전(前)과 같은 의결을 하면 그 조례안은 조례로서 확정된다.
> ⑤ 지방자치단체의 장이 제2항의 기간에 공포하지 아니하거나 재의 요구를 하지 아니하더라도 그 조례안은 조례로서 확정된다.

지방자치단체의 장의 재의결 요구는 헌법 제53조의 대통령의 법률안 거부권의 내용과 거의 동일하다. 다만, 헌법에는 국회가 폐회 중인 경우에도 재의 요구를 할 수 있음을 규정하고 있으나 지방자치법에는 이에 관한 규정이 없다. 하지만 지방자치단체의 장 역시 지방의회가 폐회 중인 경우에도 재의를 요구할 수 있다고 보아야 할 것이다.

(바) 공포

제32조(조례와 규칙의 제정 절차 등) ① (생 략)
② 지방자치단체의 장은 제1항의 조례안을 이송받으면 20일 이내에 공포하여야 한다.
③ ~ ⑤ (생 략)
⑥ 지방자치단체의 장은 제4항 또는 제5항에 따라 확정된 조례를 지체 없이 공포하여야 한다. 이 경우 제5항에 따라 조례가 확정된 후 또는 제4항에 따라 확정된 조례가 지방자치단체의 장에게 이송된 후 5일 이내에 지방자치단체의 장이 공포하지 아니하면 지방의회의 의장이 공포한다.
⑦ 제2항 및 제6항 전단에 따라 지방자치단체의 장이 조례를 공포하였을 때에는 즉시 해당 지방의회의 의장에게 통지하여야 하며, 제6항 후단에 따라 지방의회의 의장이 조례를 공포하였을 때에는 그 사실을 즉시 해당 지방자치단체의 장에게 통지하여야 한다.
⑧ 조례와 규칙은 특별한 규정이 없으면 공포한 날부터 20일이 지나면 효력을 발생한다.

제33조(조례와 규칙의 공포 방법 등) ① 조례와 규칙의 공포는 해당 지방자치단체의 공보에 게재하는 방법으로 한다. 다만, 제32조제6항 후단에 따라 지방의회의 의장이 조례를 공포하는 경우에는 공보나 일간신문에 게재하거나 게시판에 게시한다.
② 제1항에 따른 공보는 종이로 발행되는 공보(이하 이 조에서 "종이공보"라 한다) 또는 전자적인 형태로 발행되는 공보(이하 이 조에서 "전자공보"라 한다)로 운영한다.
③ 공보의 내용 해석 및 적용 시기 등에 대하여 종이공보와 전자공보는 동일한 효력을 가진다.
④ 조례와 규칙의 공포에 관하여 그 밖에 필요한 사항은 대통령령으로 정한다.

「지방자치법 시행령」

제29조(조례와 규칙의 공포절차) ① 조례와 규칙의 공포문에는 전문(前文)을 붙여야 한다.
② 조례와 규칙의 공포문 전문에는 제정·개정 및 폐지하는 뜻을 적어 지방자치단체의 장이 서명한 후 직인을 찍고 그 일자를 기록한다. 이 경우 조례 공포문 전문에는 지방의회의 의결을 받은 사실을 적어야 한다.
③ 법 제32조제6항 후단에 따라 지방의회의 의장이 공포하는 조례의 공포문 전문에는 지방의

> 회의 의결을 얻은 사실과 같은 후단에 따라 공포한다는 사실을 적고, 지방의회의 의장이 서명한 후 직인을 찍고 그 일자를 기록한다.
>
> **제31조(공포일)** 법 제33조에 따른 조례와 규칙의 공포일과 이 영 제30조에 따른 공고·고시일은 그 조례와 규칙 등을 게재한 공보나 일간신문이 발행된 날이나 게시판에 게시된 날로 한다.

공포의 방법을 다양화 해야 한다. 즉, 알아야 할 이해관계자들이 알 수 있도록 해 주어야 한다. 21세기에 20세기의 방법을 고집하는 것은 시대착오적이다. 「법제업무운영규정」 제20조에서 조례안의 입법 예고 방법으로 공보 외에도 신문, 인터넷, 방송, 이해관계가 있는 단체 또는 기관의 간행물 등을 활용하여 입법할 내용을 널리 알리기 위하여 필요한 조치를 마련하도록 규정하고 있는 점은 참고할 만하다.

② 행정절차 : 의견청취

> **「행정절차법」**
>
> **제22조(의견청취)** ① 행정청이 처분을 할 때 다음 각 호의 어느 하나에 해당하는 경우에는 **청문**을 한다.
> 1. 다른 법령등에서 청문을 하도록 규정하고 있는 경우
> 2. 행정청이 필요하다고 인정하는 경우
> 3. 다음 각 목의 처분을 하는 경우
> 가. 인허가 등의 취소
> 나. 신분·자격의 박탈
> 다. 법인이나 조합 등의 설립허가의 취소
> ② 행정청이 처분을 할 때 다음 각 호의 어느 하나에 해당하는 경우에는 **공청회**를 개최한다.
> 1. 다른 법령등에서 공청회를 개최하도록 규정하고 있는 경우

거친 언쟁이 이어졌습니다. 경찰의 금지 처분 후 집행정지 신청으로 집회를 다시 허락받은 △△△하야범국민투쟁본부도 청와대 인근에서 집회를 이어갔습니다. 집회가 주민 사생활이나 학생들의 학습권을 침해한다고 볼 수 없다며 집회를 허락한 법원 결정에 대해 일부 주민은 불만을 나타냈습니다.

〈000/인근 주민〉 애국하겠다는 생각이 없어질 정도로 애국가를 심하게 소리 높여서 틀어요. 인왕산이 아주 무너져라 하고. 판사가 한번이라도 와서 현장을 보고 판결을 했었으면 좋았겠단 생각이 들어요.

사랑채 옆 도로를 점거한 ◇◇◇천막을 철거하라고 명령했던 서울시는 물리적 충돌을 우려해 대집행 대신 자진철거를 권유하고 있습니다. 도심 보수단체 집회와 별도로 서울 서초동 대검찰청 주변에서는 검찰 개혁을 촉구하는 집회가 열렸습니다.

출처 : SBS 뉴스 000 기자 2020.01.04.

선보 생각

"삶의 현실이 그의 의식에 점점 파고들었다"

루스벨트가 소속한 위원회에 공동 주택에서 담배를 제조하는 걸 금지하는 법안이 올라왔을 때도 그는 리더로 성장할 가능성을 유감없이 보여주었다. 법안이 처음 상정됐을 때, 루스벨트는 노동시간을 제한한다는 이유로 최저임금 법제화에 반대했듯, 이 법안도 반대하려고 생각했다. 특권계급 출신인 데다 대학에서 자유방임경제를 배운 탓에 루스벨트는 "노동자의 사회경제적 조건을 향상하기 위한 모든 정부 정책"을 반대하는 경향을 띠었다. 그는 공동 주택 소유자가 제조업자라면 자신의 재산으로 무엇이든 할 수 있는 권리가 있다고 생각했다. 하지만 노동자 대표 새뮤얼 곰퍼스(Samuel Gompers)에게서 수천 가구가 함께 거주하며 담배를 가늘게 찢고 말

> 리고 싸는 열악한 환경에 대해 듣고 난 뒤, **그곳을 직접 둘러보았고, 두 눈으로 목격한 현장에 아연실색해 생각을 바꾸었다.** 담배 제조 금지법의 적극적인 대변자가 된 것이다. 30년 후에도 루스벨트는 한 가정의 처참한 상황을 생생히 기억하고 있었다. 어른 다섯과 서녀 명의 어린아이가 골방에 앉아 하루에 16시간씩 일해야 했다. 게다가 그들 모두 이민자로 영어를 거의 말하지 못했다. 담배가 먹을 것과 뒤섞인 채 잠자리 옆에 차곡차곡 쌓여 있었다. 루스벨트는 현장을 직접 살펴봄으로써 의혹의 그림자를 걷어내고, "공동 주택에서 담배를 제조하는 걸 허락한다면 사회와 산업과 위생 등 모든 면에서 사악한 짓을 저지르는 것"이라 확신할 수 있었다.
>
> 이 사건은 루스벨트의 **공감 능력**이 향상된 증거로 여겨진다. 링컨의 공감 능력은 생득적 능력인 듯하지만, 루스벨트는 그전까지 방문한 적도 없고 이해하려고 노력한 적도 없던 곳을 직접 둘러보며 다른 사람의 관점과 의견을 포용하는 능력을 서서히 늘려갔다. 제이컵 리스는 **"삶의 현실이 그의 의식에 점점 파고들었다."** 고 평가했다.
>
> 도리스 컨스 굿윈, 《혼돈의 세상, 리더의 탄생》

현장에 가보면 현장에 있는 사람들의 아픔을 공감할 수 있게 된다. 우리는 만나고, 보고, 듣고, 손을 잡아주고, 같이 웃고 울 수 있을 때 착한 조례를 만들 수 있는 것이다. 가만히 앉아서 멍하니 먼 산 바라본다고 착한 조례가 불쑥 솟아오르는 것이 아니다. 움직여라. 그래야 착한 조례를 만날 수 있다.

현대그룹 고 정주영 회장의 유명한 말씀이 있다.

"이봐, 해봤어?"
나는 이 말을 착한 조례 만들기에 **준용**해 본다.
"이봐, 만나 봤어?" "이봐, 가 봤어?" "이봐, 들어 봤어?"

2. 해당 처분의 영향이 광범위하여 널리 의견을 수렴할 필요가 있다고 행정청이 인정하는 경우
3. 국민생활에 큰 영향을 미치는 처분으로서 대통령령으로 정하는 처분에 대하여 대통령령으로 정하는 수 이상의 당사자등이 공청회 개최를 요구하는 경우

③ 행정청이 당사자에게 의무를 부과하거나 권익을 제한하는 처분을 할 때 제1항 또는 제2항의 경우 외에는 당사자등에게 **의견제출**의 기회를 주어야 한다.

④ 제1항부터 제3항까지의 규정에도 불구하고 제21조제4항 각 호의 어느 하나에 해당하는 경우와 당사자가 의견진술의 기회를 포기한다는 뜻을 명백히 표시한 경우에는 의견청취를 하지 아니할 수 있다.

⑤ 행정청은 청문·공청회 또는 의견제출을 거쳤을 때에는 신속히 처분하여 해당 처분이 지연되지 아니하도록 하여야 한다.

⑥ 행정청은 처분 후 1년 이내에 당사자등이 요청하는 경우에는 청문·공청회 또는 의견제출을 위하여 제출받은 서류나 그 밖의 물건을 반환하여야 한다.

행정처분을 하기 전에 **청문** 또는 **공청회**의 기회를 보장하는 것이 필요한 경우 개별 법령에 청문 또는 공청회에 관한 규정이 없는 경우에는 조례 또는 규칙에 청문 또는 공청회 규정을 두어야 한다. 하지만 개별 법령에 청문 또는 공청회에 관한 규정이 있는 경우에는 조례 또는 규칙에서 별도의 규정 두지 않아도 청문 또는 공청회를 실시하여야 하므로 반드시 둘 필요는 없다.

청문 또는 공청회의 실시방법·절차 등에 관해서는 「행정절차법」 제2장 제2절과 제3절에 자세히 규정되어 있고 특별한 규정이 없으면 「행정절차법」 제3조에 따라 「행정절차법」을 따르도록 하고 있으므로 법령의 위임이 없다면 조례·규칙으로 제정할 필요는 없다. 오히려 조례·규칙으로 제정하게 되면 수직적 분수에 반할 수 있으므로 유의해야 할 것이다.

의견제출의 경우에도 「행정절차법」 제27조와 제27조의2에서 방법과 의견반영 등

에 관해 규정하고 있으므로 조례·규칙에서 별도 규정을 둘 필요는 없다.

여기서 한 가지 언급하고자 하는 것은 상위법령에 규정되어 있다고 해서 조례에 규정하지 않는 것이 반드시 맞는 것인가에 대해서는 생각해 볼 필요가 있다는 점이다. 상위법령과의 중복규정은 상위법령이 개정되었을 때 즉시 조례의 개정이 뒤따르지 않게 되면 수직적 분수에 반할 수 있어 문제가 될 수 있으므로 자제설이 일반적인 견해이다. 하지만 일반 주민들은 조례에 규정된 내용을 보고 청문, 공청회, 의견제출 등이 가능한지, 가능하다면 어떤 방법으로 할 수 있는지 등을 판단하지 법령을 찾아 보지 않을 수도 있다. 따라서 반드시 상위법령의 내용을 조례에서 중복규정하는 것을 부정적으로 보는 것은 옳지 않다. 다만, 절차와 관련된 부분은 중복규정할 필요성이 비교적 낮다고 하겠다.

(3) 사례 분석
① 경찰청장 임명 등에 관한 절차

> **「국가경찰과 자치경찰의 조직 및 운영에 관한 법률」**
>
> 제14조(경찰청장) ① 경찰청에 경찰청장을 두며, 경찰청장은 치안총감(治安總監)으로 보한다.
> ② **경찰청장은 국가경찰위원회의 동의를 받아 행정안전부장관의 제청으로 국무총리를 거쳐 대통령이 임명한다. 이 경우 국회의 인사청문을 거쳐야 한다.**
> ③ 경찰청장은 국가경찰사무를 총괄하고 경찰청 업무를 관장하며 소속 공무원 및 각급 경찰기관의 장을 지휘·감독한다.
> ④ 경찰청장의 임기는 2년으로 하고, 중임(重任)할 수 없다.
> ⑤ 경찰청장이 직무를 집행하면서 헌법이나 법률을 위배하였을 때에는 국회는 탄핵 소추를 의결할 수 있다.

⑥ 경찰청장은 경찰의 수사에 관한 사무의 경우에는 개별 사건의 수사에 대하여 **구체적으로 지휘·감독할 수 없다. *다만,*** 국민의 생명·신체·재산 또는 공공의 안전 등에 중대한 위험을 초래하는 긴급하고 중요한 사건의 수사에 있어서 경찰의 자원을 대규모로 동원하는 등 통합적으로 현장 대응할 필요가 있다고 판단할 만한 상당한 이유가 있는 때에는 제16조에 따른 **국가수사본부장을 통하여** 개별 사건의 수사에 대하여 **구체적으로 지휘·감독할 수 있다.**
⑦ 경찰청장은 제6항 단서에 따라 개별 사건의 수사에 대한 구체적 지휘·감독을 개시한 때에는 이를 **국가경찰위원회에 보고**하여야 한다.
⑧ 경찰청장은 제6항 단서의 사유가 해소된 경우에는 개별 사건의 수사에 대한 구체적 지휘·감독을 중단하여야 한다.
⑨ 경찰청장은 제16조에 따른 국가수사본부장이 제6항 단서의 사유가 해소되었다고 판단하여 개별 사건의 수사에 대한 구체적 지휘·감독의 중단을 건의하는 경우 특별한 이유가 없으면 이를 승인하여야 한다.
⑩ 제6항 단서에서 규정하는 긴급하고 중요한 사건의 범위 등 필요한 사항은 대통령령으로 정한다.

우선 경찰청장의 임명과 관련하여 살펴보자. 「국가경찰과 자치경찰의 조직 및 운영에 관한 법률」 제14조 제2항에 따르면, 경찰청장은 국가경찰위원회의 동의를 받아 행정안전부장관의 제청으로 국무총리를 거쳐 대통령이 임명한다. 이 경우 국회의 인사청문을 거쳐야 한다.

국무총리를 '**거쳐**'라고 할 때 국무총리는 경찰청장 임명에 무슨 권한이 있는 것인지 의문이다. 거친다는 것이 절차로서 의미를 가지지 위해서는 변경 가능성이 있어야 한다. 과연 그런 의미인지 아니면 그냥 그야말로 거치는 것을 말하는 것인지 불분명하다. 국회의 인사청문은 언제 거쳐야 하는 것인지 역시 불분명하다. 경찰청장의 임명 절차를 이토록 복잡하게 한 것은 경찰이 정치적 중립을 지키면서 제대로 역할을 하라는 뜻일 것이다. 절차가 복잡할수록 그 취지가 달성되는 것인지는 생각해 볼 문제이다.

다음으로 경찰청장이 구체적 사건에 대하여 개별적·구체적으로 지휘·감독할 수 있는 경우에 관한 것이다. 원칙적으로 할 수 없지만 예외적인 경우에는 **'국가수사본부장을 통하여'** 개별 사건의 수사에 대하여 구체적으로 지휘·감독할 수 있다. 과연 '국가수사본부장을 통하여'는 어떤 의미인지 궁금하다. 경찰청장의 지시에 무조건 따르라는 것이라면 있으나 마나한 조항이고 따르지 않아도 되는 것이라면 경찰청장의 지휘권은 무력하게 될 것이다. 또한 제7항에서는 경찰청장은 개별 사건의 수사에 대한 구체적 지휘·감독을 개시한 때에는 이를 국가경찰위원회에 보고하여야 한다고 규정하고 있다. 만약 보고하지 않으면 어떻게 되는지에 대한 규정이 없다. 보고 받은 국가경찰위원회는 그저 보고 받은 것으로 충분한 것으로 본다면 보고 규정이 갖는 의미는 무엇인지 의문이다.

② 경찰국 신설과 관련한 절차법상 논쟁

경찰국 신설의 적법성에 대해서 2022년 8월부터 상당기간 논쟁이 지속되었다. 대부분의 논의는 경찰국 신설이 「정부조직법」상 가능한 것인지의 내용에 치우쳐 있었다. 하지만 절차의 측면에서도 생각해 보아야 할 점이 있었다. 우선 「행정절차법」상 입법예고기간은 특별한 사정이 없으면 40일 이상이나, 행안부와 법제처는 '국민의 권리·의무 또는 일상생활과 관련이 없고 언론 등을 통해 대외적으로 공개된 사항인 점을 사유로 입법예고 기간(2022년 7월 15일 ~ 2022년 7월 19일)을 5일로 단축하였다는 점이다.

또한 「국가경찰과 자치경찰의 조직 및 운영에 관한 법률」에서 국가경찰위원회의 심의·의결 사항으로 '국가경찰 사무에 관한 인사, 예산, 통신 등에 관한 주요정책 및 경찰 업무 발전에 관한 사항'을 규정하고 있음에도 불구하고 경찰국 신설에 대하여 심의·의결을 거치지 않은 점이다. 이 점에 대해서는 아래에서 보다 자세히 살펴보도록 하자.

「행정기관 소속 위원회의 설치·운영에 관한 법률」 제5조에 따르면, 행정기관 소속 위원회는 합의제행정기관인 위원회(행정위원회)와 행정위원회를 제외한 위원회(자문위원회등)으로 나뉜다.

> 「행정기관 소속 위원회의 설치·운영에 관한 법률」
>
> **제5조(위원회의 설치요건)** ① 「정부조직법」 제5조에 따라 **합의제행정기관(이하 "행정위원회"라 한다)**을 설치할 경우에는 다음 각 호의 요건을 갖추어야 한다.
> 1. 업무의 내용이 전문적인 지식이나 경험이 있는 사람의 의견을 들어 결정할 필요가 있을 것
> 2. 업무의 성질상 특히 신중한 절차를 거쳐 처리할 필요가 있을 것
> 3. 기존 행정기관의 업무와 중복되지 아니하고 독자성(獨自性)이 있을 것
> 4. 업무가 계속성·상시성(常時性)이 있을 것
> ② 행정위원회를 제외한 위원회**(이하 "자문위원회등"이라 한다)**는 제1항제1호 및 제2호의 요건을 갖추어야 한다.

행정위원회는 '합의제 행정기관'이라고도 하며, 법률에 의하여 소관사무를 부여받아 독자적으로 그 권한을 행사하는 위원회로 '독임제 행정기관'에 대비하여 사용되는 '행정기관'의 한 유형이다. 중앙행정기관인 사례는 방송통신위원회, 공정거래위원회, 국민권익위원회, 금융위원회 등이 있고, 중앙행정기관이 아닌 사례는 규제개혁위원회, 공무원재해보상연금위원회, 소청심사위원회 등이 있다.

자문위원회등은 행정위원회를 제외한 위원회를 통칭하는 것으로, 행정기관의 자문에 응하여 전문적인 의견을 제공하거나, 자문을 구하는 사항에 관하여 심의·조정·협의하는 등 행정기관의 의사결정에 도움을 주는 위원회(통상 의결위원회, 심의위원회, 자문위원회 등으로 분류)이다. 여기서 중요한 것은 자문위원회등은 필요적 절차여부와 의결의 구속력 여부에 있어 차이가 있다는 점이다.

자문위원회 등			
	의결위원회	심의위원회	자문위원회(협의)
필요적 절차 여부	O	O	X
기속력 여부	O	X	X
입법례	「최저임금법」제8조(최저임금의 결정) ① 고용노동부장관은 매년 8월 5일까지 최저임금을 결정하여야 한다. 이 경우 고용노동부장관은 대통령령으로 정하는 바에 따라 제12조에 따른 최저임금위원회(이하 "위원회"라 한다)에 심의를 요청하고, 위원회가 심의하여 의결한 최저임금안에 따라 최저임금을 결정하여야 한다.	「농림식품과학기술 육성법」제5조의2(농림식품과학기술위원회) ① 농림식품과학기술의 발전 및 육성과 관련된 다음 각 호의 사항을 심의하기 위하여 농림축산식품부장관 소속으로 농림식품과학기술위원회를 둔다.	「동물보호법」제5조(동물복지위원회) ① 농림축산식품부장관의 다음 각 호의 자문에 응하도록 하기 위하여 농림축산식품부에 동물복지위원회를 둔다.

「국가경찰과 자치경찰의 조직 및 운영에 관한 법률」에 따른 국가경찰위원회를 자문위원회등에서 심의위원회로 본다면 다음 중 어느 것이 절차 상 하자가 더 큰지 생각해보라.

> ⅰ) 국가경찰위원회에 동의 여부를 물어보는 절차를 생략한 후 경찰국을 신설한 경우
>
> ⅱ) 국가경찰위원회에 동의 여부를 물어본 후 동의하지 않음에도 불구하고 경찰국을 신설한 경우

ⅰ)의 경우에는 필요적 절차임에도 그 절차를 생략했으니 절차상 하자가 크고 ⅱ)의 경우에는 구속력이 없는 것이므로 따르지 않았다고 해서 문제될 것은 없다고 본다.

조례를 읽을 때 내용에 관한 규정과 절차에 관한 규정을 구분하면서 읽는다면 조례를 보다 더 생생하게 파악할 수 있다. 절차에 관한 규정을 만나면 이 절차가 절차로서 어떤 의미를 가지는 것인지를 생각해보고 부족한 절차는 보완하고 불필요한 절차는 삭제해야 할 것이다.

선보 생각

"물어보나 마나다."

8·4 주택공급 확대 정책 대상지로 포함된 지방자치단체들의 반발이 거세다.

서울 마포구는 5일 보도자료를 내 "정부가 발표한 주택공급 확대 방안에 포함된 상암동 신규택지 개발과 공공기관 유휴부지를 활용한 주택 공급계획에 반대한다"며 "해당 계획에서 마포구에 대한 주택 계획은 제외해달라"고 요구했다.

000 마포구청장은 "신규주택 공급을 늘려야 하는 정부 정책 방향에는 공감하지만, 상암동 유휴부지를 활용하겠다는 것은 마포 도시발전 측면에서 계획된 것이 아니라 마포를 주택공급 수단으로만 생각하는 무리한 부동산 정책"이라고 비판했다.

000 구청장은 "미래 일자리 창출과 지역 발전에 사용해야 할 부지까지 주택으로 개발하는 것은 절대 수용할 수 없다"며 "마포구와 단 한 차례 상의도 없이 일방적으로 발표한 것은 동의할 수 없다"고 목소리를 높였다.

그러면서 "강남 집값 잡겠다고 마포구민을 희생양으로 삼는 일방적 발표는 도저히 묵과할 수 없는, 마포구민을 무시하는 처사"라며 "상암지역 임대주택 공급에 적극 반대한다"고 강조했다.

정부가 4일 발표한 주택공급 확대 방안에는 상암동 일대에 공공주택 6천200호를

> 짓는 내용이 담겼다.
> 관내 태릉골프장이 개발 대상지로 포함된 서울 노원구도 반대 입장을 분명히 했다.
> OOO 구청장과 노원구 OOO 구청장은 모두 여당인 더불어민주당 소속이다.
>
> 연합뉴스, 2020. 08. 05

주택공급을 입안한 중앙정부 공무원에게 왜 지방정부의 의견을 수렴하는 절차를 거치지 않았냐고 물으면 이렇게 대답할 것이다.

"지방정부에 의견을 물어야 한다는 것은 다 안다. 하지만 그 대답이 반대일 것 또한 너무나 잘 안다. 물어보나 마나 한 것을 묻는 것은 시간낭비다."

이와 관련하여 도시계획 분야의 원로 학자인 권원용 교수의 글은 시사하는 바가 크다.

> 위키피디아가 백과사전을 대체하듯 탈전문, 집단지성의 대두가 눈에 띈다. 개발연대의 시민은 정부규제로 이루어진 도시계획(예: 용도지역제, 도시개발/재개발, 도시계획시설 등)에 무조건 순응해야 했던 일방적 소비자의 위치에 머물렀다. 이제는 규제행정이 가고 소통행정이 등장해야 할 시점이다. 계획가는 시민참여가 마치 전문가의 고유영역을 침해하는 듯이 겁먹을 일이 아니고, 도리어 자신의 사회적 권능 기반(power base)을 증강시키는 수단으로 활용해야 한다. 모름지기 "한 사람의 탁월한 지식이 평범한 열 사람의 지혜만 못하다"는 겸허한 자세로 시민 의견을 적극 수용해야 한다.

그리고 성숙한 토론 문화의 조성에 관한 원로 학자의 글은 이어진다.

우리나라는 지난 반세기 동안 인류역사상 유례없는 국가발전과 경제적인 압축성장을 이룩하는 데 성공했다. 그야말로 치열한 경쟁 속에서 단기간 내 결과를 얻어 내는 것만이 성패를 좌우하기 때문에 노력하는 과정은 무시되었다. 이와 같은 '목표 직달주의' 현상은 "못 오를 나무는 쳐다보지도 않고 아예 통째 베어 버리는" 조급증을 만연시켰다.

시민들의 일상 대화나 공개 토론에서도 이런 사회심리학적 강박은 나타나기 일쑤다. 한마디로 남의 이야기를 진지하게 경청(attentive listening)하기보다는 자기의 주장만을 펼치는 데 익숙하다. 탁구 시합을 할 때처럼 상대방에게 공이 왔다 갔다 하듯이 대화하는 것이 아니라 볼링공을 치듯이 일방적인 흐름이 지배한다. 반론이나 반박이 나오면 인격적인 모독이나 받은 듯이 공격성을 띠게 되어 논의의 본질이나 주제는 행방이 묘연하고 결국 정제되지 않은 감정의 앙금만 남게 된다. 특히 토론자의 가치관이나 이해득실이 걸린 사안의 경우에는 걷잡을 수 없이 격앙되기 쉽다.

일반적으로 적절한 유머를 섞어 회의 분위기를 띄우거나 차분하고 논리적인 설득으로 참여자 모두에게 공감을 불러일으키는 화술이 훈련되어 있지 못하다. 불행하게도 유치원에서 대학까지 내몰린 경쟁 구도 속에 의사소통 기술(communication skills)을 습득할 기회를 거의 가지지 못한 탓이다.

현행 법정 도시기본계획수립 과정에서 대표적인 시민참여 형태인 공청회에 가보면 민주주의는 '관용과 인내'를 요구한다는 말을 확실하게 실감하게 된다. 설령 타인의 견해가 자기와 다르고 발언 내용이 엉뚱한 곳으로 흐르더라도 참고 들어주는 배려가 절실해 보인다. 회의 도중 발언을 묵살하여 중간에 끊거나 자기 이야기만 장시간 떠드는 무례를 범해서는 안 될 것이다. 이런 유형의 참가자 일수록 상대방에겐 결론이 무엇이냐고 성급하게 묻는 경향이 있다.

권원용, 《도시계획가》 07 시민참여 중에서

제일로 역겨운 행태가 자신 또는 자신이 속한 집단의 사익 추구의 정당성을 얻기 위해 공익을 거들먹거리는 것이다. 공익을 위해서 이렇게 해야 한다, 저렇게 해야 한다라고 말은 하는 데 결국 지들끼리의 이익을 위해 공익을 팔아넘기는 행태. 배우지 말아야 할 사람이 배웠을 때 이런 일들이 자주 벌어지곤 한다. 이렇게 비판하는 나 역시 돌이켜보면 크게 다르지 않았던 때가 있었다. 자아비판 한다.

3) 평등의 원칙

(1) 의미

평등의 원칙을 이해하기 위해 아래의 사례를 만나보자.

구분	종전 재직기간 20년 미만	종전 재직기간 20년 이상
1996년 ~ 2005년 퇴직자	A	B
1996년 ~ 2005년 퇴직자	C	D

A, B, C, D의 칸에 있는 모든 사람들이 같은 대우를 받고 기회를 가진다면 평등이다. 하지만 A, B, C, D의 칸에서 어떤 칸에 속한 사람들이 다른 칸에 속한 사람과 대우가 다르고 기회가 없었다면 차별이다. 만약 이것이 차별이 아니기 위해서는 차별을 정당화하는 합리적인 근거가 있어야 한다.

다음 표를 보자.

구분	종전 재직기간 20년 미만	종전 재직기간 20년 이상
1996년 ~ 2005년 퇴직자	2010년 구제	구제한 적 없음
1996년 ~ 2005년 퇴직자	2008년 구제	2008년 구제

B칸에 있는 1996년~2005년 퇴직자 중 종전 재직기간 20년 이상인 자들만 구제를 받지 못했다. 이것은 분명 차별이다. 그렇다면 차별을 정당화하는 근거가 있는가? 서울행정법원의 위헌제청기각결정 요지를 살펴보자.

> 연금수급권의 구체적인 내용을 형성함에 있어 국가는 광범위한 입법 형성권을 가지는바, 종전의 재직기간 또는 복무기간이 20년 이상인 자까지 재직기간 합산 특례 대상으로 인정할 경우에는 국가에 막대한 재정적 부담을 지우게 되는 점, 이미 확정된 법률관계를 번복하게 됨으로써 혼란을 가져올 수 있는 점, 법령을 준수하여 재직기간의 합산을 신청한 자들과의 사이에 형평에 맞지 않는 점 등을 고려하면, 입법자가 종전의 재직기간 또는 복무기간이 20년 이상인 자를 재직기간의 합산 특례 대상에서 제외한 것이 입법재량의 범위를 벗어나 평등권을 침해하였다고 볼 수 없다.

기각의 근거는 국가에 막대한 재정적 부담을 지우게 되는 점, 이미 확정된 법률관계를 번복하게 됨으로써 혼란을 가져올 수 있는 점, 법령을 준수하여 재직기간의 합산을 신청한 자들과의 사이에 형평에 맞지 않는 점 등 세 가지이다. 이 세 가지가 근거다운 근거가 되기 위해서는 A, C, D를 구제해 주었을 때에는 이러한 문제들이 없었어야 한다. 과연 그럴까? 분명 아니다. 그럼에도 불구하고 왜 이런 기각 결정문이 나왔을까? 근본적인 이유는 B의 아픔을 전혀 느끼지 못하는 사람이 과거의 선배들이 한 판결을 참조하여 그대로 판결했기 때문이다. 다시 평등의 원칙으로 돌아와 보자.

참고로, 행정안전부장관의 의견 요지는 이렇다.

> 이 사건 (부칙) 규정은 심각한 연금 재정적자를 완화하고 연금제도의 안정적 운영을 위한 특단의 조치로서 만들어진 것인바, 그 합리성이 인정되므로 평등원칙에 위반된다고 볼 수 없다.

자기 일을 남일 말하듯 한다. 돈, 돈, 돈의 문제라고 한다. 과연 이것이 돈의 문제일까? 정말 돈이 문제였다면 돈이 덜 들어가는 방법을 찾으면 된다. 공무원이 누구를 위해 존재하는지를 알고, 문제의 본질이 무엇인지를 분석하고 문제의 해결방법을 제시할 수 있어야 한다. 모르거나 못할 것 같으면 그 자리에서 내려와야 한다. 부끄러운 줄 알아야 한다.

해주려면 다 해주고, 안 해주려면 다 안 해 주어야 평등이다. 누군 해주고 누군 안 해주면 차별이다. 그러고 보니 평등의 개념, 마냥 어려운 것이 아니다. 나'만', 나'도'의 차이만 알아도 평등의 개념은 거의 다 꿰뚫은 것이다.[30] 쉽게 말하면 나만 해달라는 것은 특혜요, 차별이지만 나도 해달라는 것은 평등이요, 형평이다.

(2) 평등의 대상 : 차별 불가 영역

「헌법」

제11조 ① 모든 국민은 법 앞에 평등하다. 누구든지 성별·종교 또는 사회적 신분에 의하여 정치적·경제적·사회적·문화적 생활의 모든 영역에 있어서 차별을 받지 아니한다.
② 사회적 특수계급의 제도는 인정되지 아니하며, 어떠한 형태로도 이를 창설할 수 없다.
③ 훈장등의 영전은 이를 받은 자에게만 효력이 있고, 어떠한 특권도 이에 따르지 아니한다.

「행정기본법」

제9조(평등의 원칙) 행정청은 **합리적 이유 없이** 국민을 차별하여서는 아니 된다.

---

30) 물론 나만 해달라가 나'부터' 해달라의 의미일 때는 평등의 품안에 있다고 보아야 할 것이다. 재정 상황 등을 고려하여 점진적으로 확대해 나가겠다는 것은 평등을 향한 첫 발걸음이기 때문이다.

> 「국가인권위원회법」
>
> **제2조(정의)** 이 법에서 사용하는 용어의 뜻은 다음과 같다.
>
> 1·2 (생 략)
>
> 3. "평등권 침해의 차별행위"란 합리적인 이유 없이 성별, 종교, 장애, 나이, 사회적 신분, 출신 지역(출생지, 등록기준지, 성년이 되기 전의 주된 거주지 등을 말한다), 출신 국가, 출신 민족, 용모 등 신체 조건, 기혼·미혼·별거·이혼·사별·재혼·사실혼 등 혼인 여부, 임신 또는 출산, 가족 형태 또는 가족 상황, 인종, 피부색, 사상 또는 정치적 의견, 형의 효력이 실효된 전과(前科), 성적(性的) 지향, 학력, 병력(病歷) 등을 이유로 한 다음 각 목의 어느 하나에 해당하는 행위를 말한다. <u>다만, 현존하는 차별을 없애기 위하여 특정한 사람(특정한 사람들의 집단을 포함한다. 이하 이 조에서 같다)을 잠정적으로 우대하는 행위와 이를 내용으로 하는 법령의 제정·개정 및 정책의 수립·집행은 평등권 침해의 차별행위(이하 "차별행위"라 한다)로 보지 아니한다.</u>
>
> 가. 고용(모집, 채용, 교육, 배치, 승진, 임금 및 임금 외의 금품 지급, 자금의 융자, 정년, 퇴직, 해고 등을 포함한다)과 관련하여 특정한 사람을 우대·배제·구별하거나 불리하게 대우하는 행위
>
> 나. 재화·용역·교통수단·상업시설·토지·주거시설의 공급이나 이용과 관련하여 특정한 사람을 우대·배제·구별하거나 불리하게 대우하는 행위
>
> 다. 교육시설이나 직업훈련기관에서의 교육·훈련이나 그 이용과 관련하여 특정한 사람을 우대·배제·구별하거나 불리하게 대우하는 행위
>
> 라. 성희롱[업무, 고용, 그 밖의 관계에서 공공기관(국가기관, 지방자치단체, 「초·중등교육법」 제2조, 「고등교육법」 제2조와 그 밖의 다른 법률에 따라 설치된 각급 학교, 「공직자윤리법」 제3조의2제1항에 따른 공직유관단체를 말한다)의 종사자, 사용자 또는 근로자가 그 직위를 이용하여 또는 업무 등과 관련하여 성적 언동 등으로 성적 굴욕감 또는 혐오감을 느끼게 하거나 성적 언동 또는 그 밖의 요구 등에 따르지 아니한다는 이유로 고용상의 불이익을 주는 것을 말한다] 행위

모든 영역에서 차별은 금지된다. 다만, 합리적인 이유가 있다면 가능하다. 문제는 합리적인 이유가 합리적인지 여부를 어떻게 판단하느냐이다. 다수설의 입장에서 조례의 유형에 따라 구분해 보면 다음과 같다.

지원 조례의 경우에는 광범위한 조례형성의 자유가 인정인다. 조례제정의 목적, 수혜자의 상황, 예산(재정상황) 등 여러 사항을 고려하여 그에 합당하다고 스스로 판단하는 내용의 조례를 제정할 권한이 있다. 따라서 조례의 내용이 현저하게 합리성을 결여한 것이 아닌 한 평등의 원칙에 위배된 것은 아니다. 반면에 규제 조례의 경우에는 엄격한 판단이 필요하다. 누군 권리를 제한받고 의무를 부과받는 데 누구는 그렇지 않은 상황이 평등의 원칙에 반하지 않기 위해서는 더욱 엄격한 심사가 필요하다는 것이다.

나는 이런 무책임한 다수설에 대해 전혀 동의할 수가 없다. 평등의 원칙의 판단기준은 지원 조례와 규제 조례에서 특별히 달라질 것은 없다. 억울함이 있고 그 억울함이 개인의 책임이 아니라 부조리(사회의 책임)에서 비롯되었다면 평등의 원칙은 당당히 나서서 억울함을 해소해 주어야 한다. 나는 그리 믿는다.

(3) '나부터' 지원하는 조례가 평등원칙 위반이 아니라는 판례

> 국가나 지방자치단체가 국민이나 주민을 수혜 대상자로 하여 재정적 지원을 하는 정책을 실행하는 경우 그 정책은 재정 상태에 따라 영향을 받을 수밖에 없다고 할 것인 바, 국가나 지방자치단체가 합리적인 기준에 따라 능력이 허용하는 범위 내에서 법적 가치의 상향적 구현을 위한 제도의 단계적인 개선을 추진할 수 있는 길을 선택할 수 없다면, 모든 사항과 계층을 대상으로 하여 동시에 제도의 개선을 추진하는 예외적인 경우를 제외하고는 어떠한 제도의 개선도 그 시행이 불가능하다는 결과에 이르게 되어 불합리할 뿐만 아니라 평등의 원칙이 실현하고자 하는 가치에도 어긋난다(헌법재판소 2005. 9. 29. 2004헌바53 결정 참조). 따라서 이 사건 조례안이 원주시 내에 건설되는 혁신도시, 기업도시의 주민 등에게만 일정한 지원을 하도록 하고 있더라도 그것 만으로 이 사건 조례안이 평등원칙을 위반하고 있다고 보기는 어렵다(대법원 2008추32).

나부터가 단계적으로 우리로 확대될 수 있다면 평등의 원칙에 위반되지 않을 수 있음을 보여주고 있다. 여기서 중요한 것은 나의 선택기준일 것이다. 한정된 재원이 제일 먼저 지원되는 사람과 공간이 평등의 원칙에 반하지 않기 위해서는 어떤 조건을 갖추어야 할 것인지 생각해보기 바란다.

(4) 「지방자치법」 제17조제2항 : 균등한 행정적 혜택을 받을 권리의 의미

> 이 규정[31] 주민이 지방자치단체로부터 행정적 혜택을 균등하게 받을 수 있다는 권리를 추상적이고 선언적으로 규정한 것으로서 위 규정에 의하여 주민에게 구체적이고 특정한 권리가 발생하는 것이 아닐 뿐만 아니라, 지방자치단체가 주민에 대하여 균등한 행정적 혜택을 부여할 구체적인 법적 의무가 발생하는 것도 아니므로 이 사건 조례안 규정으로 인하여 주민들 가운데 일정 조건에 해당하는 일부 주민이 지원을 받는 일이 발생하였다 하더라도 이것이 지방자치법 제13조 제1항을 위반한 것이라고 볼 수 없다(대법원 2008추32).

분명 법에서는 권리를 가진다고 했는 데 해석은 그렇지 않다고 한다. 이 모순은 법을 개정해서 해결하는 것이 맞다. 권리가 권리가 아니면 무엇이란 말인가?

---

31) 「지방자치법」
　제17조(주민의 권리) ① 주민은 법령으로 정하는 바에 따라 주민생활에 영향을 미치는 지방자치단체의 정책의 결정 및 집행 과정에 참여할 권리를 가진다.
　② 주민은 법령으로 정하는 바에 따라 소속 지방자치단체의 재산과 공공시설을 이용할 권리와 그 지방자치단체로부터 균등하게 행정의 혜택을 받을 권리를 가진다.
　③ 주민은 법령으로 정하는 바에 따라 그 지방자치단체에서 실시하는 지방의회의원과 지방자치단체의 장의 선거(이하 "지방선거"라 한다)에 참여할 권리를 가진다.

(5) 평등의 원칙을 논의할 때 주의할 점

하나, 합리성이 빠진 차별은 폭력과 다를 바 없다는 점이다. 차별이 합리성을 잃었을 때 발가벗은 폭력이 된다. 이것이 휘두르는 주먹에 한 방 맞으면 대한민국을 떠나고 싶어진다. 합리성은 수긍하지 않는 자들의 입장을 잘 듣고 반영하는 노력 속에서 발아한다. 합리성은 책에서, 다수자의 머리에서 찾을 수 있는 것이 아니라 소수자와의 소통 속에서 찾을 수 있는 것이다.

둘, 평등(이런 경우에는 형평이라는 단어를 더 자주 사용하는 것 같다)이라는 이름으로 **하향평준화**될 우려가 많다는 점이다. 아랫사람을 위로 올리기보다는 윗사람을 아래로 내리는 식으로 평등을 추구하는 경우이다. 분풀이식 방법이다. 사실 우리가 평등을 가지고 이렇게 저렇게 고민을 하는 이유는 하향평준화가 아닌 상향평준화를 통한 평등 실현의 길을 찾기 위함이라고 하겠다.

셋, 이 세상 삼라만상은 단일변수간에 주고받는 관계가 아니라는 점이다. 다수의 변수들이 얽혀 있다는 사실, 즉 **상호교차성**(intersectionality)을 분명히 인식해야 한다. 예를 들어, 남녀평등을 이야기할 때 우리는 남과 여라는 변수 간의 평등으로 단순화시키는 경향이 있다. 하지만 여성 중에는 교육 수준이 남성보다 높은 사람이 적지 않다. 어디 교육뿐만이겠는가? 소득, 지역, 세대 등 다양한 변수가 남과 여라는 변수 속에 녹아 있음을 잘 살펴보아야 한다.

> **선보 생각**
>
> ## 고정관념과 유형화의 황당함
>
> 한 국제결혼중개업체의 홈페이지에서 '국가별 신부들의 장점'이라는 제목으로 우즈베키스탄, 베트남, 중국 여성의 특징을 소개한 내용을 보자.
>
> - **우즈베키스탄 여성의 특징**: 이슬람의 영향으로 아직도 남존여비의 사고방식이 자리잡고 있으며 30~40년 전 우리나라 여성들이 가졌던 때 묻지 않은 순수함과 소박함과 남편을 존중하고 가정을 생각하는 여필종부형의 신부들이 많습니다.
>
> - **베트남 여성의 특징**: 모계사회로 여성들 대부분이 농사일을 하고 집안일을 이끌어나갈 정도로 생활력이 강하여 대부분의 정서와 가치관이 남편에게 순종하고 웃어른을 공경하고 지극한 모성애와 자식에 대한 높은 교육열과 한번 시집가면 일부종사한다는 우리 어머님 세대의 전통적인 가치관을 갖고 있습니다.
>
> - **중국 여성의 특징**: 사회주의 체제에서 성장함으로써 부지런하고 검소하며 어려운 여건하에서도 참고 이겨내는 인내력이 뛰어납니다.
>
> 김지혜, 《선량한 차별주의자》

내용의 황당함은 논외로 하자. 21세기 호모 사피엔스가 아직도 이런 식의 유형화를 한다는 것이 놀랍다. 이런 고정관념에 사로잡힌 유형화의 틀 속에서 평등은 자리잡을 수 없다. 진정한 평등은 집단으로, 인종으로, 민족으로 보는 틀에서 오직 개인으로, 사람으로, 인격으로 볼 때에만 가능한 것이다.

4) 과잉금지의 원칙

(1) 의의

우선 「헌법」과 「행정기본법」에서 관련 규정을 읽어보자.

「헌법」

제37조 ①국민의 자유와 권리는 헌법에 열거되지 아니한 이유로 경시되지 아니한다.
②국민의 모든 자유와 권리는 국가안전보장·질서유지 또는 공공복리를 위하여 필요한 경우에 한하여 법률로써 제한할 수 있으며, 제한하는 경우에도 자유와 권리의 본질적인 내용을 침해할 수 없다.

「행정기본법」

제10조(비례의 원칙) 행정작용은 다음 각 호의 원칙에 따라야 한다.
1. 행정목적을 달성하는 데 유효하고 적절할 것
2. 행정목적을 달성하는 데 필요한 최소한도에 그칠 것
3. 행정작용으로 인한 국민의 이익 침해가 그 행정작용이 의도하는 공익보다 크지 아니할 것

과잉금지의 원칙은 **과유불급(過猶不及)**을 법적으로 표현한 것이다. 과잉이 붙어서 불편하지 않은 단어는 없다. 그 불편함을 금지한다는 것이 과잉금지의 원칙이다. 과잉금지의 원칙의 가치는 법의 추상적 논의를 구체적인 상황으로 끌고 내려와 참의 값을 찾는 다는 점에 있다. 일반적으로 과잉금지의 원칙은 네 가지 요건을 모두 갖추어야 한다.

① **목적의 정당성**: 국민의 기본권을 제한하는 입법의 목적은 헌법 및 법률의 체제상 그 정당성이 인정되어야 한다는 원칙으로서, 입법으로 규율하려는 사항이 헌법 제37조

제2항의 **국가안전보장·질서유지 또는 공공복리**에 해당되는 사항이어야 한다는 것을 의미한다.

② **방법의 적절성**: 국민의 기본권을 제한하는 입법의 목적 달성을 위한 방법은 효과적이고 적절해야 한다는 것을 의미한다.

③ **피해의 최소성**: 기본권 제한의 조치가 입법목적 달성을 위해 적절한 것이라도 보다 완화된 다른 수단이나 방법(대안)은 없는지를 모색함으로써 그 제한이 필요 최소한의 것이 되도록 해야 한다는 것을 의미한다.

④ **법익의 균형성**: 입법에 의하여 보호하려는 공익과 침해되는 사익을 비교형량할 때 보호되는 공익이 더 크거나 적어도 양자 간 균형이 유지되어야 한다는 것을 의미한다.

(2) 판례 분석 : 남녀별 좌석을 구분 배열하는 독서실의 과잉금지의 원칙 위반 여부

【판시사항】

전라북도 전주교육지원청 교육장이 갑 주식회사가 운영하는 독서실에 대한 현장점검을 실시하여 열람실의 남녀별 좌석 구분 배열이 준수되지 않고 배치도상 남성 좌석으로 지정된 곳을 여성이 이용하거나 여성 좌석으로 지정된 곳을 남성이 이용하여 남녀 이용자가 뒤섞여 있는 것을 적발하고, 학원의 설립·운영 및 과외교습에 관한 법률 제8조, 독서실의 운영자에게 열람실의 남녀 좌석을 구분하여 배열하도록 하고 위반 시 교습정지처분을 할 수 있도록 규정한 '전라북도 학원의 설립·운영 및 과외교습에 관한 조례' 제3조의3 제2호, 제11조 제1호 등에 따라 10일간 교습정지를 명하는 처분을 한 사안에서, 위 조례 조항은 과잉금지의 원칙에 반하여 독서실 운영자의 직업수행의 자유와 독서실 이용자의 일반적 행동자유권 내지 자기결정권을 침해하는 것으로 헌법에 위반된다고 한 사례

【참조조문】

헌법 제10조, 제15조, 제37조 제2항, 학원의 설립·운영 및 과외교습에 관한 법률 제8조, 제17조 제1항 제3호

「학원의 설립·운영 및 과외교습에 관한 법률」

제8조(시설기준) 학원에는 교습과정별로 시·도의 조례로 정하는 단위시설별 기준에 따라 교습과 학습에 필요한 시설과 설비를 갖추고 유지하여야 한다. 다만, 학원의 소방시설은 소방 관계 법령으로 정하는 바에 따른다.

「0000 학원의 설립·운영 및 과외교습에 관한 조례」

제3조의3(단위시설별 시설기준) 법 제8조에 따른 학원의 단위시설별 시설기준은 다음과 같다.

1. 강의실 : (생 략)

2. **열람실** : 열람실은 60제곱미터 이상으로 하되, 1제곱미터당 수용인원이 0.8명 이하가 되도록 하고, <u>**남녀별로 좌석이 구분되도록 배열할 것**</u>. 다만, 이용자의 편의를 위하여 필요한 경우에는 칸막이를 하여 사용할 수 있다.

3. 실험·실습·실기실:(생 략)

4. 화장실·급수시설:(생 략)

5. 환기시설·채광시설·조명시설·온습도시설설비기준은 별표5와 같다.

6. 방음시설 및 소방시설:(생 략)

【주 문】

원심판결을 파기하고, 사건을 광주고등법원에 환송한다.

【이 유】

1. 사건의 개요와 쟁점

가. 원심판결 이유에 의하면 다음과 같은 사정들을 알 수 있다.

1) 「학원의 설립·운영 및 과외교습에 관한 법률」(이하 '학원법'이라 한다) 제8조의 위임에 따라 제정된 「전라북도 학원의 설립·운영 및 과외교습에 관한 조례」(이하 '이 사건 조례'라 한다) 제3조의3 제2호는 학원의 열람실 시설기준으로 "남녀별로 좌석이 구분되도록 배열할 것"이라고 규정하고, 이 사건 조례 제11조 제1호, 이 사건 조례 시행규칙 제15조 제1항 [별표 3]은 독서실의 남녀 혼석에 관한 사항을 위반한 경우 1차 위반 시 10일 이상의 교습정지처분, 2차 위반 시 등록말소를 할 수 있도록 규정하고 있다(이하 혼석 금지 및 교습정지 규정을 합쳐 '이 사건 조례 조항'이라 한다).

2) 원고는 2017. 10. 12. 전주시 (주소 생략)에서 학원법 및 같은 법 시행령에 따른 '학습장소로 제공되는 학원인 시설'에 해당하는 잇올관리형프리미엄독서실(이하 '이 사건 독서실'이라 한다)을 등록하여 운영하였다. 원고는 이 사건 독서실 등록 당시 이 사건 조례 제3조의3 제2호에 따라 피고에게 남녀별로 좌석이 구분 배열된 열람실 배치도를 제출하였다.

3) 피고는 2017. 12. 1. 이 사건 독서실에 대한 현장점검을 실시하여 열람실의 남녀별 좌석 구분 배열이 준수되지 않고, 배치도상 남성 좌석으로 지정된 곳을 여성이 이용하거나 여성 좌석으로 지정된 곳을 남성이 이용하여 남녀 이용자가 뒤섞여 있는 것(이하 '이 사건 위반행위'라 한다)을 적발하였고, 원고로부터 이 사건 위반행위를 시인하는 내용의 확인서를 제출받았다.

4) 피고는 2017. 12. 6. 원고에 대하여 학원법 제17조, 이 사건 조례 조항에 따라 10일간(2017. 12. 22.~2017. 12. 31.) 교습정지를 명하는 처분(이하 '이 사건 처분'이라 한다)을 하였다.

나. 이 사건의 **쟁점**은, 이 사건 조례 조항이 **과잉금지원칙**에 반하여 독서실 운영자와 이용자의 헌법상 기본권을 침해하여 무효인지 여부이다.

2. 이 사건 조례 조항이 과잉금지원칙에 위반되는지 여부

가. 이 사건 조례 조항은 학원법상 학원으로 등록된 독서실의 운영자로 하여금 열람실의 남녀 좌석을 구분하여 배열하도록 하고 위반 시 교습정지처분을 할 수 있도록 규정하고 있다. 이로써 독서실 운영자는 자신의 영업장소인 독서실 열람실 내의 좌석 배열을 자유롭게 할 수 없게 되므로 헌법 제15조에 따른 **직업수행의 자유**를 제한받는다. 한편 독서실 이용자는 독서실 열람실 내에서 성별의 구분 없이 자유롭게 좌석을 선택하는 등 학습방법에 관한 사항을 스스로 결정할 수 없게 되므로 헌법 제10조에 따른 **일반적 행동자유권** 내지 **자기결정권**을 제한받는다.

이러한 직업수행의 자유와 일반적 행동자유권 내지 자기결정권은 **헌법 제37조 제2항**에 따라 국가안전보장·질서유지 또는 공공복리를 위하여 필요한 경우에 한하여 법률로써 제한할 수 있으나, 입법 목적을 달성하기 위하여 필요한 최소한도에 그쳐야 하고 보호되는 공익과 침해되는 사익 사이에 적정한 균형관계를 이루어야 한다.

나. 이 사건 조례 조항은 입법경위와 내용에 비추어 볼 때 독서실 내에서 이성과 불필요한 접촉을 차단하여 면학분위기를 조성하고 성범죄를 예방하는 것을 **입법 목적**으로 한다. 그러나 열람실의 남녀 좌석을 구분하여 면학분위기를 조성하고 학습효과를 높인다는 것은 독서실 운영자와 이용자의 자율이 보장되어야 하는 사적 영역에 지방자치단체가 지나치게 후견적으로 개입하는 것으로서 목적의 정당성을 인정하기 어렵다. 사람들은 저마다 학습습관과 학습방식에 대한 선호를 가지고 있고 이를 수행하는 모습도 다양하다. 남녀가 옆자리에 나란히 앉아 학습할 것인지, 어느 정도 떨어진 자리에서 학습할 것인지 등 사적 공간에서 학습방법을 선택하는 것은 타인의 법익과 특별한 관련이 없는 지극히 개인적인 것이므로 이용자 각자의 자율적 판단에 맡기는 것이 바람직하다. 미성년 학생이라도 학교 밖의 교육영역에 속하는 경우에는 부모가 자녀의 의사를 존중하여 우선적

으로 결정할 것이지 국가 또는 지방자치단체가 먼저 개입할 것은 아니다. 남녀 혼석을 금지함으로써 성범죄를 예방한다는 목적을 보더라도, 이는 남녀가 한 공간에 있으면 그 장소의 용도나 이용 목적과 상관없이 성범죄 발생 가능성이 높아진다는 불합리한 인식에 기초한 것이므로 그 정당성을 인정하기 어렵다.

다. 의견을 달리하여 면학분위기 조성이나 성범죄 예방이라는 목적의 정당성을 수긍한다고 하더라도, 같은 열람실 내에서 남녀 좌석을 구별하는 것이 그 **목적 달성**을 위한 **적합한 수단**인지는 여전히 의문이다.

열람실 자체를 분리하지 않으면서 동일한 열람실에서 남녀의 좌석 배열만 구별하는 경우, 남녀가 바로 옆 자리에 앉을 수 없을 뿐 앞뒤의 다른 열 책상에는 앉을 수 있고, 동일한 출입문을 사용하므로 계속 마주칠 수밖에 없어 이성 간 접촉 차단에 실질적 도움이 되지 않는다. 그뿐만 아니라 도서관이나 스터디카페 등 남녀 혼석이 허용되는 다른 형태의 사적인 학습공간이 많은 상황에서 학원법의 적용을 받는 독서실만을 대상으로 남녀 혼석을 금지한다고 하여 사적 학습공간에서 이성간의 접촉을 차단하는 효과가 생긴다고 볼 수도 없다.

남녀 혼석 때문에 학습분위기가 저해되거나 성범죄 발생 위험이 높아진다고 단정하기도 어렵다. 같은 성별끼리 대화나 소란행위로도 얼마든지 학습분위기가 저해될 수 있는데, 남녀 혼석을 하면 학습분위기를 저해하는 상황이 더욱 빈번하게 발생한다고 볼 만한 자료는 없다. 남녀 혼석이 성범죄 발생가능성을 반드시 높이는지, 부정적 영향을 미친다고 하더라도 공간 구분이 아닌 좌석 구분만으로 이를 해결할 수 있는지 등에 관한 **실증적인 자료**도 찾아보기 어렵다.

라. 이 사건 조례 조항은 그 적용대상이 되는 독서실 운영자에게 남녀 좌석을 구분 배열하도록 하고 이를 위반할 경우 별도의 경고 조치 없이 곧바로 10일 이상의 교습정지 처분을 하도록 하면서도(2회 위반의 경우에는 등록말소의 대상에도 해당된다), 독서실의 운영 시간이나 열람실의 구조, 주된 이용자의 성별과 연령, 관리감독 상황 등 개별적·구체적 상황을

전혀 고려하지 아니하여 독서실 운영자의 직업수행의 자유를 필요 이상으로 제한하고 있다. 또한 독서실 이용자에게 남녀가 분리된 좌석만을 이용하도록 하면서도 이용자 상호 간의 관계가 어떠한지, 미성년자인지 성인인지, 미성년 학생의 경우 부모의 동의가 있었는지 여부 등도 전혀 고려하지 아니하여 독서실 이용자가 자신의 학습 장소와 방식에 관하여 자유롭게 결정할 자유를 과도하게 제한하고 있다. 반면, 독서실의 남녀 좌석을 구분 배열함으로 인해 달성할 수 있는 면학분위기 조성이나 성범죄 예방이라는 효과는 불확실하거나 미미하다고 볼 수밖에 없다. 따라서 이 사건 조례 조항은 **침해최소성**과 **법익균형성**도 충족하지 못한다.

마. 그러므로 이 사건 조례 조항은 과잉금지원칙에 반하여 독서실 운영자의 직업수행의 자유와 독서실 이용자의 일반적 행동자유권 내지 자기결정권을 침해하는 것으로 헌법에 위반된다고 보아야 한다.

바. 그런데도 원심은, 이 사건 조례 조항이 헌법에 위반되지 않고 이에 근거한 이 사건 처분도 적법하다고 판단하였다. 이러한 원심판단에는 사적인 자율영역에 대한 공권력 개입의 헌법적 한계, 헌법상 기본권 제한의 한계로서 과잉금지원칙 등에 관한 법리를 오해하여 판결에 영향을 미친 잘못이 있다.

3. 결론

그러므로 나머지 상고이유에 관한 판단을 생략한 채 원심판결을 파기하고, 사건을 다시 심리·판단하도록 원심법원에 환송하기로 하여, 관여 대법관의 일치된 의견으로 주문과 같이 판결한다.

(출처: 대법원 2022. 1. 27. 선고 2019두59851)

독서실의 열람실을 남녀별 좌석을 구분하여 배열하도록 하는 조례가 과잉금지의 원칙에 위반되는지 여부가 문제된 사안이다. 판례의 논리를 따라가보도록 하자.

① 우선 제한받는 기본권을 확정하는 것이 필요하다.

> **가.** 이 사건 조례 조항은 학원법상 학원으로 등록된 독서실의 운영자로 하여금 열람실의 남녀 좌석을 구분하여 배열하도록 하고 위반 시 교습정지처분을 할 수 있도록 규정하고 있다. 이로써 독서실 운영자는 자신의 영업장소인 독서실 열람실 내의 좌석 배열을 자유롭게 할 수 없게 되므로 <u>헌법 제15조에 따른</u> **직업수행의 자유**를 제한받는다. 한편 독서실 이용자는 독서실 열람실 내에서 성별의 구분 없이 자유롭게 좌석을 선택하는 등 학습방법에 관한 사항을 스스로 결정할 수 없게 되므로 <u>헌법 제10조에 따른</u> **일반적 행동자유권** 내지 **자기결정권**을 제한받는다.

독서실 운영자에게는 「헌법」 제15조에 따른 직업수행의 자유, 독서실 이용자에게는 「헌법」 제10조에 따른 일반적 행동자유권 또는 자기결정권을 제한 받는다.

② 과잉금지의 원칙에 위반되는지 여부를 확인한다.
㈎ 과잉금지의 원칙의 의미

> 이러한 직업수행의 자유와 일반적 행동자유권 내지 자기결정권은 **헌법 제37조 제2항**에 따라 <u>국가안전보장·질서유지 또는 공공복리를 위하여 필요한 경우에 한하여 법률로써 제한할 수 있으나, 입법 목적을 달성하기 위하여 필요한 최소한도에 그쳐야 하고 보호되는 공익과 침해되는 사익 사이에 적정한 균형관계를 이루어야 한다.</u>

헌법 제37조 제2항은 국민의 기본권을 제한하는 입법은 반드시 법률의 형식으로 정해야 한다는 수권(授權) 규정이자 법률로 국민의 기본권을 제한하더라도 국가가 반드시 준수해야 할 한계인 과잉금지의 원칙을 선언한 것이다. 이는 법률의 위임을 받은 주민의 권리를 제한하거나 의무를 부과하는 규제 조례의 경우에도 반드시 준수해야 할 원칙이라고 하겠다.

㈏ 과잉금지의 원칙 4가지 요건에 부합하는지 여부
㉠ 목적의 정당성

> **나.** 이 사건 조례 조항은 입법경위와 내용에 비추어 볼 때 <u>독서실 내에서 이성과 불필요한 접촉을 차단하여 면학분위기를 조성하고 성범죄를 예방하는 것</u>을 <u>입법 목적</u>으로 한다. 그러나 열람실의 남녀 좌석을 구분하여 면학분위기를 조성하고 학습효과를 높인다는 것은 <u>독서실 운영자와 이용자의 자율이 보장되어야 하는 사적 영역에 지방자치단체가 지나치게 후견적으로 개입하는 것</u>으로서 목적의 정당성을 인정하기 어렵다. 사람들은 저마다 학습습관과 학습방식에 대한 선호를 가지고 있고 이를 수행하는 모습도 다양하다. 남녀가 옆자리에 나란히 앉아 학습할 것인지, 어느 정도 떨어진 자리에서 학습할 것인지 등 사적 공간에서 학습방법을 선택하는 것은 타인의 법익과 특별한 관련이 없는 지극히 개인적인 것이므로 이용자 각자의 자율적 판단에 맡기는 것이 바람직하다. 미성년 학생이라도 학교 밖의 교육영역에 속하는 경우에는 부모가 자녀의 의사를 존중하여 우선적으로 결정할 것이지 국가 또는 지방자치단체가 먼저 개입할 것은 아니다. 남녀 혼석을 금지함으로써 성범죄를 예방한다는 목적을 보더라도, 이는 남녀가 한 공간에 있으면 그 장소의 용도나 이용 목적과 상관없이 성범죄 발생 가능성이 높아진다는 불합리한 인식에 기초한 것이므로 그 정당성을 인정하기 어렵다.

판례는 입법 목적이 독서실 내에서 이성과 불필요한 접촉을 차단하여 면학분위기를 조성하고 성범죄를 예방하는 것이라고 하면서 목적의 정당성에 대해 의문을 제기하고 있는 바, 이해하기 어렵다. 열람실의 남녀 좌석을 구분하여 면학분위기를 조성하고 학습효과를 높인다는 것은 독서실 운영자와 이용자의 자율이 보장되어야 하는 사적 영역에 지방자치단체가 지나치게 후견적으로 개입하는 것으로서 목적의 정당성을 인정하기 어렵다는 판례의 견해는 목적의 정당성과 방법의 적절성을 혼동한 오류가 있다고 하겠다.

ⓛ **방법의 적절성**

> **다.** 의견을 달리하여 면학분위기 조성이나 성범죄 예방이라는 목적의 정당성을 수긍한다고 하더라도, 같은 열람실 내에서 남녀 좌석을 구별하는 것이 그 **목적 달성을 위한 적합한 수단**인지는 여전히 의문이다.
>
> 열람실 자체를 분리하지 않으면서 동일한 열람실에서 남녀의 좌석 배열만 구별하는 경우, 남녀가 바로 옆 자리에 앉을 수 없을 뿐 앞뒤의 다른 열 책상에는 앉을 수 있고, 동일한 출입문을 사용하므로 계속 마주칠 수밖에 없어 이성 간 접촉 차단에 실질적 도움이 되지 않는다. 그분만 아니라 도서관이나 스터디카페 등 남녀 혼석이 허용되는 다른 형태의 사적인 학습공간이 많은 상황에서 학원법의 적용을 받는 독서실만을 대상으로 남녀 혼석을 금지한다고 하여 사적 학습공간에서 이성간의 접촉을 차단하는 효과가 생긴다고 볼 수도 없다.
>
> 남녀 혼석 때문에 학습분위기가 저해되거나 성범죄 발생 위험이 높아진다고 단정하기도 어렵다. 같은 성별끼리 대화나 소란행위로도 얼마든지 학습분위기가 저해될 수 있는데, 남녀 혼석을 하면 학습분위기를 저해하는 상황이 더욱 빈번하게 발생한다고 볼 만한 자료는 없다. 남녀 혼석이 성범죄 발생가능성을 반드시 높이는지, 부정적 영향을 미친다고 하더라도 공간 구분이 아닌 좌석 구분만으로 이를 해결할 수 있는지 등에 관한 **실증적인 자료**도 찾아보기 어렵다.

방법이 오늘날의 시대 분위기와 맞지 않다는 점은 인정한다. 하지만 이러한 조례의 시도 자체에 대해서는 차별성이라는 측면에서 반드시 부정적으로만 보이지는 않는다. 실증적인 자료를 찾기 어렵다는 판례의 견해에는 동의하지만 그렇다고 실증적인 자료가 있어야 정책을 시행할 수 있다면 과연 차별적 조례가 생산될 수 있을지 의문이다. 여기서 한 가지 의문이 드는 것은 열람실 자체를 남녀가 구분했다면 과잉금지의 원칙에 위배되는지 여부이다. 방법의 적절성의 요건은 통과할 수 있겠지만 최소침해의 원칙을 통과하기는 쉽지 않았을 것으로 보인다.

ⓒ 피해의 최소성 ⓔ 법익의 균형성

> **라.** 이 사건 조례 조항은 그 적용대상이 되는 독서실 운영자에게 남녀 좌석을 구분 배열하도록 하고 이를 위반할 경우 별도의 경고 조치 없이 곧바로 10일 이상의 교습정지 처분을 하도록 하면서도(2회 위반의 경우에는 등록말소의 대상에도 해당된다), 독서실의 운영 시간이나 열람실의 구조, 주된 이용자의 성별과 연령, 관리감독 상황 등 개별적·구체적 상황을 전혀 고려하지 아니하여 독서실 운영자의 직업수행의 자유를 필요 이상으로 제한하고 있다. 또한 독서실 이용자에게 남녀가 분리된 좌석만을 이용하도록 하면서도 이용자 상호 간의 관계가 어떠한지, 미성년자인지 성인인지, 미성년 학생의 경우 부모의 동의가 있었는지 여부 등도 전혀 고려하지 아니하여 독서실 이용자가 자신의 학습 장소와 방식에 관하여 자유롭게 결정할 자유를 과도하게 제한하고 있다. 반면, 독서실의 남녀 좌석을 구분 배열함으로 인해 달성할 수 있는 면학분위기 조성이나 성범죄 예방이라는 효과는 불확실하거나 미미하다고 볼 수밖에 없다. 따라서 이 사건 조례 조항은 **침해최소성**과 **법익균형성**도 충족하지 못한다.

피해의 최소성과 **법익의 균형성**을 한 번에 다룬 것은 조금 아쉽다. 아마도 방법의 적절성의 요건을 갖추지 못했다는 점에서 이미 과잉금지의 원칙을 위배한 것이기에 양자를 한 번에 다룬 것으로 보인다. 피해의 최소성 요건은 독서실 운영자와 독서실 이용자의 기본권이 최소한으로 침해될 수 있는 수단을 찾을 수 있는 여지가 있는지 여부가 중요할 것이다. 법익의 균형성에서는 면학분위기 조성이나 성범죄 예방이라는 공익이 사익과 비교하여 큰지, 작은지 또는 같은지를 보여주여야 할 것이다.

> **선보 생각**

과학기술의 발전이 과잉금지의 원칙에 미치는 영향

「도로교통법」

제53조(어린이통학버스 운전자 및 운영자 등의 의무) ① · ② (생 략)
③ 어린이통학버스를 운영하는 자는 어린이통학버스에 어린이나 영유아를 태울 때에는 성년인 사람 중 어린이통학버스를 운영하는 자가 지명한 보호자를 함께 태우고 운행하여야 하며, 동승한 보호자는 어린이나 영유아가 승차 또는 하차하는 때에는 자동차에서 내려서 어린이나 영유아가 안전하게 승하차하는 것을 확인하고 운행 중에는 어린이나 영유아가 좌석에 앉아 좌석안전띠를 매고 있도록 하는 등 어린이 보호에 필요한 조치를 하여야 한다.
④ ~ ⑦ (생 략)

「도로교통법」제53조 제3항에 따르면 어린이통학버스 운영자는 보호자를 동승시켜야 한다. 어린이나 영유아의 승·하자 시의 안전을 위한다는 목적의 정당성이야 인정할 수 있겠지만 방법이 적절한지, 어린이통학버스 운영자에게 최소한 피해를 주는 것인지 등에 있어서는 생각해 보아야 할 것이다. 결국 운영자에게 인건비의 증가를 가져오고 그 피해는 학부형에게 돌아가게 된다. 하지만 과학기술의 발전은 사람이 할 일을 대체할 수 있는 수준에 이르렀다. 운전자 없이 자율자동차가 다니는 세상에서 동승자를 태우는 방식으로 안전을 추구한다는 것은 어쩐지 시대에 뒤떨어진 것으로 보인다. 과잉금지의 원칙은 과학기술의 발전에 따라 변화하는 개념이라는 점을 잊지 말자.

관문 4 : 평가 및 환류

모든 공공의 산출물은 평가받아야 하고 그 평가결과는 환류되어 보다 나은 산출물을 생산해 내야 한다. 평가가 평가답기 위해서는 적시에 정확하게 원인을 파악해야 한다. 때를 놓친 부정확한 평가는 오히려 상황을 악화시킬 수 있다. 조례도 예외일 수 없다. 조례가 세상에 나간 후에는 적시에 정확하게 평가해서 <u>보완할 곳은 보완해야</u> 한다. 아래의 사례들을 통해 평가의 의의를 생각해 보자.

■ 사례 1) 투수의 교체시기

초등학교 5학년 때 프로야구가 출범했다. 충청도 출신인 나는 자연스럽게 OB베어스(현 두산베어스) 팬이 되었다. 그 당시는 몇 개를 던졌느냐가 아니라 몇 회까지 던졌느냐를 기준으로 투수 교체시기를 잡았다. 해설자들은 이 선수가 오늘 이상하게 5회가 되기 전에 구속이 떨어진다며 그날의 컨디션을 탓하기도 했다. 이런 중에 많은 선수들이 혹사를 당하게 되었고 그 결과로 선수생활을 그만두는 경우도 있었다. 참고로, 프로야구의 전설인 박철순 투수와 김영덕 감독이 만나서 나누는 이야기를 들어보라.[32]

■ 사례 2) 초등학교 6학년 운동회

초등학교 6학년 운동회에서 계주 선수로 선발되어 강도 높은 연습을 하였는데 꼭

---

32) 김영덕 감독이 기억하는 투수 박철순은? TV조선, 210110 방송 | [마이웨이] 231회| TV조선

넘어지는 지점이 있었다. 공부를 참 잘 했던 친구 상원이가 다가와 나에게 조용히 제안을 했다.

"거기서 기름이 나오고 있는 것 같으니까, 건너 뛰어봐"

나는 실제 운동회 날에 그곳에서 더 높이 뛰어 날랐고, 더 높은 곳에서 더 눈에 띄게 넘어지고 말았다. 나중에 그 이유를 알게 되었는데 반바지 운동복이 조금 커서 걸을 때는 괜찮은데 뛸 때는 조금씩 흘러 내려와서 나를 넘어뜨린 것이었다. 참고로, 지금까지 나는 상원이의 진심을 단 한 번도 의심해 본 적이 없다.

■ 사례 3) 고등학교 2학년 교련 시간

우리 시대 고등학교에 교련 시간이 있었다. 교련복을 입은 우리들은 기초 군사훈련을 받았다. 내신에 높은 단위로 자리하고 있어서 상당히 잘 해야 하는 과목이었다. 학생들은 별 것도 아닌 것에 엄청 긴장을 해야 했다. 고등학교 2학년 교련 선생은 좌향 앞으로 가, 우향 앞으로 가, 뒤로 돌아 가 등 군대 제식훈련을 하면서 틀린 학생을 불러내 마구 때렸다. 맞은 학생은 다음 구령에 또 틀렸고 또 맞아야 했다. 혼자 불러 내서 지도해 주었다면 잘 할 수 있는 학생을 집합 훈련을 시켜 놓고 망신을 주고 때린 것이다. 왜 그랬을까. 이 선생은 학생이 틀린 이유가 정신을 딴 곳에 쓰기 때문이니 때려서 정신을 차리게 하면 잘 할 것으로 본 듯 하다. 아마 이런 선생들 때문에 학교가 불신을 받고 21세기 한국 교권이 극단적으로 무너진 것이 아닐까 싶다. 참고로, 내가 나온 보성고등학교에는 훌륭한 스승님들이 많았다. 고등학교 1학년과 3학년 교련 스승님은 엄청 훌륭하고 멋쟁이셨다.

■ 사례 4) 군대에서 행군

　육군의 꽃은 행군이다. 훈련 받을 때는 물집이 생기지 않았는데 부대에 배치된 후에는 물집으로 고생을 너무 심하게 했다. 왜 그런지 그 이유를 군대를 제대한 후 알게 되었다.

　육군 장교로 군 생활을 한 나는 훈련을 나가기 전에 목욕탕에 가서 탕에 몸을 푹 담그고 갔다. 그것이 엄청난 실수였다. 살이 물러져서 발바닥에 오백원 동전 만한 물집이 여러 곳에 깊게 생겼던 것이다. 나는 그것을 참아내기 위해 준비해간 진통제 약간과 의무병으로부터 반 강제적으로 받은 진통제 20알가량 먹었던 것 같다. 공중에 몸이 뜬 기분으로 걸어서 부대에 돌아왔고 그 날 밤 나는 고통으로 잠을 잘 수 없었다. 약 기운이 빠지면서 쌓였던 고통이 한꺼번에 밀려 온 것이었다. 문제는 그 원인을 파악하지 못한 나는 다음 행군전에도 목욕탕에 갔고 그 대가는 이루 말할 수 없는 고통으로 다시 내게 밀려왔다. 그 다음 행군에도…

　위의 사례는 우리가 얼마나 어리석은지를 단적으로 보여준다. 왜 이런 일이 발생하는 것일까? 원인을 제대로 파악해서 원인에 맞는 처방을 하지 못했기 때문이다. 착한 조례는 위에서 본 어리석음을 반면교사로 삼아야 한다. 조례가 세상에서 제 역할을 하지 못하고 삐걱거리고 있다면 그 원인을 찾아 제 때에 보완해 주어야 한다. 그래야 더 착한 조례로 나아갈 수 있다.

> **선보 생각**
>
> ### 구맹주산(狗猛酒酸)
>
> 《한비자》〈외저설우(外儲說右)〉에서 유래한 성어다. 송(宋) 나라 때 술 장사꾼이 있었는데, 술을 빚는 재주가 좋고 친절하며 정직하게 장사를 하였음에도 술이 잘 팔리지 않았다. 이상하게 여긴 그가 마을 어른 양천을 찾아가 이유를 묻자, 양천이 되물었다. "자네 집의 개가 사나운가?" 술을 파는 자가 "그렇습니다"라고 답했다. 양천이 말하길, "어른들이 아이를 시켜 술을 사오게 하는데, 당신네 개가 사나우면 들어갈 수가 없으니, 술이 팔리지 않고 시어가는 것이네"라고 하였다. 한비자는 나라의 간신배를 사나운 개에 비유하여, 아무리 어진 신하가 옳은 정책을 군주에게 아뢰어도 조정 내에 간신배가 들끓으면 정사(政事)가 제대로 펼쳐지지 않음을 설명했다. 따라서 '구맹주산'은 '나라에 간신배가 있으면 어진 신하가 모이지 않는다'는 뜻으로 쓰인다.
>
> [네이버 지식백과] (두산백과 두피디아, 두산백과)

더 무슨 말이 필요하겠는가? 술이 쉬는 이유를 모르면 아무리 술맛이 좋아도 술은 쉴 수밖에 없는 것을······

> **법제 공부 : 조례안 입안방식**
>
> 조례가 세상에 나간 후에는 적시에 정확하게 평가해서 **보완**할 곳은 보완해야 한다는 것은 다음과 같은 형식으로 이루어진다.

- **제정조례안**: 기존의 조례를 전부 또는 일부 개정하는 방법으로는 목적 달성이 곤란하여 별도의 조례로 규율하는 것이 적절한 경우
- **개정조례안**
    - 일부개정 방식: 조례의 일부분을 개정하는 방식
    - 전부개정 방식: 조례의 전부를 개정하는 방식
- **폐지법률안**: 해당 조례의 목적이 달성되었거나 그 목적을 달성할 수 없을 경우

1) 일부개정방식과 전부개정방식의 선택기준

이에 관하여 일률적인 기준이 확립되어 있는 것은 아니며, 개정하는 부분의 분량, 중요도, 정비의 필요성 등을 종합적으로 고려하여 결정한다. 일부개정방식은 개정된 사항의 전과 후를 쉽게 비교할 수 있고, 다른 조례에서 해당 조례의 조문을 인용하고 있을 경우 다른 조례에 대한 영향을 최소화함으로써 법적 안정성을 도모할 수 있다는 장점이 있다. 다만, 일반적으로 다음과 같은 경우에는 전부개정방식으로 개정하는 것이 바람직하다.

- 개정하고자 하는 조문의 수가 기존 조문의 수의 3분의 2 이상을 차지하는 경우 (다만, 용어나 표현을 통일적으로 정리할 사항이 많은 경우에는 일부개정방식 활용)
- 제정된 후 장기간이 경과하여 법문에 나타난 용어와 내용이 전체적으로 현실과 맞지 아니하는 경우
- 여러 차례의 개정으로 기존 법률 중 삭제된 조항과 가지번호의 조와 호가 많아 새로운 체제로 정비할 필요가 있는 경우
- 법률의 핵심적 내용을 변경하는 경우로서 해당 법률의 상당한 부분이 변경내용과 관련되어 있어 이를 전반적으로 정비할 필요가 있는 경우

2) 전부개정방식과 폐지·제정방식의 선택기준

조례를 전체적으로 개편하는 방식으로는 전부개정방식과 폐지·제정방식이 있다. 전부개정방식은 해당 조례의 대부분을 개정하는 방식이고, 폐지·제정하는 방식은 기존 조례를 대체하는 새로운 조례를 제정하면서 기존 조례에서 규정하고 있는 제도 등 주요 내용과 동질적임을 강조할 필요가 있을 때에는 전부개정방식으로, 새로운 조례안이 기존 법률의 제도를 전면적으로 또는 본질적으로 변경하고자 하는 경우에는 폐지·제정방식으로 개정하는 것이 바람직하다.

국회법제실, 《법제이론과 실제》 참고

제 5 강

사례 연구: Case?

"나 파랑색 잠바 많은데……"

제5강

착한 조례 만들기

사례연구:
Case?

조례를 만든다는 것은 **조례의 해석**을 전제로 한다. 착한 조례를 만들기 위해서는 조례를 착하게 해석할 수 있어야 한다. 여기서는 조례의 해석에 관한 방법론을 설명한 후 사례를 통해 적용해 보도록 하겠다.

1. 조례 해석의 방법론

조례해석의 방법론과 법해석 방법론이 다를 이유가 없다. 아래에서는 이해의 편의를 위해 법해석의 방법론으로 논의를 진행하기로 한다. 바로 조례해석에 적용할 수 있는 것이니 차별성에 유의하며 읽을 필요는 없다. 조례해석이 중요한 이유는 3가지 분수와 4가지 원칙 등도 해석을 통해 그 실현 가능성이 열리기 때문이다.

문리적 해석	• 단어의 일상 언어적 의미에 따라 해석하는 방법 • 해석의 출발 • 한계: 법률 문언의 가능한 의미의 범위
체계적 해석	• 단어가 법률에서 놓인 위치나 법률의 체계를 고려하여 해석 • 문맥 중시 • 해당 법률 및 관련 법률의 전체적 구성 체계에 대한 이해 필요
역사적 해석	• 법률 제·개정 당시 입법자의 의사·의도를 고려하여 해석 • 확인: 제안이유, 국회의 회의록 등을 근거로 파악 • 주관적 해석: 입법자의 역사적 의도 중시
목적론적 해석	• 법률의 규율 목적·취지에 따라 해석 • 확인: 입법자의 동기에 대한 재해석, 법정책적 판단, 법학계의 지배적 견해 등을 근거로 파악 • 객관적 해석: 입법의 객관적 의미를 찾음

일반적으로 문리적 해석→체계적 해석→역사적 해석→목적론적 해석의 순으로 해석하는 것이 보통이다. 다만, 논리적으로 이런 해석의 순서를 따른다는 것이지 앞의 해석이 명백하면 거기서 멈추어도 된다는 의미이거나 순서를 바꾸면 안 된다는 강제적 서열의 의미는 아니다. 네 가지 해석은 각자의 부족한 점을 보완하여 주는 것이다. 따라서 종합적으로 고려하여야 법문의 정확한 뜻을 이해할 수 있다.

출처: 공공누리 - 국회의사당 전경

우리나라 국회의사당 건물에는 24개의 기둥이 있다. 왜 24개 기둥인지 궁금한 사람은 어떻게 해야 알 수 있을까?

> ⅰ) **문리적 해석**: 24개의 기둥이 맞는지 확인한다.
> ⅱ) **체계적 해석**: 우리나라 국회의사당과 유사한 건물이 있는지 확인한다.
> ⅲ) **역사적 해석**: 국회의사당건립지(國會議事堂建立誌) 등을 통해 당시 설계자의 의도를 확인한다.
> ⅳ) **목적론적 해석**: 현대의 시각으로 해석한다.

참고로, 네이버 지식백과(대한민국 구석구석, 한국관광공사)에 따르면 다음과 같은 해석이 나온다.

> 여의도 면적 80만 평 가운데 의사당 대지 10만 평에 건물면적 2만 4,636평을 차지하는 지하 2층 지상 8층의 석조건물이다. 단일 의사당 건물로는 동양에서 제일 크며, 장차 남북통일이 되고 의회제도가 양원제로 채택 되더라도 불편없이 사용할 수 있도록 배려되었다. 6년의 공사 끝에 1975년 8월에 준공되었으며, 현대식 건물에 한국의 전통미를 가미하였다. 의사당을 둘러싸고 있는 **24개의 기둥**은 국민의 다양한 의견을 뜻하며, '돔' 지붕은 국민의 의견들이 찬반토론을 거쳐 하나의 결론을 내린다는 의회 민주정치의 본질을 상징한다.

24개의 기둥이 국민의 다양한 의견이라는 견해는 목적론적 해석을 한 것으로 볼 수 있다. 24절기를 상징한다는 의견, 24시간 열심히 일하라는 등등 다양한 해석이 있는 이유는 설계의도를 명확히 모르기 때문이다. 조례를 발의하고 심사할 때 반드시 그 의도, 취지 등을 제안이유, 회의록 등에 분명히 기록해 두어야 한다는 점을 기억하도록 하자.

다음의 이야기를 통해 조례해석의 방법론을 보다 실감나게 살펴보도록 하자.

■ 이야기 1) t, ℓ, T는 같은 티인가? 아니면 다른 티인가?

선보가 초등학교 4학년 때 경험한 도량형에 관한 산수시험(그 당시 초등학교에서는 수학을 정감어린 단어인 산수로 불렀다) 이야기이다.

시험 문제는 1.3t은 몇 kg인가? 와 같은 유형의 문제들로 이루어져 있었다. 물론 답은 1,300kg이다. 그런데 1.3t으로 쓰여 있는 것이 아니라 1.3ℓ으로 표시되어 있었다. 선보는 당황했다. 선보는 본적도 없고, 배운 적도 없는 요상하게 생긴 기호 ℓ로 인해 산수 시험 전체를 망치고 말았다.[33] 선보는 나중에 두 기호가 같은 것이라는 것을 알고 너무 억울했지만 그저 속으로 억울함을 삼킬 수밖에 없었.

파급력에서는 차이가 있으나 유사한 유형의 문제를 《이기적 유전자》라는 책에서 인용하고자 한다.

> 이렇게 하여 똑같은 사본이 많이 만들어진 시점까지 왔다. 그러나 여기서 어떤 복제 과정에서든 나타나게 되는 중요한 특성에 대해 언급하지 않을 수 없다. 그것은 복제 과정이 완전하지 않다는 것이다. 오류가 생기게 마련이다. 나는 이 책에 오자가 없기를 바라지만 주의 깊게 찾아보면 한두 개는 발견될 것이다. 그러나 그것들은 아마도 문장의 의미를 왜곡할 만큼 심각한 오자는 아닐 것이다. 왜냐하면 그 오자가 '제1대'의 오류이기 때문이다.

---

[33] 당시 시험 문제는 스승님들께서 직접 펜으로 쓰셨다. 아마도 스승님께서는 인쇄체보다는 필기체가 편하셨을 것이다. 이렇게 몇 문제가 헷갈리다 보니 다른 문제에 까지 영향을 주어 시험 전체를 망치게 된 것이다.

> 그렇지만 인쇄술이 발명되기 이전에 복음서 등의 책이 필사로 출판되던 시대를 생각해 보자. 모든 사본은 아무리 주의를 기울여 만들었더라도 틀림없이 몇 개의 오류를 갖고 있을 것이고, 그 가운데 몇몇은 고의로 '개량'하려고 시도한 결과일 것이다. 그 사본들이 모두 하나의 원본을 베낀 것이라면 내용이 심하게 곡해되지는 않았을 것이다. 그러나 사본에서 사본을 만들고 그 사본에서 또 다른 사본을 몇 번씩 만들 경우 오류는 누적되어 심각한 상태가 된다. 우리는 잘못된 사본을 나쁜 것으로 생각한다. 더욱이 인간의 문서인 경우에는 오류가 더 나은 것으로 간주되는 사례는 생각하기 어렵다. 구약성서의 그리스어 판본을 만든 학자들이 **'젊은 여성'**이라는 히브리어를 **'처녀'**라는 그리스어로 오역하여 "보라 처녀가 아들을 잉태하여…"라는 예언으로 이어졌을 때 나는 그 글이 큰일을 저지른 것이라고 생각한다. 여하튼 앞으로 살펴보겠지만, 생물학적 자기 복제자의 복제 오류는 진정한 의미의 개량으로 이어지며, 몇몇 오류의 발생은 생명 진화가 진행되는 데 필수적이었다.
>
> 리처드 도킨스, 《이기적 유전자》

문리적 해석과 체계적 해석이 만나는 지점에서 우리가 명백히 해 둘 점이 있다. 같은 법(체계)에서 동일하게 생긴 단어는 같은 뜻이고, 다르게 생긴 단어는 다른 뜻으로 해석되어야 한다는 점이다. 법에서 t, ℓ, T는 같은 티가 아니라 다른 티이다. 법에서 '그게 그거다'는 없다. 같은 것은 같은 것이고, 다른 것은 다른 것이다. 그래야 불필요한 오해로 인한 억울한 사람이 생기지 않는다.

■ 이야기 2)《발가락이 닮았다》

우리(1970년생을 중심으로 한 우리다)는 다른 과목과 마찬가지로 국어공부도 암기로 했었다. 그래서《발가락이 닮았다》를 읽어 본 적은 없지만 지은이가 김동인이며 자연주의적 1인칭 작품임을 알고 있다. 참으로 효율적이지만 참으로 어처구니없게 공부했음을 인정하지 않을 수 없다. 그래서인지 우리 중에는 늦게 공부의 재미를 깨달은 벗들이 많다.

그렇다면 '발가락이 닮았다'는 말은 어떻게 해석해야 할까?

먼저 **문리적 해석**을 해보자. 발가락이 닮았다는 분명 일상적 언어로 구성되어 있다. 하지만 해석하기가 만만치 않다. 일단 닮았다는 것은 복수의 대상을 전제로 하는데 이들이 누군지 알 수 없다. 또한, 발가락 전체를 말하는 것인지 일부를 말하는 것인지, 일부라면 어느 발가락인지 분명치 않다. 부분이 흔들리니 전체도 흔들린다. 두 가지 해석이 가능하다. 발가락이 닮았다고 하니 발가락'까지' 닮았다고 해석하여 완전히 빼다 박았다는 의미로 해석할 수 있다. 다른 하나는 발가락'만' 닮았다로 해석하여 닮은 구석이라고는 발가락밖에 없을 정도로 완전히 다르게 생겼다로 해석할 수 있다. 이렇게 문리적 해석이 갈피를 못 잡을 때 어떻게 해야 하는가?

《발가락이 닮았다》의 줄거리를 간단히 소개하면 아래와 같다.

> 1932년 《동광(東光)》지(誌)에 발표되었다. 32세의 노총각 M이 친구들 몰래 결혼을 했다. 총각 때의 무절제한 방탕생활로 각종 성병을 앓아 생식능력이 없음을 의사인 '나'는 알고 있다. 그러한 M이 결혼 2년 후의 어느 날 갓난아기를 안고 '나'의 병원으로 찾아왔다. 아기가 기관지를 앓고 있었지만 M의 속셈은 그 애가 자기애라는 보장을 얻으려는 데 있었다. M은 그 애가 제 증조부를 닮았다고 말하고 자기를 닮은 데도 있다고 말했다.
> 즉, 가운데 발가락이 제일 긴 자기의 발가락을 닮았다는 것이다. 아내의 부정을 의심하면서도 애써 그것을 삭혀 보려는 M의 심정이 눈물겨워 '나'는 발가락뿐 아니라 얼굴도 닮은 데가 있다고 말하고는 의혹과 희망이 섞인 M의 시선을 피해 돌아앉는다. 자연주의 경

> 향의 작품이지만 강한 휴머니티가 깔려 있다. 횡보(橫步) 염상섭(廉想涉)을 모델로 하였다
> 하여 큰 논쟁이 벌어져 두 사람(김동인과 염상섭) 사이에는 오랫동안 불화가 계속되었다.
>
> 네이버 지식백과(두산백과)

책을 다 읽고 나서 줄거리를 이해한다면 다음의 점을 분명히 알 수 있다. 아기와 M의 가운데 발가락이 닮았다는 것이고, 이것은 닮은 곳이라고는 찾아보기 힘들다는 의미를 내포하고 있다. 체계적 해석은 문리적 해석에서의 궁금증을 해소해 주고 있다. 법규의 한 단어 또는 일부 문장의 해석이 다양하게 갈릴 때 섣부르게 결론을 내리지 않아야 한다. 법을 끝까지 읽기 전까지 판단을 유보하는 끈기를 소유하고 있어야 한다. 전체 법문을 살펴보았음에도 의미가 불분명 할 때에는 상위법, 하위법 및 유사 입법례를 살펴보아야 한다. 그래야 체계적 해석의 최소한을 한 것이다. 비로소 해석이라는 의식적 노력을 했다고 하겠다.

■ 이야기 3) 형제살해법

선보가 튀르키예로 출장을 간 적이 있다. 불혹에 이른 후 선보는 출장가는 나라의 역사에 관한 책을 미리 읽는 습관이 생겼다. 그래서 고른 책이 《튀르크인 이야기》였다. 이 책에는 흉노, 돌궐, 위구르, 셀주크, 오스만에 이르기까지 튀르크 민족들이 세운 제국의 흥망성쇠가 서술되어 있다. 그 중 충격적인 내용은 '형제살해법'에 관한 것이었다.

> 제13대 술탄으로 즉위한 메흐메드 3세는 술탄 자리에 앉기 위해 19명의 남자형제를 살해했다. 이미 존재한 '형제살해법'이 허용하고 있기 때문이었다. 그는 남자형제 말고도 수많은 여자형제들도 죽였다. 제7대 술탄 메흐메드 2세 때부터 시행된 형제살해법은 제

> 13대 메흐메드 3세 술탄에 와서 최악의 사례를 남겨 놓았다. 19명의 살해된 19명의 남자형제 시신은 메흐메드 술탄 앞에 가져와서 확인되었고, 술탄은 슬픔의 표시로 시신을 확인할 때마다 자신의 수염을 쥐어뜯었다. 시신 운구 행렬은 궁전을 빠져나와 이스탄불 거리를 지나갔다. 형제살해법으로 술탄은 자신의 아들말고는 살아 있는 형제나 사촌들이 거의 없었다. 술탄 자리에 도전하거나 권위를 약화시킬 수 있는 모든 가능성을 다 잘라 버렸기 때문이었다. 무섭고 공포에 가득 찬 형제살해법은 다음 술탄인 제14대 아흐메드 1세에 의해 개정되었다. 그 개정이란 형제들을 죽이지 않고 톱카프 궁전내 술탄의 가족이 생활하는 하렘(Harem)의 내실에 그가 자연사할 때까지 감금해두는 것이었다.
>
> 이희철, 《튀르크인 이야기》

이런 반인륜적인 법이 어떻게 시행될 수 있었을까? 튀르크인들은 야만인이다라고 쉽게 결론을 내릴 수 있을까? 튀르크인들의 역사를 안다면 이것이 쉽게 답할 수 있는 문제가 아니라는 것을 알게 된다. 튀르크인들이 세운 제국들은 하나같이 왕권을 놓고 벌어진 형제, 친척간의 피비린내 나는 살육전으로 인해 분열되어 망했다. 역사를 안다고 하더라도 형제살해법이 반인륜적이라는 점에 있어서는 변함이 없겠지만 그들이 이런 선택을 할 수밖에 없었던 이유를 이해할 수 있는 여지가 생긴다. 역사적 해석은 반드시 거쳐야 하는 것이지 시간이 남을 때 옛 기록을 뒤져보는 한가한 작업이 아니라는 점을 분명히 해두고자 한다.

■ 이야기 4) "나 파란색 잠바 많은데……."

다음으로 역사적 해석과 목적론적 해석에 관해 생각해 보자. 선보의 생일 파티를 위해 많은 친구들이 모였다. 다들 정성이 가득한 선물을 하나씩 꺼내 선보에게 건네

주고 있었다. 평소 사귀고 싶었던 여자 친구 선미가 건넨 선물의 포장을 조심스레 풀었다. 그 안에 파란색 잠바가 들어 있는 것을 보고 선보가 자기도 모르게(포장을 풀기 전부터 선물에 상관없이 무조건 마음에 든다고 말하려 하고 있었는데) 무심코 이렇게 말했다.

"나 파란색 잠바 많은데……."

선보의 뒤에서 이 말을 들은 선미는 표정이 일그러지면서 밖으로 나가버렸고, 선보는 어이가 없는 표정으로 떠나는 님을 바라볼 수밖에 없었으며, 생일 파티는 엉망이 되고 말았다.

왜 이런 황당한 일이 벌어진 것일까?

선보는 파란색 잠바를 좋아하기 때문에 파란색 잠바가 많다는 의미로 말한 것임에도 불구하고 선미는 파란색 잠바가 많은데 또 파란색 잠바를 선물로 받았다고 해석한 것이다. 즉, 선보는 파란색 잠바가 마음에 든다는 의미였고 선미는 파란색 잠바가 마음에 들지 않는다는 의미로 받아들인 것이다.

말한 사람의 의도를 정확히 알아야 오해가 생기지 않듯이 입법자의 의도를 정확히 알아야 정확한 해석을 할 수 있다. 법의 연혁을 통해 입법자의 의도를 살펴보는 것은 법문 자체보다는 법문이 나온 상황 및 여건을 고려한다는 것이다. 즉, 법문의 취지를 중시하는 것이다. 말의 취지를 중시해야 소중한 우정 더 나아가 사랑에 금이 가는 경우가 없는 것처럼…….

여기서 중요한 점들을 분명히 하고 넘어가고자 한다. **하나**, 입법자의 의도를 지레

짐작하지 말라는 것이다. 앞선 세대의 고민이 우리의 고민보다 더 치열할 수 있으며 그 고민이 오늘날 우리에게 커다란 울림이 될 수 있다. 반드시 찾아서 확인해야 한다. 이것은 선배들에 대한 후배들의 도리다. **둘,** 확인하고 싶어도 남아 있는 자료가 없는 경우가 많다는 것이다. 당시에는 이유를 기술해 놓을 필요가 없을 정도로 누구나 다 아는 것이었을 수도 있고 고의로 남기지 않았을 수도 있다. 우리는 미래 세대가 찾아보고 올바른 법해석을 하도록 반드시 이유를 기록하여 남겨 두어야 한다. 이것은 후배들을 위한 선배들의 도리. **셋,** 한참 지난 과거의 입법자의 의도에 현재의 우리가 왜 기속되어야 하는가? 민주주의 원리, 권력분립의 원리 등을 고려한다면 단순히 시간의 오래됨의 문제만은 아니다. 국민의 대표기관인 입법부가 제정 또는 개정한 사항을 입법부의 의도와 달리 해석, 집행, 적용한다는 것은 결국 국민의 뜻에 반하는 것이기 때문이다. 그렇다면 언제까지 기속되어야 하는가? 하염없이 기속되는 것이 맞는 것인가? 이런 의문 상황에서 등장한 것이 바로 **목적론적 해석**이라고 할 수 있다.

목적론적 해석은 말 그대로 법의 목적이 달성될 수 있도록 해석하는 것이다. 법은 입법자에 의해 한 번 만들어지면 자기 나름대로 성장하는 살아있는 존재이다. 목적론적 해석에서 법해석이란 **라드브루흐**가 적절히 표현했듯이, 입법자에 의해 이미 생각되어진 것을 다시 반복하는 것이 아니라 입법자의 의사가 지향하는 법정신을 관철해 내는 일이다. 따라서 과거의 입법자의 결정에 종속되는 것이 아니라 현재의 국민들의 법의식에 따라야 한다는 것이다.

■ 이야기 5) 히틀러와 같이 그토록……

법해석이 엄청난 결과를 초래할 수 있음을 아래의 사례를 통해 알아보도록 하자.

> 히틀러가 쿠데타를 일으켰을 때 그는 오스트리아인이었다. 그 당시 히틀러에게 적용되어야 할 법은「공화국수호법」이었다. 동법에 따르면 쿠데타 범죄를 저지른 외국인은 부가적으로 강제 추방되어야 했다(제9조). 그러나 법원은 '히틀러와 같이 그토록 독일적으로 생각하고 느끼는 사람에게 동 조항은 그 목적과 의미에 비추어 적용할 수 없다.'고 멋대로 해석하였다.
>
> 강경선 · 이재승, 《법사상사》

우리는 소위 전문가들이 먼저 결정을 내려놓고 자신들의 결론에 합당한 논리를 만들어 내는 데 얼마나 놀라운 재주가 있는지 잘 알고 있다. 위 이야기는 이러한 끼워맞추기식 추론방식이 양심의 통제범위를 넘어 자신들의 이해관계에 좌우될 때의 위험성을 극적으로 보여주고 있다. 만약 이들이 히틀러를 법에 따라 추방했다면 제2차 세계대전을 막을 수 있었던 것이다. 전문가들에게 물어보자. 결론을 먼저 내렸느냐고? 아무도 결론을 먼저 내렸다고 순순히 인정하지 않을 것이다. 이것은 사후에 근거를 찾는 거꾸로 추론방식이 무의식적으로 아무런 저항 없이 능청스럽게 일어날 수 있다는 점을 보여준다. 항상 의식적으로 결론을 먼저 내리지 않도록 긴장하고 주의해야 한다.[34] 그래야 법해석이 헛발질을 안할 수 있는 것이다.

역사적 해석과 목적론적 해석의 연결점을 제시하고자 한다. 먼저 공자께서 우리가 해석한 《논어》를 읽는다고 상상해 보자. 얼마나 놀라실까? 그런 뜻이 아니라고 놀라시다가, 의도한 것보다 더 나은 해석에 놀라시기도 할 것이다. 바로 놀라움과 놀라움이 만나는 지점에서 양자는 공존 가능성이 있다고 본다.

다음으로 법개정과 법해석의 관계를 생각해보자. 목적론적 해석은 법해석의 한계

---

34) 유상조, 《늦은 불혹의 다릿돌》, 다릿돌 11) 전문가: 그들은 과연 믿을 만한가?

점이자 법개정의 시작점이다. 행정부의 법집행이나 사법부의 법적용이 해석의 한계를 넘어서면 입법부는 법개정을 통해 의사를 분명히 밝혀야 한다. 히틀러의 사례에서 입법부는 히틀러를 포함한 그 어떤 외국인도 아무리 독일적으로 생각하고 느낀다고 하더라도 쿠데타를 일으키면 추방된다는 점을 법을 개정해서 반영해야 하는 것이다. 이러한 권력분립의 견제와 균형(checks and balances)의 원리는 법해석과 법개정을 통해 선순환되어야 한다.

선보 생각

쉼표 하나에도 민감해야 한다

100만 캐나다달러(미화 88만 8,000달러)짜리 쉼표(,)가 캐나다 통신업계를 달구고 있다. 25일(현지시간) 뉴욕타임스(NYT)에 따르면 캐나다의 최대 규모 케이블 방송 공급업체인 로저스 커뮤니케이션은 전화회사와 맺은 전신주 사용계약서 내 쉼표를 달리 해석해 100만 캐나다달러의 손해를 입게 됐다. 사건은 전신주 사용 계약서에서 비롯됐다. 지난 2002년 로저스는 전화회사 벨 알리안트와 전신주 사용 계약을 맺었다. 양사는 **"계약한 날로부터 5년간, 그리고 그 후 5년간, 당사자로부터 계약 만료 1년 전 서면통보가 없으면 계약은 5년간 유지된다"**는 조항에 사인했다. 로저스는 이에 따라 10년간 이 계약이 유효할 것으로 믿었다. 하지만 알리안트는 5년 계약이 끝나는 2007년 말 계약을 해지하겠다고 통보했다. 두 회사의 의견차는 쉼표 때문이다. 로저스는 두 번째 쉼표를 무시하고 두 번째 계약 연장 전까지 계약이 유효한 것으로 해석한 반면 알리안트는 최초 계약을 연장할 때에도 1년 전에 통보를 하지 않으면 계약을 해지할 수 있는 것으로 풀이했다. 캐나다 감독 당국은 알리안트의 손을 들어줬다. 감독 당국은 두 번째 쉼표로 문장이 끊어지기 때문에 사전 통보 조

> 항을 계약 연장 뿐만 아니라 최초 계약에도 적용할 수 있다고 밝혔다. 따라서 감독 당국은 알리안트가 최초 계약 만료 1년전연장 계약이 없으면 계약을 만료할 수 있다고 판결했다. 감독 당국은 "계약 조항이 분명하고, 모호하지 않다"고 밝혔다. 이 때문에 로저스는 100만 캐나다달러의 비용을 부담해야할처지에 놓였다. **이목을 끄는 것은 이 계약서가 통신업계에서 널리 사용된다는 점이다.** (이하 생략)
>
> 머니투데이. 2006.10

착한 조례를 만들려는 사람은 쉼표(,)에도 민감해야 한다. 쉼표가 있고 없고, 어디에 있느냐에 따라 조례의 의미가 달라질 수 있다는 것을 명심하자. 착한 조례는 민감성에 비례한다.

2. 조례 사례 분석

지금부터 조례 사례를 분석한다. 시작하기 전에 반드시 말씀드리고 싶은 것이 있다. 간혹 강의 중에 이런 질문을 하시는 분들이 있다.

"이렇게 문제가 많은 조례를 누가 하려고 하는 것인가요?"

나는 이런 취지로 답을 한다. 문제가 많다는 것은 사실이지만 그래도 이 조례안을 발의하신 의원님은 대단한 것이다. 시도 했으니까. 가만히 있는 분들보다 훨씬 나으신 거다. 조례입안 과정에서 걸러질 것은 걸러지고 개선할 것은 개선하면 되는 것이다. 조례의 취지가 바람직하면 나머지 부분은 입법지원조직 등의 도움을 받으면 되는 것이다.

움직이지 않는 자가 움직인 자를 탓하고, 생각지 않는 자가 생각한 자를 탓하면 안 된다.

아래에서 다루는 사례분석은 이해의 편의를 위해 가상의 시나리오를 통해 진행할 것이다. 조례안을 제정하는 시각과 분석하는 시각이 동시에 이루어져 약간의 혼란을 초래할 수는 있으나 조례의 참 모습을 이해하는 데에 큰 어려움은 없을 것이다. 실제 조례를 대상으로 하고 있으나 조례를 만드신 분들을 폄하할 의도가 전혀 없다는 점을 밝혀둔다. 그저 교육용으로 사용하는 것으로 보시면 된다. 다시 한 번 말하지만 조례를 만드신 분들의 노고에 경의를 표한다.

■ 사례1) 평화시 담배자동판매기 설치 금지 조례

관문 1) 문제의식

어느 화창한 봄날, 선보 의원은 너무도 당당하게 담배자판기에서 담배를 구입하는 청소년을 보게 된다. 상당한 충격을 받은 상태로 집에 와서 우리 아들, 딸도 그러는 것 아닌가라는 생각도 들고. 아무리 생각해봐도 이건 아니다 싶었다.

관문 2) 해결방안

그래서 우리 지역에 얼마나 많은 담배자판기가 있는지, 그리고 얼마나 판매가 되고 있는지 등을 실제로 담배자판기에서 담배를 구입하는 청소년들과 면담도 하고, 도서관에서 관련 논문도 찾아서 읽었다. 상당한 연관관계가 있다는 확신을 가질 수 있게 되어 담배자판기 금지 조례를 입안하기로 결심한다.

관문 3) 조례(안) 작성

「평화시 담배자동판매기 설치 금지 조례」

제1조(목적) 이 조례는 「담배사업법」 제16조 및 같은 법 시행규칙 제7조의3에 따라 담배자동판매기(이하 "자판기"라 한다)의 설치제한에 관한 사항을 규정함을 목적으로 한다.

제2조(정의) 이 조례에서 "성인"이라 함은 20세이상을 말한다.

제3조(적용범위) 이 조례는 평화시 전지역의 담배소매인에게 적용한다.

제4조(설치의 제한) 자판기는 평화시 전지역에 설치할 수 없다. 다만, 성인이 출입하는 업소안에는 제외한다.

제5조(시행규칙) 이 조례 시행에 관하여 필요한 사항은 규칙으로 정한다.

> **부 칙**
> ① (시행일) 이 조례는 공포한 날부터 시행한다.
> ② (경과조치) 이 조례 시행전에 설치된 자판기는 시행일부터 3월이내에 철거하여야 한다.

이 조례는 **규제 조례**이다. 따라서 법률의 위임이 있어야 할 것이다. 그럼 3가지 분수와 4가지 원칙이 구체적으로 어떻게 적용되는지 하나하나 살펴보도록 하겠다.

1) 3가지 분수

(1) 수직적 분수 : 법령의 위임근거

[별표 2] 제도담배소매인의 지정기준

구분	기준
일반소매인	1. 면소재지이상 지역의 소매인 영업소간의 거리는 50미터이상을 유지하여야 한다. 다만 다음 각목의 1에 해당하는 경우에는 거리 제한을 두지 아니한다. 　　가. 구내소매인의 영업소와 일반소매인의 영업소와의 경우 　　나. 4차선이상의 도로건너편에 위치한 장소의 경우 　　다. 지상영업소와 지하영업소와의 경우 2. 기타 지역에는 50호단위로 소매인을 지정하되, 영업소간의 거리는 100미터 이상이어야 한다. 다만, 차량의 왕래가 빈번한 도로변 또는 독립부락은 50호미만이라도 담배수급상 필요하다고 인정할 경우에는 소매인을 지정할 수 있다.
구내소매인	1. 구내소매인은 고층건물·공공기관·역·공장·군부대·백화점 기타 이에 준하는 시설물 내부에 지정할 수 있다. 2. 시설물의 구조·상주인원·이용인원등을 참작하여 동일 시설물 내부에 2개소이상의 장소에 소매인을 지정할 수 있다.

자동판매기	1. 자동판매기는 이를 일반소매인 또는 구내소매인으로 보아 소매인 지정기준을 적용 한다. 다만, 지정소매인이 자기의 영업소와 인접한 장소에 자동판매기를 설치하고자 하는 경우에는 별도의 지정을 받지 아니하고 설치할 수 있다. 2. <u>청소년의 보호를 위하여 지방자치단체가 조례로 정하는 장소에는 자동판매기의 설치를 제한할 수 있다.</u>
임시소매인	출장판매의 실시가 어려운 임시정류장·임시개설장·흥행장·공사장 또는 계절적으로 일시 다중이 집합하는 관광지·유원지 기타 이에 준하는 장소에 지정한다.

규제 조례에서 수직적 분수를 확인한다는 것은 법령의 위임 근거를 찾는 것으로 최우선 고려사항이다. 위임 근거를 찾지 못하면 더 나아갈 수 없다. 담배사업법 시행규칙 [별표 2] 제조담배소매인의 지정기준을 보면 <u>청소년의 보호를 위하여 지방자치단체가 조례로 정하는 장소에는 자동판매기의 설치를 제한할 수 있다</u>로 규정되어 있다. 따라서 담배자동판매기는 조례로 제한할 수 있겠다.

참고로, 이 조례가 어떻게 만들어 졌는지 궁금해서 연혁을 살펴보니 담배사업법 시행규칙이 1992년 7월 24일 개정되어 담배자동판매기를 조례로 제한할 수 있도록 위임되었다. 평화시는 기다렸다는 듯이 1992년 8월12일 조례를 제정하고 바로 시행하게 된다. 그 후 담배사업법 시행규칙(2009년 7월 1일 개정되어 11월 1일에 시행)에 제7조의 3을 신설하여 담배자동판매기에 대해 조례가 아니라 기초자치단체장의 규칙으로 위임 되었다.

몇 가지 생각할 거리가 있다. **하나,** 담배사업법 시행규칙에서 조례로 위임 근거를 마련한 후 3주도 걸리지 않아서 평화시 담배자동판매기 설치 금지 조례를 제정했다는 것이다. 너무 서두른 것은 아닐까? 과연 3주 동안 이 조례가 미칠 영향에 대해 다 살펴보았을지 의문이 든다. 아마도 평화시 의원들은 담배자동판매기를 사회악으로 보고 하루라도 빨리 철거해야 한다고 본 것 같다. **둘,** 조례에서 규칙으로 위임 법규가 바뀌었으면 조례는 폐지하는 것이 맞다. 물론 규제 조례가 근거를 잃으면 실효되는 것이라서 실질적으로는 차이가 없겠지만 폐지하는 것이 주민들이 관련 조례를 이해하는 데 도움이 될 것이다. 만들 때는 3주만에 만들다가 폐지하여야 할 때는 15년이 다 되도록 그냥 두는 이유를 이해하기 어렵다.

(2) 수평적 분수

평화시 조례 중 자동판매기 설치를 금지하는 것과 유사한 조례가 있는 지 확인하고 관련 조례간에 공통점과 차이점을 살펴보아야 한다. 평화시 행정규제 기본조례가 있다면 동 조례의 취지에 반하는 규정이 없는지도 살펴보아야 한다.

(3) 시간적 분수

> **부 칙**
> ① (시행일) 이 조례는 공포한 날부터 시행한다.
> ② (경과조치) 이 조례 시행전에 설치된 자판기는 시행일부터 3월이내에 철거하여야 한다.

먼저 **시행일**과 관련해서는 규제 조례에서 공포한 날부터 시행한다는 것은 극히 예외적인 경우에 가능한 것이라는 점을 분명히 해두고자 한다. 주민들이 조례를 인식할 수 있는 시간적 여유가 필요할 것이고 특히 담배자동판매기와 이해관계가 있는 당사자들의 입장에서는 준비할 수 있는 시간도 필요할 것이다. 또한, 조례의 시행을 위해 규칙 등 하위규범이 필요하다면 공포 한 날부터 시행한다는 것은 가능하지도 않다.

다음 **경과조치**와 관련해서는 이런 식의 경과조치는 사실상 **소급효**를 인정한 것과 같다. 다수 견해는 소급효를 진정소급효와 부진정소급효로 나누어 진정소급효는 원칙적으로 인정되지 않고 부진정소급효는 원칙적으로 인정된다고 보고 있다. 하지만 나는 소급효는 원칙적으로 인정되지 않지만 그 강도에 차이가 있다고 보는 것이 맞다고 본다. 진정소급효는 (거의) 절대적으로 인정되지 않지만 부진정소급효는 상대적으로 인정될 수 있다고 보는 것이다. 위의 경과조치는 진정소급효일까, 아니면 부진정소급효일까. 진정소급효는 그동안 담배자동판매기로 벌어들인 돈을 환수하는 정도에 이르러야 할 것이므로 경과조치의 내용은 부진정소급효로 볼 수 있겠다. 부진정소급효라고 하더라도 입법권자의 재량이라는 말로 용인되어서는 안 된다. 달성하고자 하는 공익과 침해받는 사익간의 비교형량을 엄격하게 논의해야 한다. 여러분들의 생각은 어떠한가? 담배자동판매기를 철거하는 데 3개월의 시간을 준 것은 충분한가? 아니면 기간을 더 주어야 할까? 지금까지 설치되어 있는 담배자동판매기는 인정하고 이 조례 시행 이후에는 담배자동판매기를 더 이상 인정하지 않는 것이 맞지 않을까? 담배자동판매기를 설치한 자는 언젠가 담배자동판매기가 철거되어야 할 운명이라는 것을 예측할 수 있었을까? 그분들의 신뢰이익은 보호할 가치가 없는 것일까? 담배자동판매기를 통해 가장으로서 한 가족을 먹여 살리고 있는 것은 아닐까? 담배자동판매기로 인해 아이들의 건강이 나빠진다면 그 무엇으로도 정당화 될 수 없는 것이 아닌가? 담배자동판매기가 없다고 청소년들이 담배를 구입하지 못할까? 등등 여러 생각이 겹겹이 쌓이고 충돌할 것이다. 그런 충돌 와중에서 참의 값을 찾아내야 한다. 3개월 이내 철가가 그런 과정에서 참의 값으로 나온 것이어야 한다. 자구수정도 해야 한다.

현행	수정안
① (시행일) 이 조례는 공포한 날부터 시행한다.	제1조(시행일) 이 조례는 공포한 날부터 시행한다.
② (경과조치) 이 조례 시행전에 설치된 자판기는 시행일부터 3월이내에 철거하여야 한다.	제2조 (자판기 설치금지에 관한 경과조치) 이 조례 시행전에 설치된 자판기는 시행일부터 3개월 이내에 철거하여야 한다.

부칙이 여러 조문으로 이루어진 경우 항으로 구분하지 않고 조로 구분한다. 경과조치의 제명은 무엇에 관한 경과조치인지 분명히 표현하도록 한다. 3월은 3개월로 쓰고 전에, 이내는 띄어 쓰도록 한다.

2) 4가지 원칙

(1) 명확성의 원칙

① 금지인지 제한인지 **명확해야 한다**.

제명은 **금지**이나 제1조(목적)에서는 **제한**이라고 하고 있다. 제4조(설치의 제한)는 전 지역에 설치 할 수 없는 원칙과 성인이 출입하는 업소안을 예외로 두고 있다.

위임근거를 보도록 하자. 담배사업법 시행규칙 [별표 2]에는 아래와 같이 규정되어 있다.

> 2. 청소년의 보호를 위하여 지방자치단체가 **조례**로 정하는 장소에는 자동판매기의 설치를 **제한**할 수 있다.

즉 제한할 수 있는 것이지 금지할 수 있는 것은 아니다. 물론 제한이 금지를 포함하고 있다고 해석할 수도 있겠지만 제한과 금지는 분명 강도가 다르다. 수직적 분수의 시각에서 보면 분수를 벗어나 상위법규를 위반한 것이고, 명확성의 원칙에서 보면 제한과 금지는 다른 개념이라고 할 것이고, 체계적 해석에서 t, ℓ, T는 다른 의미라는 것을 살펴본 바 있다. 더구나 규제 조례는 엄격하게 해석되어야 한다. 특히 상위법규에서 쓰는 용어와 다른 용어를 쓰는 것은 주의해야 한다. 분수를 어긴 대가는 돌이킬 수 없다.

② 제2조(정의)에서 성인이 정의 조항에 들어갈 위치인지 의문이 든다. 일단 조문 수가 5개 조에 불과하여 정의 규정에 들어가기 위한 양적 기준과 질적 기준을 갖추는 것이 쉽지 않아 보인다.[35] 자구 수정도 필요하다.

현행	수정안
제2조(정의) 이 조례에서 "성인"이라 함은 만 20세이상을 말한다.	ⅰ) 제2조(정의) 이 조례에서 "성인"이란 19세 이상을 말한다. ⅱ) 제2조(정의) 이 조례에서 "성인"이란 「민법」 제4조에 따른 성인을 말한다.

'이라 함은'은 더 이상 사용하지 않고 대신에 '이란'이란 단어를 사용한다. 수정안은 ⅰ)과 ⅱ) 모두 가능할 것으로 보인다. ⅱ)의 방식을 따르게 되면 관련 법이 개정되더라도 조례가 바로바로 개정될 필요성이 없는 연계 방식이라는 점에서 장점이 있겠다.

③ 제4조(설치의 제한) 단서에서 **'성인이 출입하는 업소'**는 도대체 어디를 말하는 것일까? 머리 속에서 떠오르는 곳들이 있기는 하지만 전혀 명확성과는 동떨어진 단어이다. 만약 조례에서 구체화시키는 것이 어렵다면 규칙으로 위임하는 것이 좋겠다.

현행	수정안
제4조(설치의 제한) 자판기는 부천시 전지역에 설치할 수 없다. 다만, 성인이 출입하는 업소안에는 제외한다.	제4조(설치의 제한) 자판기는 부천시 전지역에 설치할 수 없다. 다만, <u>규칙으로 정하는 바에 따른</u> 성인이 출입하는 업소안에는 제외한다.

---

35) 양적 기준이란 조례에서 다수 나오는 단어여야 한다는 것이고 질적 기준이란 조례의 핵심 개념이어야 한다는 것이다.

(2) 적법절차의 원칙

평화시에 조례의 제정 및 개정에 관련된 절차를 규정한 조례 또는 규칙 등이 있다면 당연히 그에 따라야 할 것이다. 예를 들어, 관련 부서 의견 듣기, 부패영향평가, 성별영향평가, 규제심사, 입법예고 등이 이에 해당할 것이다. 참고로, 「지방자치법」에는 조례안 예고에 관한 규정을 두고 있다.

> **제77조(조례안 예고)** ① 지방의회는 심사대상인 조례안에 대하여 5일 이상의 기간을 정하여 그 취지, 주요 내용, 전문을 공보나 인터넷 홈페이지 등에 게재하는 방법으로 예고할 수 있다.
> ② 조례안 예고의 방법, 절차, 그 밖에 필요한 사항은 회의규칙으로 정한다.

조례안 예고와 관련하여 한 말씀 더 드리면, 사실상 담배자판기를 소유하고 있는 주민들에 대한 연락처 등 정보를 알고 있는 경우에는 그분들에게 청문 등 의견제출의 기회를 주어야 할 것이다. 조례안 예고 기간이 끝난 후 의견을 말하고 싶은 주민들의 의견을 못하게 하는 그런 무지막지한 지차체는 없으리라 믿는다.

또한, 담배자판기의 설치를 금지하고 기존의 담배자판기의 경우에는 3개월 이내에 철거하도록 하는 강력한 규제를 담고 있어 **공청회**를 거치는 것이 좋을 것으로 보인다. 공청회에서 전문가의 의견과 담배자동판매기와 이해관계가 있는 주민들의 의견을 수렴하는 것은 이제 상식이라고 할 수 있다. 공청회 열면 담배자동판매기를 소유한 분들이 와서 난장판을 만들 거라구요. 맞다. 그렇더라도 공청회는 해야 한다.

참고로, 「국회법」에는 제정법률안과 전부개정법률안의 경우 원칙적으로 공청회 또는 청문회를 거쳐야 한다.

> **제58조(위원회의 심사)** ① 위원회는 안건을 심사할 때 먼저 그 취지의 설명과 전문위원의 검토보고를 듣고 대체토론[안건 전체에 대한 문제점과 당부(當否)에 관한 일반적 토론을 말하며 제안자와의 질의·답변을 포함한다]과 축조심사 및 찬반토론을 거쳐 표결한다.
> ② 상임위원회는 안건을 심사할 때 소위원회에 회부하여 이를 심사·보고하도록 한다.
> ③ 위원회는 제1항에 따른 대체토론이 끝난 후에만 안건을 소위원회에 회부할 수 있다.
> ④ 제1항 및 제3항에도 불구하고 소위원회에 회부되어 심사 중인 안건과 직접 관련된 안건이 위원회에 새로 회부된 경우 위원장이 간사와 협의하여 필요하다고 인정할 때에는 그 안건을 바로 해당 소위원회에 회부하여 함께 심사하게 할 수 있다.
> ⑤ 제1항에 따른 축조심사는 위원회의 의결로 생략할 수 있다. 다만, 제정법률안과 전부개정법률안에 대해서는 그러하지 아니하다.
> **⑥ 위원회는 제정법률안과 전부개정법률안에 대해서는 공청회 또는 청문회를 개최하여야 한다. 다만, 위원회의 의결로 이를 생략할 수 있다.**
> ⑦ 위원회는 안건이 예산상의 조치를 수반하는 경우에는 정부의 의견을 들어야 하며, 필요하다고 인정하는 경우에는 의안 시행에 수반될 것으로 예상되는 비용에 관하여 국회예산정책처의 의견을 들을 수 있다.
> ⑧ 위원회는 안건이 제58조의2에 따라 제정 또는 개정되는 법률안인 경우 국회사무처의 의견을 들을 수 있다.
> ⑨ 제1항에 따른 전문위원의 검토보고서는 특별한 사정이 없으면 해당 안건의 위원회 상정일 48시간 전까지 소속 위원에게 배부되어야 한다.
> ⑩ 법제사법위원회의 체계·자구 심사에 관하여는 제5항 단서와 제6항을 적용하지 아니한다.

(3) 평등의 원칙

평등의 원칙은 반드시 인간과 인간 사이에서만 적용되는 원칙으로 생각하지는 않는다. 공간과 공간, 시간과 시간 사이에서도 적용될 수 있다. 지역 간에 차별이 없어야 하고, 현 세대는 미래 세대를 위해 자원을 아끼고 환경을 보존해 주어야 한다.

평등의 원칙은 비교 대상이 있는 모든 경우에 등장할 수 있는 원칙이자 등장하여야 하는 원칙이다. 흡연자와 비흡연자, 청소년과 성인, 담배자판기와 담배자판기 외의 판매, 담배와 술, 담배와 커피, 담배와 콜라 등등 무한의 경우를 비교할 수 있고 비교하여야 한다. 평등의 원칙을 더 끌고 나아가보자. 콜라는 청소년의 건강에 해롭지 않은가? 그럼에도 왜 담배를 꼭 집어서 자동판매기에서 판매 할 수 없다고 하는 것인가? 이에 대해 조례를 제안한 사람은 답을 해야 할 것이다.

(4) 과잉금지의 원칙

과잉금지의 원칙은 4단계의 심사로 이루어져 있다.

의의		국민의 기본권을 제한함에 있어서 국가 작용의 한계를 명시 (헌법 제37조제2항)
내용	목적의 정당성	• 기본권을 제한하는 목적이 정당해야 함 # 목적: 청소년 흡연율을 낮추는 것 → 정당한가?
	방법의 적절성	• 기본권을 제한하는 방법이 목적과 합리적인 관련이 있으면서, 그 목적달성에 효과적인 방법을 선택해야 함 # 방법: 담배자동판매기 설치 제한 → 목적 달성?
	피해의 최소성	• 기본권의 제한 정도가 가장 적은 방법을 선택해야 함 # 피해: 담배자동판매기 업자의 재산권 침해 → 최소?
	법익의 균형성	• 기본권을 제한하는 목적과 기본권의 제한 정도가 적정한 비례관계에 있어야 함 # 법익) 공익 vs. 사익 : 공익 > 사익 or 균형?

목적의 정당성, 방법의 적절성, 피해의 최소성, 법익의 균형성에 관해서는 여러분들이 찬찬히 생각해 보기 바란다. 과연 담배자동판매기의 설치를 금지하는 것이 과잉금지의 원칙의 시각에서 문제가 없는가? 있다면 어디에 있는 것일까?

3) 그 밖의 사항

(1) 부칙의 경과조치에서 **철거**는 적절한 표현은 아니다. 왜냐하면 제4조에 따라 성인이 출입하는 업소에서는 설치가 가능하기 때문이다. 따라서 철거 또는 성인이 출입하는 업소로 이전하여야 한다로 규정하는 것이 맞겠다. 행정이 과잉금지의 원칙을 존중한다면 담배자동판매기를 철거하라고 강요할 것이 아니라 성인이 출입하는 업소로 이전할 수 있도록 도와야 할 것이다.

(2) '**제5조**(시행규칙) 이 조례 시행에 관하여 필요한 사항은 규칙으로 정한다.'는 규정의 문제점이다. 제5조에서 말하는 규칙은 조례위임규칙이 아니라 조례집행규칙으로 조례에 명문의 규정이 없어도 제정이 가능한 것이다. 따라서 삭제하는 것이 바람직하다. 조례집행규칙은 해당 조례의 집행에 관하여 필요한 사항(예: 보충적이거나 절차적인 사항)만을 규정해야 할 것이다. 다만, 구체적으로 어디까지가 그에 해당하는지는 구체적 조문을 검토해야 알 수 있겠다.

관문 4) 평가(Feedback)

이 조례에 대한 평가를 해 보자. 우선 두 **감수성**이 충돌하는 측면이 있다는 점을 고려해야 한다. 이 조례 안에는 내 딸, 아들 같은 청소년들이 담배자판기에서 손쉽게 담배를 구입하는 모습과 담배자판기에 의존하여 딸, 아들들의 학비를 벌고 있는 가장의 모습이 겹친다. 두 모습 사이에서 우리는 참을 찾아야 한다.

인간의 시각에서 보면 청소년의 흡연율이 낮아 졌는지를 확인해 보아야 한다. 흡연율이 낮아지지 않았다면 담배자동판매기의 금지는 실질적 효과가 없는 것이다. 다만,

이런 효과를 검증함에 있어서는 시차를 반드시 고려해야 한다. 그리고 담배자동판매업자에게 **손실보상**을 해 주어야 하는지도 검토가 필요하다. 억울한 사람이 있어서는 안 된다. 된다고 해서 설치했더니 이제 안된다고 하면 주민들은 누구에게 하소연해야 하는가? 최소한 철거비용까지 담배자동판매업자에게 지불하라고 하는 것은 너무 잔인한 일이라고 하겠다.

공간의 시각에서 지역별로 차이가 있다면 왜 그런 것인지 파악할 필요가 있겠다. 담배자동판매기의 위치를 보다 많은 사람들이 볼 수 있는 곳에 두어 청소년들의 접근을 완화할 수 있는 방법이 있다면 고려해 볼 만 할 것이다.

시간의 시각에서 보다 장기적인 대책이 필요하다. 담배자동판매기의 금지를 넘어 보다 더 근원적인 대책을 수립할 필요가 있겠다. 특히 과학기술의 발전으로 성인 인증이 되어야 담배자동판매기에서 담배를 구입할 수 있다면 그 점도 고려해야 할 것이다.

이 모든 것을 종합해서 담배자판기를 청소년이 출입하는 업소나 「교육환경 보호에 관한 법률」 제8조의 규정에 따른 교육환경보호구역에서만 설치할 수 없도록 하는 수정안을 생각해 볼 수 있겠다.

■ 사례2) 평화남도 작은도서관 활성화에 관한 조례

관문 1) 문제의식

버스 안에서 무거워 보이는 무엇인가를 보자기로 감싸 안고 서 있는 아이에게 보자기를 받아서 보니 책들이 가득했다. 우리 딸, 아들이 이렇게 책을 좋아하면 좋겠다는 생각이 들었고 그 아이의 눈 빛을 보고 우리나라의 미래를 만났다는 생각을 갖게 되었다.

관문 2) 해결방안

책을 읽고 싶은 아이들이 걸어서 부담없이 책을 읽을 수 있는 작은도서관을 많이 만들어야 겠구나! 도서관에 가서 《행복을 주고받는 집》을 읽고 저자인 작은도서관 전문가인 선보 선생과 간담회도 하고 작은도서관 운영자 및 이용자와의 면담과 현장조사도 마쳤다.

관문 3) 조례안 작성

「평화남도 작은도서관 활성화에 관한 조례」

제1조(목적) 이 조례는 「작은도서관 진흥법」 및 「도서관법」에 따라 평화남도 도민이 생활환경과 가까운 곳에서 손쉽게 지식정보와 생활 친화적 도서관 문화에 접근할 수 있도록 하기 위하여 작은도서관 활성화에 필요한 사항을 정함을 목적으로 한다.

제2조(정의) 이 조례에서 사용하는 용어의 뜻은 다음과 같다.
1. "작은도서관"이란 충청남도에 소재한 「도서관법」(이하 "법"이라 한다) 제4조제2항제1호가목에 따른 공공도서관을 말한다.
2. "도서관자료"란 작은도서관이 수집·정리·보존하는 것으로 법 제3조제2호에 따른 자료를 말한다.
3. "운영자"란 작은도서관의 운영자로 「민법」 및 그 밖의 법률에 따라 설립된 법인·단체 또는 개인을 말한다.

제3조(적용범위) 작은도서관 활성화에 관하여는 법령에서 정한 것이나 다른 조례에서 특별히

정한 사항 외에는 이 조례에 따른다.

제4조(책무) 충청남도지사(이하 "도지사"라 한다)는 작은도서관이 도민(도의 주민을 말한다. 이 조례에서 같다)의 참여와 자치를 기반으로 지역사회의 생활문화 향상에 이바지 할 수 있도록 필요한 시책을 강구해야 한다.

제5조(기능) 작은도서관은 지역주민의 문화적 삶의 질 향상에 기여하기 위하여 다음 각 호의 기능을 수행한다.
1. 도서관자료(이하 "자료"라 한다)와 정보의 수집 · 정리 · 보존 및 제공 · 열람 · 대출
2. 지역문화 진흥기관으로서 기능수행에 필요한 사업
3. 지역주민의 독서문화 향상을 위한 행사 · 교육 및 화합과 공동체 문화 강화를 위한 프로그램 운영
4. 지역의 공공도서관(법 제2조제4호에 따른 도서관을 말한다. 이하 같다)과의 연계사업
5. 그 밖에 지역주민의 독서문화 진흥을 위한 사업

제6조(시행계획 등의 수립) ① 도지사는 작은도서관이 지역주민의 생활수준 향상 등 평생교육의 장이 될 수 있도록 하기 위하여 법 제15조에 따른 충청남도 도서관발전종합계획 연도별 시행계획에 작은도서관 활성화 계획을 포함하여 수립 · 추진해야 한다.
② 도지사는 제1항에 따른 시행계획을 수립할 경우 시장 · 군수 및 운영자의 의견을 들을 수 있다.

제7조(예산지원) ① 도지사는 작은도서관의 활성화를 위하여 예산의 범위에서 다음 각 호에 필요한 비용을 지원할 수 있다.
1. 작은도서관 조성 및 시설개선
2. 자료구입비 및 독서문화프로그램 운영
3. 작은도서관 순회 전담사서 운영

② 도지사는 제1항에 따라 예산을 지원하는 경우 도서관, 독서시설 및 독서문화 혜택이 미비한 평화남도 시 · 군지역의 작은도서관에 대해 우선 지원할 수 있다.
③ 작은도서관 운영 지원에 필요한 보조금의 신청 · 교부 · 정산 등에 관한 사항은 「평화남도 지방보조금 관리조례」에 따른다.

제8조(공유재산의 무상사용 등) 도지사는 법 제36조제1항에 따라 등록한 사립 작은도서관의 조성 및 운영에 필요하다고 인정하는 경우 「작은도서관 진흥법」 제9조에 따라 평화남도 공유재산을 무상으로 사용하게 하거나 대부할 수 있다.

제9조(다른 공공도서관과의 협력 등) ① 도지사는 작은도서관의 기능 활성화와 도서관문화의 발전을 위하여 공공도서관과 자료 및 업무 등의 협력을 위한 시책을 수립·시행해야 한다.
② 도지사는 공공도서관과 작은도서관 간에 자료 등의 공동이용을 위한 정보공유시스템의 구축 및 운영에 필요한 시책을 강구해야 한다.

제10조(운영자 및 종사자교육) 도지사는 작은도서관의 활성화를 위하여 운영자 및 종사자에게 필요한 교육을 실시할 수 있다.

제11조(포상) 도지사는 작은도서관 운영 활성화에 이바지한 사람 및 단체·기업 등에 「평화남도 포상 조례」에 따라 포상할 수 있다.

부 칙
이 조례는 공포한 날부터 시행한다.

이 조례는 **지원 조례**에 해당한다. 따라서 법령의 위임이 없어도 법령의 범위에서 조례를 만들 수 있다. 조문 별로 3가지 분수와 4가지 원칙을 중심으로 검토해 보도록 하자.

제1조(목적) 이 조례는 「작은도서관 진흥법」 및 「도서관법」에 따라 평화남도 도민이 생활환경과 가까운 곳에서 손쉽게 지식정보와 생활 친화적 도서관 문화에 접근할 수 있도록 하기 위하여 작은도서관 활성화에 필요한 사항을 정함을 목적으로 한다.

작은도서관은 우리 주변에서 부담없이 찾아갈 수 있어야한다. **공간 민주주의**(Space Democracy)라는 용어가 정착되어 있지는 않지만 유사한 아이디어는 선거 공약의 형태로 다수 등장한 바 있다. 10분 내에 중요한 생활시설에 접근할 수 있는 도시를 만들겠다는 등등이 그렇다. 영어로 접근성(accessibility)이 가장 중요한 척도가 될 것이다. 제1조의 '**가까운 곳에서 손쉽게**'라는 문장이 이를 반영한다.

가까운 곳에 있는 작은 도서관 10개가 멀리 떨어진 큰도서관 1개보다 낫다는 점을 잊지말자. '작은'의 힘이 '큰'의 힘보다 더 클 수 있다 것을 명심하자. 작은도서관은 마음먹고 주말에 한 번 가는 곳이 아니라 출퇴근시에, 등하교길에 자연스럽게 발길이 가는 곳이어야 한다.

제2조(정의) 이 조례에서 사용하는 용어의 뜻은 다음과 같다.
1. "작은도서관"이란 충청남도에 소재한 「도서관법」(이하 "법"이라 한다) 제4조제2항제1호가목에 따른 공공도서관을 말한다.
2. "도서관자료"란 작은도서관이 수집·정리·보존하는 것으로 법 제3조제2호에 따른 자료를 말한다.
3. "운영자"란 작은도서관의 운영자로 「민법」및 그 밖의 법률에 따라 설립된 법인·단체 또는 개인을 말한다.

「도서관법」

제3조(정의) 이 법에서 사용하는 용어의 뜻은 다음과 같다.
1. "**도서관**"이란 국민에게 필요한 도서관자료를 수집·정리·보존·제공함으로써 정보이용·교양습득·학습활동·조사연구·평생학습·독서문화진흥 등에 기여하는 시설을 말한다.
2. "**도서관자료**"란 인쇄자료, 필사자료, 시청각자료, 마이크로형태자료, 전자자료, 그 밖에 장애인을 위한 특수자료 등 지식정보자원 전달을 목적으로 정보가 축적된 모든 자료(온라인자료를 포함한다)로서 도서관이 수집·정리·보존하는 자료를 말한다.
3. ~ 8. (생 략)

제4조(도서관의 구분) ① 도서관은 그 설립·운영 주체에 따라 다음 각 호와 같이 구분한다.

1. 국립 도서관: 국가가 설립·운영하는 도서관
2. 공립 도서관: 지방자치단체 및 「지방교육자치에 관한 법률」 제32조에 따라 교육감이 설립·운영하는 도서관
3. 사립 도서관: 「민법」, 「상법」, 그 밖의 법률에 따라 설립된 법인·단체 또는 개인이 설립·운영하는 도서관

② 도서관은 그 설립목적 및 대상에 따라 다음 각 호와 같이 구분한다.

1. **공공도서관**: 공중의 정보이용·독서활동·문화활동 및 평생학습을 주된 목적으로 하는 도서관을 말하며, 다음 각 목의 시설을 포함한다.

   가. 주민의 참여와 자치를 기반으로 지역사회의 생활 친화적 도서관문화의 향상을 주된 목적으로 하는 **작은도서관**

   나. 어린이, 장애인, 노인, 다문화가족 등에게 도서관서비스를 제공하는 것을 주된 목적으로 하는 도서관

2. 대학도서관: 「고등교육법」 제2조 각 호에 따른 학교 및 다른 법률의 규정에 따라 설립된 대학교육과정 이상의 교육기관에서 교원과 학생 및 직원에게 도서관서비스를 제공하는 것을 주된 목적으로 하는 도서관

3. 학교도서관: 「초·중등교육법」 제2조 각 호에 따른 학교에서 교원과 학생 및 직원에게 도서관서비스를 제공하는 것을 주된 목적으로 하는 도서관

4. 전문도서관: 법인·단체 또는 개인이 소관 업무와 관련하여 소속 직원, 공중에게 특정 분야의 전문적인 도서관서비스를 제공하는 것을 주된 목적으로 하는 도서관

5. 특수도서관: 특수한 환경에 처한 사람에게 도서관서비스를 제공하는 시설로서, 다음 각 목의 도서관을 말한다.

   가. 의료기관에 입원 중인 사람이나 그 보호자 등에게 도서관서비스를 제공하는 것을 주된 목적으로 하는 병원도서관

   나. 육군·해군·공군 등 각급 부대의 장병에게 도서관서비스를 제공하는 것을 주된 목적으로 하는 병영도서관

   다. 교도소·보호감호소·치료감호소 등에 수용된 사람에게 도서관서비스를 제공하는 것을 주된 목적으로 하는 교정시설도서관

작은도서관의 정의가 공공도서관의 한 유형으로 숨은 듯 자리잡고 있는 것이 안타깝다. 「도서관법」 제4조 제2항 제1호 가목에 따르면 작은도서관은 '주민의 참여와 자치를 기반으로 지역사회의 생활 친화적 도서관 문화의 향상을 주된 목적으로 하는 공공도서관'을 의미한다. 여기서 중요한 개념은 **주민의 참여와 자치**이다. 그렇다면 공공은 무엇을 도와주어야 할까? 어떤 여건을 만들어 주어야 **창발**할 수 있을까? 작은도서관에 관한 조례에서는 이 부분에 관한 고민이 담겨야 한다. 이러한 공공의 역할을 다룸에 있어서 도서관이 단순히 책을 읽는 곳이 아니라는 도서관의 위상 변화에 대한 분명한 인식이 필요하다. 현대의 도서관은 책이 없는 곳, 사회적 갈등을 해결하는 곳, 선배가 후배를 가르치는 곳 등등 다양한 기능을 수행할 수 있어야 한다.

> **제3조(적용범위)** 작은도서관 활성화에 관하여는 법령에서 정한 것이나 다른 조례에서 특별히 정한 사항 외에는 이 조례에 따른다.

적용 범위는 적용되는 대상이나 사항을 명확히 하기 위해 규정하는 것이다. 따라서 조 제목을 '**다른 조례와의 관계**'로 바꾸는 것이 맞다. 또한, 수평적 분수를 다루는 '다른 조례와의 관계'를 규정함에 있어 수직적 분수에 해당하는 법령에서 정한 것의 부분은 삭제하는 것이 맞다. 법령에서 정한 것은 조례가 선택적으로 따르는 것이 아니다. 조례가 거역할 수 없는 부분이다.

다른 조례에서 특별히 정한 사항 외에는 이 조례에 따른다고 규정하는 것은 이 조례를 **일반조례**로 보겠다는 뜻이다. 작은도서관에 대한 조항을 포함하는 다른 조례의 경우 특별 조례의 성격을 갖게 됨을 유의해야 할 것이다.

> **제4조(책무)** 충청남도지사(이하 "도지사"라 한다)는 작은도서관이 도민(도의 주민을 말한다. 이 조례에서 같다)의 참여와 자치를 기반으로 지역사회의 생활문화 향상에 이바지 할 수 있도록 필요한 시책을 강구해야 한다.

제4조(책무)에 따르면 도지사는 작은도서관이 도민의 참여와 자치를 기반으로 지역사회의 생활문화 향상에 이바지 할 수 있도록 필요한 시책을 강구해야 한다. 그런데 뭔가 아쉬운 점이 있지 않은가? 작은도서관을 그저 문화의 측면에서 바라보고 있는 것이다. 도서관이 단순히 책을 읽은 곳이 아니듯 작은도서관 역시 단순히 책을 읽는 곳이 아니다. 문화를 넘어 정치, 경제로 나아가야 한다. 지역사회의 문제에 대해 토론이 이루어지는 공간, 일자리를 만들어 내는 공간 등으로 진화하고 발전해야 한다. 참고로, 책무 규정을 단순히 선언적 규정으로 보는 시각에는 찬성할 수 없음을 분명히 해 두고자 한다. 책무는 소명의식과 관련된 기본적이고 핵심적인 조문이다.

> **제5조(기능)** 작은도서관은 지역주민의 문화적 삶의 질 향상에 기여하기 위하여 다음 각 호의 기능을 수행한다.
> 1. 도서관자료(이하 "자료"라 한다)와 정보의 수집·정리·보존 및 제공·열람·대출
> 2. 지역문화 진흥기관으로서 기능수행에 필요한 사업
> 3. 지역주민의 독서문화 향상을 위한 행사·교육 및 화합과 공동체 문화 강화를 위한 프로그램 운영
> 4. 지역의 공공도서관(법 제2조제4호에 따른 도서관을 말한다. 이하 같다)과의 연계사업
> 5. 그 밖에 지역주민의 독서문화 진흥을 위한 사업

(작은)도서관에 대한 전통적 시각과 현대적 시각의 차이를 살펴보는 것이 중요할 것으로 보인다. **전통적 시각**은 (작은)도서관은 책이 있는 곳이고 책을 빌리거나 읽는 곳이고 조용한 분위기를 강조한다. 하지만 **현대적 시각**은 (작은)도서관은 책이 없어도 되고 책이 없다보니 책을 빌리거나 읽는 곳을 넘어설 수 있고 여러 사람이 모여 시끄럽게 토론을 할 수 있는 공간으로 본다. 한 쪽이 맞고 한 쪽이 틀린 것이 아니라 작은도서관을 복합공간으로 보는 것이 중요하다. 그래야 작은도서관에서 뭔가가 생길 수 있다.

제1호의 자료와 정보는 다른 뜻을 가지고 있어야 한다. t, ℓ, T 즉, '같은 것은 같게, 다른 것은 다르게'를 잊지 말자.

제2호의 지역문화진흥기관이라는 말은 조금 잘못된 측면이 있다. 작은도서관은 기관일 수 없다. 스스로의 힘으로 일어서서 걸어가는 곳이므로 지역문화진흥공간이 맞겠다.

제3호의 공동체 문화 강화를 위한 프로그램 운영은 참 좋은 아이디어로 보인다. 현대 사회의 수많은 문제를 해결하는 수단으로 지역공동체에 기반한 정책이 필요하다. 작은도서관이 사회적 자본을 분출하는 주민자치에 기반한 지역공동체의 메카가 되도록 해야 한다.

제4호의 **연계** 역시 참 좋은 아이디어다. 반드시 연계해야 한다. 그래야 '작은'이 '큰'이 된다. 나는 느슨한 연계가 작은도서관을 큰도서관으로 만들 것으로 확신한다. 연계는 자기만의 색채를 가진 작은도서관들이 인적, 공간적, 시간적으로 다양하고 복잡하게 이어진 모습을 의미한다. 외국인에게 한글을 가르치는 프로그램이 있다면 그 성과를 공유하고 더 나은 프로그램을 발전시켜 나가는 것도 연계의 모습 중 하나이다. 그런데 굳이 연계의 대상을 공공도서관으로 한정할 필요가 있을까? 대학도서관, 학교도서관, 전문도서관, 특수도서관 등 이 세상에 존재하는 모든 도서관과 연계하면 더 좋을 것이다. 연계가 안될 거라구? 왜 해보지도 않고 포기하는가? 혹시 아는가, 엄청난 도서관과 연계가 성사될지. 모든 일은 최종적으로 사람이 하는 것임을 잊지 말자.

> **제6조(시행계획 등의 수립)** ① 도지사는 작은도서관이 지역주민의 생활수준 향상 등 평생교육의 장이 될 수 있도록 하기 위하여 법 제15조에 따른 충청남도 도서관발전종합계획 연도별 시행계획에 작은도서관 활성화 계획을 포함하여 수립·추진해야 한다.
> ② 도지사는 제1항에 따른 시행계획을 수립할 경우 시장·군수 및 운영자의 의견을 들을 수 있다.

> 「도서관법」
>
> **제15조(연도별 시행계획의 수립 등)** ① 관계 중앙행정기관의 장과 특별시장·광역시장·특별자치시장·도지사 및 특별자치도지사(이하 "시·도지사"라 한다)는 종합계획에 기초하여 매년 연도별 시행계획(이하 "시행계획"이라 한다)을 수립·추진하여야 한다. 이 경우 시·도지사는 필요하다고 인정하는 경우 해당 지역의 교육감과 협의할 수 있다.
> ② 관계 중앙행정기관의 장과 시·도지사는 해당 연도의 시행계획 및 전년도 추진실적을 대통령령으로 정하는 바에 따라 매년 국가도서관위원회 위원장에게 제출하여야 한다.
> ③ 국가도서관위원회 위원장은 제2항에 따라 제출받은 추진실적을 종합하여 평가하여야 한다.
> ④ 그 밖에 시행계획의 수립·시행 및 추진실적의 평가 등에 필요한 사항은 대통령령으로 정한다.

조제목에서 '등'은 불필요하다. 등은 무엇이 더 있다는 뜻인데 조문의 내용을 보면 시행계획의 수립과 관련이 없는 내용이 없다. 뭔가가 더 있는지 궁금증을 가지고 읽다가 아무 것도 없잖아 하는 느낌이다. 시행계획의 수립 목적이 평생교육의 장이라는 것이 의아하다. 그것보다는 작은도서관이 창발할 수 있는 여건을 만들어주는 방안이 들어가는 것이 맞겠다.

제2항의 시장·군수 및 운영자의 의견을 들을 수 있도록 규정하고 있다. 여기서 누구의 의견이 가장 중요할까? 바로 이용자다. 이용자를 포함하도록 해야 할 것이다. 언제, 어떻게 듣는 지에 대해 아무런 규정이 없다. 그냥 공백이다. 이런 경우 규칙으로 위임하면 조례의 실효성을 높일 수 있을 것이다.

> **제7조(예산지원)** ① 도지사는 작은도서관의 활성화를 위하여 예산의 범위에서 다음 각 호에 필요한 비용을 지원할 수 있다.
> 1. 작은도서관 조성 및 시설개선
> 2. 자료구입비 및 독서문화프로그램 운영

> 3. 작은도서관 순회 전담사서 운영
> ② 도지사는 제1항에 따라 예산을 지원하는 경우 도서관, 독서시설 및 독서문화 혜택이 미비한 평화남도 시·군지역의 작은도서관에 대해 우선 지원할 수 있다.
> ③ 작은도서관 운영 지원에 필요한 보조금의 신청·교부·정산 등에 관한 사항은 「평화남도 지방보조금 관리조례」에 따른다.

제7조 제1항에는 예산지원의 대상이 나온다. 여기서 제3호의 **순회 전담사서**가 눈에 들어온다. 순회 전담사서를 통해 작은도서관의 운영을 돕는 것은 참 좋은 아이디어로 보인다. 하지만 순회 전담사서가 어떤 역할을 하는지 분명하지 않다. 명확성의 원칙에서 생각해 볼 문제이다. 이런 경우 역시 규칙으로 위임할 수 있을 것이다. 예를 들어, '규칙으로 정하는 바에 따라 순회 전담사서의 운영에 필요한 비용'으로 규정하는 것이다.

그리고 제1항에서 예산 지원이 가능한 경우를 3가지로 한정하게 되면 다른 경우에는 예산 지원을 할 수 없다고 보아야 한다. 만약 조례 제정권자가 그렇게 한정하려는 의도가 아니라면 그 밖에 도지사가 작은도서관운영 활성화를 위하여 필요하다고 인정하는 사업비라는 내용을 제4호에 추가할 수도 있을 것이다.

제2항의 우선 지원에 대한 규정은 **평등의 원칙**을 떠오르게 한다. **나만, 나도, 나부터**를 대입해 보면 평등의 원칙에 부합하는지 여부를 알 수 있을 것이다.

제3항은 수평적 분수에 관한 내용이다. 작은도서관에 대한 지원도 「평화남도 지방보조금관리 조례」에서 정한 틀에 따라야 할 것이고 만약 달리 정하고 싶은 사항이 있다면 이 조례에서 별도로 정해야 한다. 참고로, 「평화남도 지방보조금관리 조례」 제3조(다른 조례와의 관계) 평화남도(이하 "도"라 한다)의 지방보조금 관리에 관하여 다른 조

례에 특별한 규정이 있는 것을 제외하고는 이 조례에서 정하는 바에 따른다.고 규정하고 있어 이 점을 명백히 하고 있다.

> **제8조(공유재산의 무상사용 등)** 도지사는 법 제36조 제1항에 따라 등록한 사립 작은도서관의 조성 및 운영에 필요하다고 인정하는 경우 「작은도서관 진흥법」 제9조에 따라 충청남도 공유재산을 무상으로 사용하게 하거나 대부할 수 있다.
>
> **「작은도서관 진흥법」**
>
> **제9조(국유·공유 재산의 무상 대부 등)** 국가 및 지방자치단체는 「도서관법」 제36조 제1항에 따라 등록한 사립 작은도서관의 조성 및 운영에 필요하다고 인정하는 경우 「국유재산법」 또는 「공유재산 및 물품 관리법」 등의 관계 규정에도 불구하고 국유·공유 재산을 무상으로 사용하게 하거나 대부할 수 있다.

법령의 규정과 동일한 규정을 조례로 규정하는 것에 대한 찬반 의견이 있다. 찬성하는 의견은 주민들의 입장에서 굳이 법령을 찾아보지 않아도 조례를 통해 규정을 이해할 수 있다는 점을 든다. 이에 대해 반대하는 입장은 법령이 개정되는 경우 조례가 바로바로 반영하지 않게되면 주민들에게 혼란을 줄 수 있고 입법경제의 이유를 든다. 여기서 입법경제라는 것이 무엇인지 명확하지는 않지만 조문이 약간 길어지고 중복된다고 해서 뭐 그리 비경제적이라고 할 수 있을 지는 의문이다. 어느 한 쪽이 전적으로 맞고 다른 한 쪽이 전적으로 틀린 것이라고 말 할 수는 없다. 상황에 따라 변통할 수 있는 주제라고 생각한다.

만약 「**작은도서관 진흥법**」에 공유재산의 무상사용 또는 대부에 대한 규정이 없으면 조례로 규정하는 것이 가능할까? **수직적 분수**에 관한 사항이다. 「**공유재산 및 물**

품 관리법」에서 사용료의 감면사유에 관해 한정적으로 규정하고 있는 이상 조례에서 법령에서 정한 감면사유 외에 새로운 감면사유를 추가하거나, 법령에서 정한 범위를 벗어나 사용료를 감경할 수는 없다고 하겠다. 수직적 분수를 지켜야 하는 조례에게는 힘이 벅찬 일인 것이다.

> **제9조(다른 공공도서관과 협력 등)** ① 도지사는 작은도서관의 기능 활성화와 도서관문화의 발전을 위하여 공공도서관과 자료 및 업무 등의 협력을 위한 시책을 수립·시행해야 한다.
> ② 도지사는 공공도서관과 작은도서관 간에 자료 등의 공동이용을 위한 정보공유시스템의 구축 및 운영에 필요한 시책을 강구해야 한다.

조례의 유형과 관련하여 공공의 역할을 생각해 본다. 규제 조례는 지역사회 곳곳에 자리잡고 있는 부조리를 찾아내어 박멸하는 것이다. 부조리는 성실한 사람을 좌절시키는 모든 것을 말한다. 부조리가 없는 세상을 만드는 것이 얼마나 값지고 중요한 일인지에 대해서는 더 이상 말할 필요가 없다.

지원 조례는 힘겨워하는 인간, 공간, 시간의 짊을 가볍게 해주고 앞으로 나아갈 수 있도록 기운을 북돋아 주는 것이다.

규제와 지원 모두 바람직한 상태를 달성하기 위한 여건을 마련해 주는 것이다. 그러면 자연스레 그곳에 도달하게 된다. 이것이 바로 창발이다.

「평화남도 작은도서관 활성화에 관한 조례」는 지원 조례에 해당한다. 작은도서관이 활성화될 수 있는 여건을 마련해 주는 것이 조례의 목표다. 다른 공공도서관과의 협력할 수 있도록 해주고, **정보공유시스템**을 공유할 수 있도록 해 준다면 창발할 수 있는 여건을 마련하는 것이 될 것이다. 그래서 이 조문이 특별히 눈이 간다. 하지만 단순히 추상적인 것이어서는 안된다. 단순히 조례의 한 조문으로 구색을 맞추고 있는 역할로 끝나서는 안된다. 예산이 뒷받침돼 주어야 하고 더 나아가 행정감사 등을 통해 제대로 되고 있는지 확인해야 한다.

여기서 한 가지 아쉬운 점은 왜 공공도서관만을 대상으로 하는가 하는 점이다. 모든 도서관이 협력하고 공유할 수 있으면 작은도서관이 큰도서관이 되는 데 상당한 도움을 받을 수 있을 것이다.

> **제10조(운영자 및 종사자교육)** 도지사는 작은도서관의 활성화를 위하여 운영자 및 종사자에게 필요한 교육을 실시할 수 있다.

교육 역시 작은도서관의 활성화를 위한 여건을 마련해 주는 좋은 정책임에 분명하다. 하지만 작은도서관의 대전제가 참여와 자치에 있음을 분명히 인식해야 한다. 교육을 받으라고 하는 것은 자발적인 성격과는 동 떨어진 면이 있다. 여기 계신 분들처럼 자발적으로 교육에 참여하시는 경우는 드물다는 것이다. 그렇다고 원하지 않는 교육을 하지 않을 수도 없다. 그래서 교육은 준비하는 사람이나 받는 사람이나 힘든가 보다.

조례를 보다보면 조례를 만드는 사람은 참 쉽게 아무 일도 아니라는 듯이 만들지만 집행하는 분들은 너무 힘들겠다 싶은 조문들이 있다. 교육도 그런 경우다. 우리는 해석함에 있어 추상을 구체까지 끌고 가야 하고, 법제는 구체를 추상으로 묶을 수 있도록 해야 한다.

조례는 조례간에, 조례 내에서는 조례 조문간에 서로서로 유기적으로 연계되어 있어야 한다. 교육에 관한 부분은 시행계획에 당연히 포함되어 있어야 한다.

교육과 관련하여 빈공간이 참 많다는 것을 알 수 있다. 조례에서는 운영자와 종사자라는 교육 대상자만 나와있지 언제, 누가, 어디서 교육하는지는 규정되어 있지 않다. 이런 경우 '도지사는 작은도서관의 활성화를 위하여 규칙으로 정하는 바에 따라 운영자 및 종사자에게 필요한 교육을 실시할 수 있다'와 같이 규칙으로 위임하는 것이 좋겠다.

제11조(포상) 도지사는 작은도서관 운영 활성화에 이바지한 사람 및 단체·기업 등에 「평화남도 포상 조례」에 따라 포상할 수 있다.

포상도 여건을 조성하는 좋은 정책이다. 특히 잘못한 사람을 찾아서 벌을 주는 것이 아니라 잘한 사람을 찾아서 칭찬을 해주는 것이라는 점에서 긍정적 조직문화를 만들어 내는 데 기여할 수 있을 것이다. 물론 포상을 받아야 할 사람이 받는 포상 다운 포상이 전제되어야 한다. 여기서도 역시 「**평화남도 포상 조례**」와의 **수평적 분수**를 검토해야 한다. 「평화남도 포상 조례」와 달리 규정할 사항이 있는지를 검토해야 할 것이다.

부 칙
이 조례는 공포한 날부터 시행한다.

조례를 공포한 날부터 시행하는 조문의 문제점에 대해서는 수차에 걸쳐 말했기에 생략한다. 조례의 시행은 시행을 위한 모든 준비를 마친 후에 해야 한다. 시행할 준비도 되어 있지 않은데 시행하라고 하는 것은 지역사회에 혼란을 줄 수 있다는 점을 기억하자.

관문 4) 평가(feedback)

선보가 작은도서관이 어떻게 운영되고 있는지 알아보기 위해 현장조사를 가보았다. 아침부터 점심까지, 아이들이 학교 가는 시간 동안에는 텅텅 비어 있는 것을 보고 놀랐다. 이렇게 좋은 공간이 그냥 놀고 있다니….

지역주민들이 모이는 장소, 어울리는 장소, 토론하는 장소 등 복합공간으로 만들어야 겠구나! 작은도서관이 지역공동체 형성에 보다 적극적으로 역할을 하기 위해서는 단순히 책을 읽는 곳으로 보아서는 안 되겠다구나! 작은도서관을 청년과 어르신들을 위한 일자리 창출공간으로 만들어야 겠구나! 우리나라 또는 해외에 이렇게 이루어진 작은도서관을 찾아봐야 겠구나!

보다 구체적으로는 시행계획은 제대로 집행되고 있는지, 제대로 집행되지 않고 있다면 어느 부분을 수정해야 하는지 등등 조문 하나하나를 평가해 보아야 한다.

점진의 가치를 찾을 수도 있다. 시범사업을 통해 정책의 성과를 높이기 위한 방안을 찾은 후 본사업으로 나아가는 것도 좋은 방법이라고 하겠다. 다만, 시범사업은 반드시 평가가 있어야 한다는 점을 유의해야 할 것이다.

지원 조례에서 가장 주의할 점을 다시 한 번 상기해보고자 한다. 가만히 두면, 모른 척하고 있으면 자생적으로, 독립적으로, 지속적으로 잘 운영될 곳에(창발할수 있는 곳에) 공공이 돈으로 개입하여 모든 것을 망쳐놓을 수 있다는 점이다. 이것은 단순히 정부실패를 넘어 사회실패에 이른 것이다.

> **선보 생각**

아주 좋은 꿈터

해가 진 후 제기동의 쭈꾸미 골목 뒷 편을 걷다가 '아주 좋은 꿈터'를 만났다. 아주 좋은 꿈터가 다세대주택이 다수인 조금 어둑어둑한 골목을 환하게 밝혀주고 있었다. 그 때 나는 직감적으로 이 곳이 범상치 않은 곳임을 알 수 있었다. 홈페이지에 다음과 같은 소개가 나온다.

> 아주 좋은 꿈터는 故 청남 문태식 아주그룹 창업주께서 태어나시고 거주했던 생가(生家) 터를 지역 아동, 청소년들의 꿈과 희망의 보금자리로 만든 교육문화공간 입니다.
>
> 2017년 8월 1일, 지상 4층 규모로 개관하였으며, 2005년 아주의 계열사에서 출연한 기금을 재원으로 설립한 비영리재단인 아주복지재단에서 운영하고 있습니다.
>
> 아주 좋은 꿈터에서는 진로 특화 프로그램인 꿈찾기 프로그램과 함께 동화구연, 인성 교육, 부모 교육, 방학 특별활동 등 연령대별로 다양한 프로그램을 운영하고 있습니다.
>
> 작은 도서관은 모든 연령이 볼 수 있는 다양한 도서와 잡지 약 3,000권이 비치되어 도서 대출 및 열람 서비스까지 모두 무료로 이용하실 수 있는 곳입니다.

아주 좋은 꿈터는 너무나 멋진 인간, 공간, 시간의 교집합이었다. 여러분들도 그곳에 가서 작은도서관 운영에 관한 멋진 아이디어를 많이 얻었으면 좋겠다. 그리고 그곳에서 보고 느낀 것을 조례 개정안에 반영한다면 좋겠다.

> 선보도 선보도서관을 만들어 지역사회에 기여하겠다고 다짐했다. 선보도서관에서 아이들이 꿈을 키운다는 것은 얼마나 보람된 일인가!

■ 사례 3) 통일시 주봉구 예산절감 및 낭비사례 공개에 관한 조례

관문 1) 문제의식

선보는 예산과 결산 심사를 하면서 비효율적으로 쓰여지는 예산 사업들이 많다는 것을 알게 되었다. 그 이후 어떻게 하면 예산을 절약해서 꼭 필요한 곳에 사용할 수 있을지에 대해 고민에 고민을 더해갔다.

관문 2) 해결방안

선보는 사색을 거듭했다. 문제 있는 예산 사업을 나 혼자 잡아낸다는 것은 불가능하다는 결론에 도달했다. 그렇다면 다른 방법을 사용해야 한다. 공개하고 보상을 해준다면 시나브로 예산절감이라는 목표를 달성할 수 있을 것이다

관문 3) 조례안 작성

「통일시 주봉구 예산절감 및 낭비사례 공개에 관한 조례」

제1조(목적) 이 조례는 통일시 주봉구의 예산절감 사례를 발굴·포상하여 예산절감에 대한 동기를 부여하고, 예산낭비 사례를 공개토록 함으로써 공무원과 구민들에게 예산집행의 효율성과 책임성 및 재발방지 도모를 목적으로 한다.

제2조(정의) 이 조례에서 사용하는 용어의 뜻은 다음과 같다.
1. "예산"이란 「지방자치법」 제39조 제1항 제2호에 따른 통일시주봉구의회(이하 "의회"라 한다)에서 심의·확정된 예산 및 기금을 말한다.
2. "예산절감"이란 통일시 주봉구(이하 "구"라 한다)의 예산을 집행하는 과정에서 그 집행방법이나 제도의 개선 등을 통하여 회계연도 말까지 집행하지 않고 불용되는것을 말한다.
3. "예산낭비"란 통일시 주봉구청장(이하 "구청장"이라 한다)이 예산을 정당한 목적과 절차 이외의 방법으로 집행하여 의회의 결산검사 또는 행정사무감사 등에서 적발되어 시정조치 된 사례 등을 말한다.

제3조(공개대상) ① 이 조례에 따른 공개대상은 다음 각 호와 같다.
1. 예산절감 내역(부서명, 예산과목, 예산액, 집행액, 절감액, 절감사유등)
2. 예산낭비 사례(부서명, 예산과목, 사업명, 집행일, 낭비액, 낭비사유등)
3. 예산절감이나 낭비로 신고된 경위 및 조치결과등에 관한 사항
4. 기타 구청장이 예산집행과 관련하여 필요하다고 인정하는 사항
② 제1항의 공개대상 중에서 조사 및 재판이 진행 중인 때에는 공개대상에서 제외한다.

제4조(공개시기 및 방법) ① 구청장은 제3조에서 정한 공개대상을매년 세입·세출결산서발간 전까지 사례집을발간하여야 한다.
② 제1항에 따라 발간된 사례집은구 인터넷 홈페이지를 통하여 공개할 수 있다.
③ 제1항 및 제2항에 따른 공개대상에 포함되어 있는 이름이나 상호, 주민등록번호, 주소 등의 특정인임을식별할 수 있는 정보는 삭제한다.
④ 구청장은 시정요구 및 제안을 한 자의 동의 없이 다른 사람에게 그 신분을 밝히거나 암시하여서는 아니 된다.

제5조(예산낭비 신고센터 운영) ① 구청장은 예산의 불법지출에 대한 시정요구 등을 접수·처리하기 위하여 예산낭비 신고센터(이하 "신고센터"라 한다)를 설치·운영하여야 한다.
② 구청장은 제1항에 따라 신고센터에서 접수된 사항이 사실확인에 필요한 요건을 충족하지 못하였다고 판단될 경우에는 일정 기간을 정하여 자료의 보완을 요구할 수 있다.
③ 제2항에서 자료의 보완은 접수받은날부터 3일 이내로 하며, 처리결과는 30일 이내에 신고

인에게 통지하여야 한다. 다만, 기간 내 처리가 곤란하다고 판단될 경우에는 그 사유와 처리기간 등을 시정요구 또는 제안을 한 사람에게 통지하여야 한다.

④ 구청장은 시정요구 및 제안을 한 자의 동의 없이 다른 사람에게 그 신분을 밝히거나 암시하여서는 아니 된다.

제6조(예산낭비 등의 심사) ① 구청장은 예산절감 사례 및 낭비신고사항 등에 대하여 필요하다고 인정되면 심사를 할 수 있다.

② 제1항의 심사는 「지방재정법 시행령」제54조의 규정에 따라 설치한「통일시 주봉구 예산성과금심사위원회」에서 행한다.

제7조(성과금 및 사례금 지급) ① 공무원이 집행방법이나 제도의 개선 등을 통하여 예산절감 시 건당 100만원 이내의 성과금을 지급할 수 있다.

② 구민이 신고한 예산낭비 사례가 향후 효율적인 예산집행 또는 재발방지에 기여할 수 있다고 인정되면 예산의 범위에서 사례금을 지급할 수 있다.

제8조(준용) 제7조에 따른 성과금 또는 사례금의 지급방법 등에 관하여는 「통일시 주봉구 예산성과금운영규칙」을 준용한다.

제9조(시행규칙) 이 조례의 시행에 관하여 필요한 사항은 규칙으로 정한다.

부 칙

이 조례는 공포한 날부터 시행한다.

이 조례는 **권한 조례**에 해당한다. 따라서 본래적 권한을 침해하지 않아야 할 것이다. 그럼 조문 별로 3가지 분수와 4가지 원칙을 중심으로 검토해 보도록 하자.

> **「통일시 주봉구 예산절감 및 낭비사례 공개에 관한 조례」**
>
> **제1조(목적)** 이 조례는 통일시 주봉구의 예산절감 사례를 발굴·포상하여 예산절감에 대한 동기를 부여하고, 예산낭비 사례를 공개토록 함으로써 공무원과 구민들에게 예산집행의 효율성과 책임성 및 재발방지 도모를 목적으로 한다.

제명과 목적은 각각의 역할이 있다. **제명**은 조례의 핵심을 표현하고 있어야 하고 **목적**은 조례의 존재이유를 보여주어야 한다. 이 조례에서 제명과 목적은 그런 면에서 합당한지 살펴볼 필요가 있다. 일단 꾸밈을 주는 단어와 꾸밈을 받는 단어를 주의 깊게 보기 바란다. 제명의 예산절감 및 낭비사례에서 예산은 절감과 한 단어를 이루는지 낭비를 꾸며주고 있는지, 사례는 낭비로부터 꾸밈을 받는지 또한 예산절감의 꾸밈도 받는지?

이런 식의 표현은 한 눈에 그리 좋아 보이지 않는다. 예산절감 사례도 공개한다는 의미이고 낭비는 예산낭비를 의미한다면 **'예산절감 및 예산낭비 사례의 공개'**로 표현하는 것이 보다 명확하다고 하겠다. "뭐 그런 것까지 신경쓰냐구요?" 내가 여러번 이야기 한 바 있다. 조례를 다룰 때는 아주 민감해야 한다는 점이다. 모든 감각이 살아 있어야 한다. 그래야 억울한 사람이 생기지 않는다.

그런데 목적 규정을 보면 예산절감 사례는 공개와 직접 관련이 없는 것처럼 보인다. 하지만 제3조(공개대상) 제1호에 따라 공개대상이다. 목적이 흔들리면 조례 전체가 흔들린다. 주의해야겠다.

> **제2조(정의)** 이 조례에서 사용하는 용어의 뜻은 다음과 같다.
> 1. "예산"이란 「지방자치법」제39조제1항제2호에 따른 통일시주봉구의회(이하 "의회"라 한다)에서 심의·확정된 예산 및 기금을 말한다.

> 2. "예산절감"이란 통일시 주봉구(이하 "구"라 한다)의 예산을 집행하는 과정에서 그 집행방법이나 제도의 개선 등을 통하여 회계연도 말까지 집행하지 않고 불용되는것을 말한다.
> 3. "예산낭비"란 통일시 주봉구청장(이하 "구청장"이라 한다)이 예산을 정당한 목적과 절차 이외의 방법으로 집행하여 의회의 결산검사 또는 행정사무감사 등에서 적발되어 시정조치 된 사례 등을 말한다.

정의 규정을 분석할 때에는 반드시 **명확성의 원칙**의 시각에서 바라보아야 한다. 제1호에서 예산은 예산과 기금을 의미한다. 그렇다면 일반적으로 '**예산등**'으로 표현하는 것이 맞다. 제2호에서 '**집행되지 않고 불용되는 것**'이라는 부분이다. 집행되지 않은 경우는 불용과 이월이 있을 수 있으니 이월은 다음 년도에 쓰여지는 것이므로 불용으로 한정한 것은 맞다고 하겠다. 다만, 불용의 의미는 명확히 해두고자 한다. 불용에는 긍정적 불용과 부정적 불용이 있다. **긍정적 불용**은 예산을 절감한 것이고 **부정적 불용**은 예산을 제대로 집행하지 못한 경우이다. 여기서 예산절감이란 긍정적 불용을 의미한다. 우리가 어떻게 하면 긍정적 불용을 유인할 것인가의 문제의식을 항상 가지고 있어야 할 것이다.

제3호의 **예산낭비**는 결산검사 또는 행정사무감사 등에서 적발되어 시정조치 된 사례 등을 의미한다. 다만, 이미 적발되어 시정조치가 된 것을 공개하고 포상금까지 준다는 것은 무슨 의미인지 이해하기 어렵다.

> **제3조(공개대상)** ① 이 조례에 따른 공개대상은 다음 각 호와 같다.
> 1. 예산절감 내역(부서명, 예산과목, 예산액, 집행액, 절감액, 절감사유등)
> 2. 예산낭비 사례(부서명, 예산과목, 사업명, 집행일, 낭비액, 낭비사유등)
> 3. 예산절감이나 낭비로 신고된 경위 및 조치결과등에 관한 사항
> 4. 기타 구청장이 예산집행과 관련하여 필요하다고 인정하는 사항
> ② 제1항의 공개대상 중에서 조사 및 재판이 진행 중인 때에는 공개대상에서 제외한다.

예산절감 및 예산낭비 사례의 공개와 관련해서는 우선적으로 생각해 볼 것이 있다. 예산집행은 지자체장의 권한인데 이를 조례에서 공개하라고 하는 것은 권한을 침해한 것이라는 의견이 있을 수 있다. 만약 「**통일시 주봉구 행정정보 공개 조례**」가 있다면 동 조례와의 관계에서 생각해 보아야 한다. 행정정보 공개 조례에 따라 예산절감 및 예산낭비 사례가 공개해야 하는 내용에 포함된다면 문제는 자연스레 해결될 것이다. 만약 행정정보 공개 조례가 없거나 해당 여부가 명확하지 않다면 일반론으로 풀어야 할 것이다. 예산집행 과정 자체에 지방의회가 관여했다기 보다는 그 결과에 대해 사후적으로 관여한 것으로 본다면 지자체장의 고유권한을 침해한 것으로 볼 수 없을 것이다.

제1호는 예산절감 내역이고 제2호는 예산낭비 사례이다. 두 규정 간의 괄호 안의 구체적 내용에 차이가 있는 것은 이해하기 어렵다. 제2항의 조사는 행정조사를 말하는 것인지 아니면 내부 감사기관의 조사를 말하는 것인지 등 구체적으로 무슨 조사를 말하는지 불분명한 문제가 있다.

> **제4조(공개시기 및 방법)** ① 구청장은 제3조에서 정한 공개대상을 매년 세입·세출결산서 발간 전까지 사례집을 발간하여야 한다.
> ② 제1항에 따라 발간된 사례집은 구 인터넷 홈페이지를 통하여 공개할 수 있다.
> ③ 제1항 및 제2항에 따른 공개대상에 포함되어 있는 이름이나 상호, 주민등록번호, 주소 등의 특정인임을 식별할 수 있는 정보는 삭제한다.
> ④ 구청장은 시정요구 및 제안을 한 자의 동의 없이 다른 사람에게 그 신분을 밝히거나 암시하여서는 아니 된다.

제1항의 '세입·세출결산서 발간 전까지 사례집을 발간하여야 한다'는 규정은 여러모로 생각해 보아야 할 점이 있다. 종이를 절약해야 하는 이유가 단순히 경제적인 측

면을 넘어 친환경, 탄소제로, 녹색성장과 관련된다는 점이다. 물론 제2항에서 인터넷 홈페이지를 통하여 공개할 수 있다고 되어 있지만 원칙적으로 발간이 전제되어 있다고 하겠다. 또한, 사례집 발간 시점이 세입·세출결산서 발간 전이라는 것은 시점으로서 문제가 있다. 오히려 동시에 발간하는 것이 나을 것으로 보인다.

제3항의 경우 개인을 식별할 수 있는 정보를 삭제하여 공개하여야 한다고 하고 있으나 구체적인 부분은 「**개인정보보호법**」을 준용하도록 하는 것이 좋겠다.

제4항의 **자**와 **사람**은 차별적으로 사용된 것으로 보아야 할 것이다. 자는 사람과 법인을 모두 포함할 때 사용된다. 주어가 구청장인 것은 생각해 보아야 한다. 구청장 외의 사람은 시정요구 및 제안을 한 자의 동의 없이 다른 사람에게 그 신분을 밝히거나 암시해도 되는 것인가? 뭐 이렇게 까지 해석하냐고 묻는 분들이 있다면? 나의 대답은 동일하다. 조례를 분석함에 최대한 민감해야 억울한 사람이 줄일 수 있기 때문이다.

제5조(예산낭비 신고센터 운영) ① 구청장은 예산의 불법지출에 대한 시정요구 등을 접수·처리하기 위하여 예산낭비 신고센터(이하 "신고센터"라 한다)를 설치·운영하여야 한다.
② 구청장은 제1항에 따라 신고센터에서 접수된 사항이 사실확인에 필요한 요건을 충족하지 못하였다고 판단될 경우에는 일정 기간을 정하여 자료의 보완을 요구할 수 있다.
③ 제2항에서 자료의 보완은 접수받은날부터 3일 이내로 하며, 처리결과는 30일 이내에 신고인에게 통지하여야 한다. 다만, 기간 내 처리가 곤란하다고 판단될 경우에는 그 사유와 처리기간 등을 시정요구 또는 제안을 한 사람에게 통지하여야 한다.
④ 구청장은 시정요구 및 제안을 한 자의 동의 없이 다른 사람에게 그 신분을 밝히거나 암시하여서는 아니 된다.

OO센터를 설치한다고 하면 반드시 하드웨어 성격인지 소프트웨어 성격인지를 확인해 보아야 한다. 즉, 공간을 별도로 만들고 인원을 배치하는 것인지 단순히 프로그램의 성격을 갖는 것인지 확인해야 한다.

불법지출은 예산낭비 신고센터에 신고할 사항이 아니라 감사관실에 신고해야 할 사항이다. 법을 어긴 것은 단순히 예산낭비를 넘어선 개념이다. 불법보다는 부당이라는 용어가 적당해 보인다.

제2항에 따르면 **자료의 보완**은 일정기간이라고 하고 있고 제3항에 따르면 접수받은 날부터 3일 이내다. 조례를 읽고 있는 사람을 약올릴 생각이 아니라면 한 조항에서 정리하는 것이 맞겠다. 또한, 3일 이내의 기간이 보완을 위한 충분한 기간인지 검토해야 보아야 할 것이다. 명확성의 원칙의 시각에서 계량화된 숫자가 들어가면 반드시 그 숫자의 적정성을 살펴보아야 한다.

제4항은 주어가 구청장이 아니라 센터장이 되어야 할 것으로 보인다. 또한, 불법지출을 한 사람의 개인정보는 공개되어도 상관이 없는 것인지 궁금하다. 죄는 미워해도 사람은 미워하지 말아야 할 것이다.

> **제6조(예산낭비 등의 심사)** ① 구청장은 예산절감 사례 및 낭비신고사항 등에 대하여 필요하다고 인정되면 심사를 할 수 있다.
> ② 제1항의 심사는 「지방재정법 시행령」제54조의 규정에 따라 설치한 「통일시 주봉구 예산성과금심사위원회」에서 행한다.
>
> 「지방재정법 시행령」
>
> **제54조(예산성과금심사위원회의 설치)** ① 법 제48조제2항의 규정에 의한 예산성과금지급의

> 심사 등을 위하여 각 지방자치단체별로 지방자치단체의 장 소속하에 예산성과금심사위원회를 둔다.
> ② 제1항의 규정에 의한 예산성과금심사위원회는 위원장 1인과 부위원장 1인을 포함하여 10인 이내의 위원으로 구성하되, 위원장은 당해 지방자치단체의 부단체장이 되고, 부위원장은 예산담당 실장·국장 또는 담당관이 되며, 위원은 당해 지방자치단체 소속 공무원과 예산회계 및 지방세 분야에 관한 전문지식이 풍부한 자 중에서 당해 지방자치단체의 장이 임명 또는 위촉하는 자로 한다.
> ③ 예산성과금심사위원회의 운영 등에 관하여 필요한 사항은 행정안전부령으로 정한다.
> ④ 제1항부터 제3항까지의 규정에도 불구하고 예산성과금심사위원회와 성격·기능이 유사한 위원회가 해당 지방자치단체의 장 소속으로 설치되어 있는 경우에는 해당 지방자치단체의 조례로 정하는 바에 따라 그 위원회가 예산성과금심사위원회의 기능을 대신할 수 있다.

구청장은 예산절감 사례 및 낭비신고 사항 등에 대하여 필요하다고 인정하면 통일특별시 주봉구 예산성과금 심사위원회의 심의를 거쳐 결정한다. 결국 구청장의 판단에 따라 위원회 심사 여부가 결정되는 구조는 생각해 볼 필요가 있다. 그리고 예산성과금지급위원회가 예산절감 사례 및 낭비신고사항 등에 대한 심사를 할 수 있는 위원들로 구성되어 있는지도 검토가 필요해 보인다.

> **제7조(성과금및 사례금 지급)** ① 공무원이 집행방법이나 제도의 개선 등을 통하여 예산절감 시 건당 100만 원 이내의 성과금을 지급할 수 있다.
> ② 구민이 신고한 예산낭비 사례가 향후 효율적인 예산집행 또는 재발방지에 기여할 수 있다고 인정되면 예산의 범위에서 사례금을 지급할 수 있다.

제7조의 규정에서 성과금은 **과대 명확**하고 사례금은 **과소 명확**하다고 하겠다. 먼저 수직적 분수를 확인하기 위해서 성과금에 관한 「지방재정법 시행령」을 살펴보자.

> **「지방재정법 시행령」**
>
> **제51조(예산성과금의 지급기준)** ① 법 제48조제1항의 규정에 의한 지출절약에 대한 예산성과금은 다음 각 호의 범위 안에서 지출절약에 기여한 자에게 지급하되, 1인당 2천만 원을 초과할 수 없다.
> 1. 정원감축에 의하여 인건비를 절약한 경우에는 감축된 인원의 인건비 1년분
> 2. 경상적 경비를 절약한 경우에는 절약된 경비의 50퍼센트
> 3. 주요사업비를 절약한 경우에는 절약된 경비의 10퍼센트. 다만, 건당 1억 원을 초과할 수 없다.
> ② 지출절약의 내용이 유사사업 또는 다른 보조기관·보좌기관 및 소속기관에 확대 적용함으로써 지출절약의 효과가 현저하다고 제54조의 규정에 의한 예산성과금심사위원회가 인정하는 경우에는 제1항의 규정에 의하여 산정된 예산성과금의 30퍼센트 범위 안에서 가산하여 지급할 수 있다. 이 경우 1인당 지급액은 2천6백만 원을 초과할 수 없고, 제1항제3호의 경우에는 건당 1억 3천만 원을 초과할 수 없다.
> ③ 수입증대에 대한 예산성과금은 수입증대에 기여한 자에게 수입증대액의 10퍼센트 범위 안에서 지급하되, 1인당 2천만 원을 초과할 수 없다.
> ④ 지방자치단체의 장은 정원감축에 의하여 인건비를 절약한 경우에는 제1항제1호에서 정하는 예산성과금 외에 감축된 인원의 1년분 인건비에 해당하는 금액을 행정안전부령이 정하는 해당 보조기관·보좌기관 또는 소속기관의 장(이하 "보조기관등"이라 한다)이 원하는 사업의 예산에 반영할 수 있다.

「지방재정법 시행령」 제51조 제1항에서는 1인당 2천만 원을 초과할 수 없도록 규정되어 있으나 이 조례에서는 건당 100만 원 이내 지급할 수 있다고 규정하고 있다. 기준이 1인당과 건당의 차이, 2천만원과 100만 원의 차이는 수직적 분수의 차원에서 재고할 필요가 있다고 본다.

예산낭비 사례의 경우에는 예산의 범위에서 사례금을 지급할 수 있도록 규정하고 있어 과소 명확하다고 보겠다. 예산절감과 낭비사례 간의 명확성의 정도의 차이가 합리적인 것인지 검토가 필요할 것으로 보인다.

> **제8조(준용)** 제7조에 따른 성과금 또는 사례금의 지급방법 등에 관하여는 「통일시 주봉구 예산 성과금운영규칙」을 준용한다.

제8조의 경우에는 하위 규범인 규칙이 변경되면 상위 규범인 조례가 변경되는 문제가 있다. 위가 바뀌면 아래가 자연스레 바뀌는 것이지, 아래가 바뀐다고 위가 덩달아 바뀐다는 것은 수직적 분수의 차원에서 받아들이기 어렵다고 하겠다.

> **제9조(시행규칙)** 이 조례의 시행에 관하여 필요한 사항은 규칙으로 정한다.

집행규칙의 문제에 대해서는 앞에서 다루었으므로 생략하도록 하겠다.

> **부 칙**
> 이 조례는 공포한 날부터 시행한다.

공포한 날부터 시행하는 부칙의 문제에 대해서는 앞에서 다루었으므로 생략하도록 하겠다.

제 6 강

강의를 위한 마무리운동

1/3 : 1/3 : 1/3 법칙

제6강   착 한   조 례   만 들 기

강의를 위한 마무리운동

1) 사실, 주장, 의견의 준별

> 「지방세 기본법」
>
> 제96조(결정 등) ① ~ ④ (생 략)
> ⑤ 처분청은 제1항제3호 단서 및 제4항 전단에도 불구하고 재조사 결과 신청인의 주장과 재조사 과정에서 확인한 사실관계가 다른 경우 등 대통령령으로 정하는 경우에는 해당 신청의 대상이 된 당초의 처분을 취소·경정하지 아니할 수 있다.
> ⑥ ~ ⑧ (생 략)

「지방세 기본법」 제96조 제5항을 읽어 보면 이상한 부분이 있지 않은가? 주장과 사실이 다른 경우에는 당연히 사실이 우선해야 하는 것이다. 취소·경정하면 안되는 것임에도 불구하고 아니할 수 있다로 규정하고 있다.

우리는 사실, 주장, 의견 등이 무차별적으로 혼돈된 세상에 살고 있다. 단체장 선거를 위한 TV 토론에서 단체장 선거에서 현 단체장은 시의 빚이 줄었다고 하고, 도전하는 단체장 후보는 시의 빚이 늘었다고 하는 경우를 상상해보자. 분명 둘 중의 한 명은 거짓말을 하는 것이다. 하지만 둘 다 맞는 말일 수도 있다. 왜냐하면 현 단체장은 빚을 채무의 의미로, 단체장 후보는 빚을 부채의 의미로 사용했기 때문이다. 사실을 파악하면 해결될 수 있는 문제를 사실을 사실의 문제가 아니라 주장과 의견의 문제로 몰아간다. 그곳에 사실은 간 곳이 없고 설익은 주장과 자기에게 유리한 근거를 가진 의견만이 난무한다.

위의 조항은 그 자체로 잘못된 것이다. 사실과 주장이 다르면 사실대로 해야 한다. 이런 경우까지 법 조문화한다면 「지방세 기본법」은 1000조가 넘어야 할 것이다. 사실은 주장이나 의견에 절대로 자리를 양보할 수 없는 것이다. 사실을 주장이나 의견으로 은근슬쩍 어찌 해보려는 것은 절대 용납할 수 없는 것이다.

2) 사회구성주의(social constructionism)

사회의 어떤 요소나 특정 사태가 가지는 의미, 개념, 함축 등에 대해서 연구하며, 나아가 사회 구성원들이 이 요소나 사태를 어떤 방식으로 받아들이고 바라보는지에 대하여 탐구하는 사조이다. 사회구성주의는 개개인들이나 집단이 바라보는 사회의 현실을 어떻게 구성해내는지에 집중한다. 곧 사회적 현상이 어떻게 만들어지고 체계화되며 사람들에게 알려지고 전통으로 받아들여지는지를 연구하는 것이다. 그러나 사회구성주의에서 제시하는 설명들은 그 사회에 속하지 않은 사람들이 바라보는 현실이나 실재를 반영하지 않을 수도 있으며, 그 사회에서 단순하게 잘못 만들어낸 가짜 설명일 수도 있다.

[네이버 지식백과] 사회구성주의(두산백과)

사회구성주의를 이해하면 사회에 대해 남들이 못보는 것들을 볼 수 있는 눈을 가질 수 있다. 우리 주변에는 사실이 아님에도 사실보다 더 강력한 힘을 가지고 있는 현상을 볼 수 있다. 우리 민족은 단일 민족이 아님에도 단일 민족이라고 확고하게 믿고 있다. 수없이 많은 외침에 대항하다 보니 단일 민족이라는 믿고 싶은 사실을 진짜 사실인 것처럼 여기게 된 것이다. 임대아파트에 사는 주민들은 학력 수준이 떨어지고 아이들은 성적이 하위권이라고 여긴다. 하지만 여러 가지 이유로 임대아파트에 들어오기 전부터 학력 및 성적 수준이 좋지 않았던 것이다. 임대아파트하고는 상관이 없는 사실을 임대아파트와 연계하여 사실로 만들어 버린다. '침대는 가구가 아닙니다. 과학입니다'라는 광고가 유행한 적이 있다. 하도 많이 듣다 보니 '다음 중 가구가 아닌 것은?'이라는 초등학교 문제에서 아이들이 침대를 답으로 한 경우가 많았다고 한다. 다 큰 어른들이라고 크게 다를 것이 없다. 믿고 싶은 것만 믿고 들은 것만 믿으면 침대는 가구가 아닌 것이 된다. 착한 조례는 사실이 아닌 것이 사실인 것처럼 돌아다니는 풍토에서는 만들어질 수 없다. 사실은 사실로서, 주장은 주장으로서, 의견은 의견으로서 합당한 대접을 받아야 한다. 그 이상의 지위를 가지려해서는 안 된다.

3) 화물숭배(Cargo Cult)

화물숭배는 미군이 철수한 남태평양의 섬들에서 원주민들이 미군의 비행기 모형을 만들어 놓고 언젠가는 자신들에게 좋은 물건을 가져다 줄 것으로 믿고 있는 현상을 나타내는 말이다. 우리의 시각으로 원주민들의 행태를 어리석다고 말할 수 있겠지만 지금 21세기 대한민국에서도 이와 유사한 화물숭배가 넘쳐나고 있다는 점을 생각해 봐야 한다. 원주민들이야 세상과 단절된 공간에서 살아서 그렇다고 치겠지만 우리는 어떠한가? 편견이라는 늪에 빠지면 정말 웃긴 일이 일어난다. 그것이 개인을 넘어 집단의 편견으로 확대되면 국가와 민족이 위태로워지는 것이다. 정신 바짝 차려야 한다. 내가 본 것이 전부가 아니라는 생각, 보이지 않는 곳에 진실이 있을 수 있다는 생각을 가지고 있어야 한다. 착한 조례는 편견을 먹고 자랄 수 없다.

4) 1/3 : 1/3 : 1/3 법칙

이 법칙은 내가 창안한 법칙이다. 법칙이라는 말이 과하기는 하지만 취지를 이해해 주기 바란다. 사실이 아닌 것을 사실처럼 말하는 오류를 범하는 것인지 모르겠다. 사례를 통해 설명해보고자 한다. 내가 쓴 책을 100명에게 나누어주면 돌아오는 대답은 대체로 다음과 같이 나뉜다.

- 33명(1/3): "공무원 생활 그만 하시고 책을 쓰세요."
- 33명(1/3): "책 그만 쓰고 공무원 생활에 집중하세요."
- 33명(1/3): 침묵

나는 누구의 말을 들어야 할 것인가? 결론적으로 말하자면 앞의 33명의 과찬에 우쭐할 것도 없고 뒤의 33명의 맹비난에 상처받을 것도 없다. 양 극단에 있는 1/3은 목소리가 크다는 특징이 있다. 하도 목소리가 커서 그들이 다수인 것처럼 여겨지는 것을 주의해야 한다. 사회는 이미 나뉘어져 있다. 앞과 뒤에 존재하는 1/3 중 자기가 원하는 사람들과 어울리고 반대편을 버리라는 말은 아니다. 침묵하는 1/3에 집중해 보라는 말이다. 그 안에 민생이 있을 수 있기 때문이다. 내가 꾸준히 더 좋은 책을 내도록 노력하는 것, 그것이 바로 민생일 것이다. 착한 조례는 민생을 지향하지 극단의 목소리에 좌지우지되지 않는다.

5) 민생

민생이 무엇인지 《성종실록》을 통해 살펴보자.

> 상참(常參)을 받았다. 동부승지(同副承旨) 채수(蔡壽)가 아뢰기를,
> "숭례문(崇禮門)을 요즈음 중수(重修)하려고 하는데, 아울러 옹성(甕城)도 쌓는 것이 좋겠습니다."
> 하니, 좌승지(左承旨) 김승경(金升卿)은 말하기를,
> "중국(中國)은 비록 역참(驛站)이라도 모두 옹성을 쌓았습니다. 숭례문은 중국 사신이 출입하는 곳이니, 옹성을 쌓지 않는 것이 옳겠습니까?"
> 하고 우부승지(右副承旨) 유순(柳洵)은 말하기를,
> "숭례문(崇禮門)은 조종조(祖宗朝)로부터 옹성(甕城)이 없었으니, 모름지기 쌓지 않아도 될 것입니다."
> 하였다. 임금이 말하기를,
> "우리 나라의 민력(民力)이 넉넉하지 못하니, 어찌 한결같이 중국과 같을 수 있겠는가? 만약 옹성을 쌓게 되면 마땅히 민가(民家)를 헐어야 하니, 빈궁(貧窮)한 자가 어떻게 견디겠는가? 도적[賊]이 이 문(門)에 이른다면 이 나라가 나라의 구실을 못할 것이니, 무슨 이익이 있겠는가? 그러니 쌓지 말게 하라."
> 하였다.
>
> 《성종 실록, 성종 10년 1월 17일》

성종과 신하들이 숭례문에 옹성을 건설할 것인지를 두고 논쟁을 한다. 동부승지 채수가 숭례문 옹성 필요성을 제기하고, 좌승지 김승경이 찬성의견을, 우부승지 유순이 반대의견을 제시한다. 여기서 우리가 주의 깊게 살펴보아야 할 것은 찬성과 반대의견의 논거다.

찬성의견을 피력한 동부승지 채수는 중국에 모두 옹성이 있고, 숭례문은 중국 사신이 출입하는 곳이니 쌓자고 하고, 반대의견을 피력한 좌승지 김승경은 예부터 옹성이 없어도 문제가 없었으니 쌓지 않아도 된다고 한다. 너무 기막힌 논거를 제시하고 있어서 할 말이 없는 상황이다.

중국이 옹성을 쌓으면 우리도 쌓고 중국이 옹성을 허물면 우리도 허물겠다는 논거, 중국 사신이 오니 중국처럼 옹성을 쌓자는 논거는 그야말로 사대주의의 극치다. 과거에 없어도 문제가 없었으니 앞으로도 쭈욱 없어도 된다는 논거는 그냥 옛날 방식대로 살아가겠다는 무사안일의 극치. 이런 거지 같은 극치들은 민생과 완벽히 동떨어진 것이다.

민생은 성종의 말에 있다.

> "우리 나라의 민력(民力)이 넉넉하지 못하니, 어찌 한결같이 중국과 같을 수 있겠는가? 만약 옹성을 쌓게 되면 마땅히 민가(民家)를 헐어야 하니, 빈궁(貧窮)한 자가 어떻게 견디겠는가? 도적[賊]이 이 문(門)에 이른다면 이 나라가 나라의 구실을 못할 것이니, 무슨 이익이 있겠는가? 그러니 쌓지 말게 하라."

그래도 성종의 말을 읽고 참 다행이다 싶었다. 성종이 얼마나 답답했을까 안쓰럽다. 당시 최고의 엘리트라는 사람들이 저런 식으로 생각하고 있으면 백성들의 삶과 나라의 운명은 어찌 될 것인가?

21세기 오늘날 우리는 과연 성종 시대를 살아갔던 조상님들의 사고와 많이 다르다고 말할 수 있는가? 자신이 없다. 어떤 면에서는 더한 측면도 있는 것 같아서 두렵기까지 하다.

착한 조례는 민생을 지향해야 한다. 민생에서 벗어난 조례는 차라리 없는 것이 낫다. 조례를 발의하고 심의할 때 반드시 민생의 시각에서 검토하여야 한다. 없는 것보다 못한 조례를 만드는 것은 주민 앞에, 지역 앞에, 역사 앞에 죄를 짓는 것이다.

참고로, 개인적 주장이지만 대한의 역사에서 GDP는 중국을 이긴 적이 없지만 1인당 GDP는 항상 이겨왔다고 생각한다.[36] 국가가 잘 사는 것도 중요하지만 국민이 잘 사는 것이 더 중요하지 않을까? 그런면에서 보면 GDP가 아니라 1인당 GDP가 민생이라고 하겠다.

성종의 견해에서 한 가지 아쉬운 점은 옹성을 쌓는 것은 국가 안보에 관한 사항이라는 점이다. 성종이 이렇게 말하고 실행에 옮겼다면 어땠을까?

> "숭례문에 옹성을 쌓는 것은 **국가안보**와 직결되는 문제이다. 그러니 쌓도록 하자.
>
> 하지만 **전제 조건**이 몇 가지 있다.
>
> 먼저 철거되는 집에 거주하는 백성들이 이주할 수 있는 땅을 마련해 주라. 되도록 그들이 살고 있는 숭례문 인근으로 정해주라. 그들이 살 땅이 마련되면 내가 직접 가 볼 것이다.
>
> 만들기로 한 이상 최고의 옹성을 만들어라. 조선의 최고 기술자들에게 정당한 임금을 주고 일할 수 있는 **여건**을 마련해 주라. 중국, 일본, 만주에도 가보라. 특히 만주에 있는 고구려의 옹성을 보고오라. 고구려의 옹성보다 못하게 짓는 것은

---

36) 근거를 제시하지 못하기 때문에 개인적 의견이 아니라 개인적 주장이라고 표현했다. 주장과 의견은 반드시 구분해야 한다.

> 조상들 뵐 면목이 있겠는가. 좋은 기술은 받아들이는데 아국과 적국이 없다.
>
> 서두를 필요 없다. 내 집권 시기에 완성할 필요가 없다. 백성들을 농번기에 무리에 동원해서 완성하려 하지 마라. 동원되는 백성들에게는 합당한 대우를 해주라.
>
> 오늘부터 숭례문 옹성과 관련된 모든 것을 기록하라. 숭례문옹성을 지으면서 겪은 경험과 노하우를 다른 지역의 옹성을 지을 때 응용할 수 있도록 세세한 모든 것을 기록하라."

혹시 아는가. 숭례문뿐만 아니라 전국의 성들에 제대로 된 우리 식의 옹성을 쌓았다면 임진왜란, 병자호란 때 그렇게 당하지만 않았을지 말이다.

나가며

강의를 듣기 전과 들은 후에 많은 차이가 있었기를 진심으로 바란다. 쉽지 않은 강의를 묵묵히 견디며 여기까지 온 것만으로도 여러분은 절반 이상의 성공을 한 것이다. 그 나머지 절반을 채우기 위한 방법을 《논어》에서 공자와 자공의 대화를 통해 알아보고 강의를 마치고자 한다.

子貢問曰: "孔文子何以謂之文也?" 子曰: "敏而好學, 不恥下問, 是以謂之文也."
(자공문왈: "공문자하이위지문야?" 자왈: "민이호학, 불치하문, 시이위지문야.")

자공: "공문자 무엇 때문에 문이라고 부릅니까?"
공자: "그는 영민하고 배우기를 좋아하며 자기보다 못한 사람에게 묻는 것을 부끄럽게 여기지 않았다. 이 때문에 그를 문이라고 부른다."

공문자[37]를 높이 평가하지 않고 있던 자공이 어찌하여 공어가 문(文)이라는 최고의 시호를 받을 수 있었느냐고 공자에게 여쭈어본다. 공자는 '영민하고 배우기를 좋아하며 자기보다 못한 사람에게 묻는 것을 부끄럽게 여기지 않았기 때문'이라고 말한다. 여기서 두 가지를 언급하고자 한다. **하나,** 공부하기를 멈추면 일도 멈추어야 한다는 점이다. 그 일이 착한 조례를 만드는 것 같은 중요한 일이라면 말할 것도 없다. 공부를 하지 않으면서 직위는 유지하겠다는 것은 자신을 위해서도, 나라를 위해서도 바람직하지 않다. **둘,** 질문하는 삶을 살아야 한다는 점이다. 그것은 자신이 모르는 상태에 있음을 알고 있는 것이요, 그 모름의 단계를 적극적으로 극복하려는 노력의 자세이기 때문이다. 착한 조례는 물음과 대답의 과정 속에서 모습을 드러내는 것이라는 점에서도 질문은 중요하다.

---

37) 위(衛)나라의 대부 공어(孔圉)를 말한다.

우리는 수많은 사람들과 상호작용을 하면서 살아간다. 느슨한 관계에서 시작하여 좋은 인연으로 발전하기도 한다. 나와 독자분들이 좋은 인연을 이어가기 위해서는 독자분들이 의문 나는 것이 있거든 주저하지 말고 물어주어야 한다. 나는 소중한 인연이 이어지고 있다는 감사의 마음으로, 배움이 깊어 진다는 즐거운 마음으로 검토하여 답변하도록 '노력하겠다'. 조례의 책무 규정에서 배운 '노력하겠다'의 의미는 잘 알 것이다. 그럼 더 큰 꿈이 이루어지길 진심으로 바라면서, 행운이 그대와 함께 하기를 바라면서 이만 강의를 마치겠다.

착한 질문을 기다리며
유상조 씀

착한 질문은 70jubong@naver.com으로 보내주시기 바랍니다.

착한 조례 만들기

초판인쇄 2024년 05월 08일
초판발행 2024년 05월 15일
저　　자 유상조
발 행 인 권호순
발 행 처 시간의물레
등　　록 2004년 6월 5일
주　　소 경기도 파주시 숲속노을로 150, 708-701
전　　화 031-945-3867
팩　　스 031-945-3868
전자우편 timeofr@naver.com
블 로 그 http://blog.naver.com/mulretime
홈페이지 http://www.mulretime.com
I S B N 978-89-6511-460-4 (00000)
정　　가 25,000원

* 이 책의 저작권은 저자에게 출판권은 시간의물레에 있습니다.
* 잘못된 책은 바꿔드립니다.